《逸周書》研究文獻輯刊

第六册

NLCPH
國家圖書館出版社

第六册目録

逸周書管箋十卷疏證一卷提要一卷集説一卷摭訂三卷（卷二—十摭訂）

（晉）孔晁 注　（清）丁宗洛 箋

（晋）孔晁　注　（清）丁宗洛　箋

逸周書管箋十卷疏證一卷提要一卷集説一卷摭訂三卷（卷二——十摭訂）

清道光十年（1830）濟寧海康丁宗洛迂園刻本

洛按孟子論燕事而曰爲天吏則可以伐之是稱之意也以文王之德又受命專征伐故曰武稱

洛按篇首以三句提綱以下槩排十一段不用一筆錯綜至末亦不用總束此又一法也史記項羽本紀敘封諸侯事酷似此

（外篇）淫圖破國疑如秦以地誑楚懷

逸周書管箋卷二

晉五經博士孔晁注

海康　丁宗洛　箋

武稱解第六

大國不失其威。小國不失其卑。敵國不失其權。（注）此卽所謂稱也、

岠嶮、盧云與距險同 伐夷并小、奪亂取強、攻弱而襲不正。取舊闕按書兼弱攻昧取亂侮亡正與此相錯而見故据以補 武之經也。（注）經常、

伐亂、伐疾、伐疫、武之順也。（注）武道逆取順守、故曰順也、

賢者輔之。亂者取之。作者勸之。怠者沮之。恐者懼之。欲者趣之。武之用也。（注）武以爲用事也、事似當在武下

美男破老。美女破舌。盧云秦國策引此二句破舌作破少惟高誘注本與此同

淫圖破國。國舊係方圖郭棐論中援此數語直作國字必

王之類

【外篇】追時句或即國家閒暇及是時明其政刑意然尚有訛誤

有所本令從之淫巧破時○淫樂破正○淫言破義○武之毀也○【注】凡行此事所以毀敵國也赦其衆○按此如樂毅伐齊羊祜征吳是遂其咎○按此如齊人歸女樂是撫其口按闕處疑是奔字撫奔如由余仕秦巫臣在晉是助其囊○按囊疑橐訛橐音混束也如秦使杞子戍鄭是或曰助囊猶傳言行李之往來供其困乏○武之間也餌敵以分○而照其儲○按照儲疑即後世燒斷糧草之計以伐輔德○追時之權武之尚也○【注】以分謂以分器土田餌之○尚術尚舊訛此春違其農○秋伐其穡○夏取其麥○冬寒其衣服○春秋欲舒○冬夏欲亟武之時也○【注】寒衣爲敗其絲麻冬夏寒暑盛故欲疾之疾舊作度盧云冬夏欲亟亟疾也故改疾長勝短○輕勝重○直勝曲○衆勝寡○強勝弱○飽勝飢○肅勝怒○怒忿兵也盧云古人謂敬可以攝勇與此意同趙疑怒是怠誤先勝後○疾勝遲○遲或

作徐武之勝也。注 肅、敬也、追戎無恪△按恪㪍畧訛左隱五年公曰吾將畧地焉注畧總攝巡行之名淮南子兵畧訓攻城畧地莫不降下注畧取也改恪作畧二義皆通。窮寇不格。注 格、鬭也、。力倦氣竭乃易克趙云乃上當有敵字。武之追也。注 追敵之法、

。既勝人。舉旗以號令。命吏禁掠。無取侵暴。爵位不謙△按謙疑兼誤言舊官無使失職不以新者兼之注訓損未確。田宅不虧。各寧其親。民服如化。武之撫也。注 謙、損也、△按損疑攝訛盧云謙當與減同非是。寧、安也、。百姓咸服。偃兵興德。夷厥險阻。以毀其服。四方畏服。奄有天下。武之定也。注 毀服、謂毀武之服、舊作毀武謂毀服之盧云注言毀武則經文亦當作以毀其武洛按服指戎器等物毀服猶言倒載干戈包以虎皮也盧氏何疑經而信注耶。惠云左傳楚莊王曰夫武禁暴戢兵保大定功安民和衆豐財者也七者皆具此篇

洛按武功必本文德而況文王誅四並非徒耀兵威故武稱後卽繼以允文

外篇遷同氏姓二句似與孟子言誅

允文解第七

思靜振勝○允文維紀○紀舊作記照注改注以靜規勝、康文紀武、疑康秉訛○昭告周行維旌所在注旌旗治亂所在、應云旌旗勝負所係收武釋賄○無遷厥里○官校屬職○因其百吏○注收其戎器不取賄、因其官吏無敢改、公貨少多○振賜窮士○救瘠補病○賦均田布○注主施赦布政也、命夫復服○用損憂恥○按命夫命士也復服謂除其服役也前漢高帝紀七大夫以下皆復其身及戶勿事是也孤寡無告○獲厚咸喜○注損除憂恥、謂赦罪振窮數大惠也按復服卽以損憂恥是赦罪也下二句則振窮也數大惠乃兼承赦罪振窮而言蓋注意以此句爲總釋須與損除憂恥分二氣讀方明經注損字均疑捐訛咸問外戚○書其所在○遷同氏姓○位之宗子○位適立與作洛解乃位五宮同注誅其

於燕泉攢君而後去之同意

浮山云教用顯允若得父母本國之人情也民之望兵若待父母鄰國之人情也夫至鄰國以爲父母則無武烈非文德矣故此篇以允文名篇通篇雖不言文王然却非文王莫當也

洛按篇名曰允文而文中却言允武孟子云以善養人然後能服天下是允武之義也是允武卽以爲允文之道也

君爲之立賢及羣臣宗主、立[illegible]主賢缺今按文義改補率用十五。按率當是口率出泉之率謂十五以上方計算綏用士女。士女舊缺盧氏據夏小正綏多士女句補教用顯允若得父母。注懷其德政也、寬以政之。孰云不聽。政之爲言正也聽言靡悔。遵養時晦。按靡悔不自悔悟也左宣十二年傳汋曰於鑠王師遵養時晦者昧也言致討於昧也與今作武王自養晦解大異此蓋言有聽言不自悔悟者始雖養之終必討之注養時闇昧而誅之、按注義與傳語恰合晦明遂語。按此言晦者既明則遂教戒之魯語主亦有以語肥語教戒也于時允武。注使昧者修明而遂告以信武也、按允武句承上二層或誅之或教之皆爲允武注却將晦明八字連作一氣讀。注舊在下復所句下今移此死思復生。生思復所。人知不棄。愛守正戶。上下和協。靡敵不下。注人守正戶言不逃亡、執彼玉珪。以居其宇。庶民咸耕。童壯無

洛按此篇武備武畧俱包在内或據此謂武王大武之樂由此以名誤也

輔洛按輔疑轉訛無無轉猶言無有轉於溝壑者浮山云無輔疑置訛天官太宰置其輔注庶人在官者也有力者耕田有才者承乏無拂其取。通其疆土。民之望兵。若待父母。注彼謂亂邦之君、是故天下一旦而定。有四海。有上疑脫一奄字

大武解第八

武有六制。政、攻、侵、伐、搏、戰。注政者征伐之政、善政不攻。善攻不侵。善侵不伐。善伐不搏。善搏不戰。盧云北堂書鈔一百十三引周書七制一曰征二曰攻三曰侵四曰伐五曰陣六曰戰七曰鬬善征不侵善侵不伐善伐不陣善陣不鬬善鬬不敗與此不同書鈔善征不侵句尚有脫字洛按穀梁傳云善師者不陣善陣者不戰合書鈔與此觀之則經文搏疑陣訛注言廟勝也、按晉書宣帝紀若用其所長棄城奔走此爲廟勝也語意正同又淮南子廟戰者帝神化者王廟戰法天道也神化法四時也廟戰當亦相同政有四戚五和。攻有四攻五良

侵有四聚三斂伐有四時三興摶有三哀四赦戰有六厲五衞六庫五虞【注】此皆有義然後能致其攻四戚一內姓二外婚三友朋四同里【注】言所宜親也五和一有天無惡按惡宜讀去聲語意疑如左傳所云天方授楚未可與爭二有人無郄同隙三同好相固四同惡相助五遠宅不薄盧云戰國策黃歇說秦引詩云大武遠宅不涉當是指此文詩必書之訛也梁云大武遠宅不涉鮑吳兩註及史記正義所解各不同與此文不合似未可牽連【注】雖遠居皆厚之此九者政之因也【注】言因此以成政也四攻者者字衍一攻天時二攻地宜三攻人德四攻行利【注】攻謂奪其計使不成也五良一取仁二取智三取勇四取材五取藝【注】所務來而任之良當爲來字之誤也次來字舊訛求盧改洛按仁智

【外篇】浮山云工次據程典工攻其材句宜是工攻材次卽攻之訛

勇材藝卽良也注當云所務良而任之乃以良爲來之誤何也 ○此七者攻之開也 ○【注】言開此道以成攻也 ○四聚一酌之以仁二懷之以樂三旁聚封人四設圍以信 ○按封有衆義[illegible]五十里爲封前漢刑法志同十爲[illegible]十爲畿畿方千里蓋封人猶言衆人也設圍以信或[illegible]文公伐原三日去之以示信[illegible]類 ○三斂一男女比二工次 此句疑有脫字 三祗人死【注】[illegible] ○此七者侵之酌也 ○【注】言酌此法以成侵也 ○四時一[illegible]其農二夏食其穀三秋取其刈四冬凍其葆 ○此與武稱解武之時也一段同【注】此皆所用以毁敵也、舊作此皆所用以敵之盧改增 ○凍葆謂發露其葆聚、上葆舊脫 ○三興一政以和時二伐亂以治三伐飢以飽【注】此所行之當也、之當舊倒 ○此七者伐之機也 ○【注】機、要也、以此要成其伐也、 ○三哀一要不羸二喪人 ○

【外篇】注言要當是惡則經文應作不羸如湯於葛遺以牛羊使衆往耕亦即惡不羸意

【外篇】厲有三義勵也莅也責也皆可通鄭保解亦同校正疑即周禮校人之職伍與耦通

【外篇】鼓走疑似言一鼓便走所以疑敵如曳柴僞遁是也備從來似言防

三擯厥親。盧云所當哀者羸病者也失位者也六親不能收恤者也要不二字誤梁處素云不羸當作不羸不足也【注】哀敵人之困窮如此、要當爲惡、擯一作損、四赦一勝人必羸程本作必羸誤二取威信復三人樂生身四赦民所惡。【注】羸、謂盈之、羸滿也餘也故日盈之復、謂有之皆赦救也、有疑再訛此七者摶之來也。【注】所以懷來之也、六厲一仁厲以行二智厲以道三武厲以勇四師厲以士五校正厲御六射師厲伍【注】厲爲治政也、□□。五衛一明仁懷恕二明智輔謀三明武攝勇四明材攝士五明藝攝官【注】皆所以成戰矣、盧云此處尚闕六庠鄭保篇有五祥六衛七厲此庠字與祥通五虞一鼓走疑二備從來三佐車舉旗四采虞人謀趙云虞當是輿五後動撚之【注】撚、從也、此二

伏兵佐車舉旗似是各車俱建一旗使人不知中軍所在采虞人謀似是以士人爲嚮道後動擽之似是以兵尾其後

洛按大武一篇軍政之總綱也此下二篇皆承大武說來故起語直曰畏嚴大武

十二者戰之安也。按上段各有結句不應此段獨無玩注語似是本有而誤脫耳因照上各段增

注 皆求安道令之道。盧云道令非詭卽衍洛按或遵令詭且當在求安上 無競惟害有功無敗。注 雖強、常念害、則不敗也、

大明武解第九

畏嚴大武。曰維四方畏威。乃寧。注 大武之道、四方畏威、天下乃寧之也、盧云寧之宜作安之 天作武。修戎兵。以助義正違。天疑夫詭

注 正順其義、助義正違言助乎順義者而正其違背者注欠明晰 順天行五官。行一作時

五官盧云卽曲禮司徒司馬司空司士司寇 官候厥政。謂有所亡。按此猶仁不可緣衆意

注 五官舉大官言之、亡、無也、言之舊倒盧改 城廓溝渠高厚是量。

注 謂敵人所處也、所處下應有而我量度之五字方明 旣踐戎野。戎各本作戍盧從吳

本備愼其殃。敬其嚴君乃戰赦。按戰赦對舉乃言如此則可戰可赦如武王觀兵於商是 注言當明耳目遠斥候。十藝必明。加之以十因。靡敵不荒。注荒敗也。陣若雲布。侵若風行。輕車翼衛。在戎二方。注奔敵之陣如此。我師之窮。靡人不剛。注知敵之强乃剛勇也。盧云此卽韓信背水陣法注非。十藝。一大援。二明從。三餘子。四長興。五伐人。六刑餘。七三疑。盧云三當爲參八間書。九用少。十興怨。注刑餘赦徒用少者省費興怨離搆也。十因。一樹仁。二勝欲。三賓客。四通旅。五親戚。六無告。七同事。八程巧。九口能。十利事。注凡成皆有因也勝欲以義勝欲。藝因代用。是謂强轉。代舊訛伐按代用猶言並用也强轉是妙於運用意太元經軫轉其道注無窮也此轉字亦作此解 應天順

洛按此篇言雖易必敬是謂明武是所以制勝者也上篇言勝國者伐故曰明武其己勝敵人也明者道言堂堂之陳正正之

時時有寒暑風雨飢疾民乃不處〔注〕言時有難易也、注舊在暑字下今按時有寒暑風雨飢疾八字當作一句隔斷非是經蓋言此時民尚不得安處何可用兵故注謂時有難易移散不敗農乃商賈按此二句係倒裝文法乃疑及訛蓋言能順天時則農及商賈雖移散亦不敗委以淫樂賂以美女〔注〕謂扇動之使沉惑也、主人若杖口至城下、按杖同仗書杖黃鉞是也杖口疑卽執鉞秉旄意高堙臨內日夜不解按高堙疑高樓訛六韜軍略篇視城中則有飛樓注偵敵之車也必如此解方與下堙土句有別〔注〕杖、謂擊也、擊舊訛堅按擊持也擊也方陣並功云何能禦梁處素云陣當作陳盧云功與攻同雖易必敬是謂明武〔注〕禦、當也、城高難平堙之以土盧云此堙字與下堙溪皆塡塞之義亦與堙通用左傳井堙木刋从水堙之傅于堞从土開之以走路盧疑之字衍餓傳器櫓趙云傳當爲傅傳音附著城也盧云餓傳似當作蛾傅音蟻附壘子有備蛾附篇洛按城上

於列國共見其心也

外篇　字典引此謂難叶音臡洛按天官醢人注有骨曰臡無骨曰醢是臡可借作潰敗之意與經旨亦協直謂難與臡通可也

洛按此書之言兵事者有武稱大武大明武小明武四篇何若是其多也豈文王亦好大喜功乎不知文王既得專征伐曾伐

守禦望樓曰櫓戰陣高巢車亦爲櫓太公六韜篇武翼大櫓提翼小櫓是也○注湮土、謂爲土山以臨之也、因風行火○障水水下○惠用元元○不侮其寡○不侮舊訛文誨按此卽詩言不侮鰥寡也注言務爲恤刑也、爲舊闕今補旁隧外權○按旁隧猶言穴地道以攻城也外權猶言登轒車以望敵也隳城湮溪○隳同墮老弱單處○其謀乃難○難盧從惠半農改爲離今遵字典所引從舊注單處、謂無保鄣、謂無舊倒盧改正

旣克和服○使衆咸宜○竟其金革○是謂大夷○注咸皆、夷平、

小明武解第十

凡攻之道○必得地勢○以順天時○觀之以今○稽之以古○注兵凶器、戰危事、故以詳順之、稽考也、攻其逆政○毀其地阻○立之五教○以惠其下○注五教五常之教也、矜寡無告○寔爲之

翟戡黎取耆伐密伐崇伐昆夷自有臨事而懼好謀而成之心允文解曰民之望兵若待父母此以見仁義之師而非孫吳之所可語也

○主五教允中○枝葉代○興盧云興當是舉方與上下韻協與雖可與中協然獨二句間隔非是愚謂凡改經文皆因其字萬不可解不得已改之以求其通豈有語意已極明顯又欲改之以叶韻耶盧氏可謂紛更矣【注】爲之君、枝葉、謂衆善政也、按注首似脫爲之主三字枝葉猶言中葉也代興猶言繼序其皇也注似未確

國爲僞巧後宮飾女荒田逐獸田獵之所之疑乏訛乏之所無定所也

游觀崇臺泉池在下淫樂無既百姓辛苦【注】言凡有此事皆可伐、

上有困令乃有極下下字舊闕按文義補上困下騰、戎遷其野敦行王法濟用金鼓【注】濟、成也、言以金鼓濟其伐、

降以列陣無悗怒口盧云悗與瞞懣同當訓爲憒洛按瞞惑也懣廢忘也此當從惑義盧又云怒字是韻與上下協疑所脫字在上句愚謂分明闕在怒下而强云疑在上句何其舛也可見校經不必拘韻矣今按或是怒伐觀注中有怒伐字可見

按道攻巷無襲閭戶按閭戶猶言平民也舊作

小篇具行本有作其行者但具行義較勝

按此篇詞意原與上篇互爲詳畧因皆有明武字故以大小別之

浮山云以文之聖而屢遭饑饉何哉蓋父母於賢子其責備益深天於賢君其示警更切則文之歷遇荒旱正所以表文之仁

門戶訛【注】言不敢赦有罪而怒伐無辜、襲、掩也、而字舊脫○盧云漢武帝封韓說爲按道侯本此　按

無受貨賂○攻用弓弩○上下禱祀○靡神不下○具

行衝梯○按衝卽衝詩與爾臨衝疏云兵書有作臨車衝車衝梯之法梯木階也虎韜兵畧篇覘城中則有雲梯飛

樓振以長旗【注】先祈禱而後攻戰也、懷戚思終○左右憤勇○

無食六畜○無聚子女○羣振若雷○造于城下○鼓行參呼○以正

什伍○【注】言士卒之奮厲也、上有軒冕○斧鉞在下○勝國若化○

故曰明武【注】軒冕所以爲賞也、

大匡解第十一

維周王宅程三年○遭天之大荒○趙云竹書紀年文丁五年王季作程邑帝辛三十三年文王遷於程三十五年周大饑正與此合洛按韓詩外傳一穀不升曰歉二穀不升曰饑三穀不升曰饉四穀不

政與禹之七年水湯之五年旱俱堪千古

升曰荒五穀不升曰大荒此注與糴匡篇均未的

箋 程、地名、在岐周左右、周舊作州按岐州之號始於元魏孔氏注書時不應先有此名或是後以校書者以音同而誤耳紀年武乙元年邠遷於岐周爲國、初王季之子文王因焉而遭饑饉、後乃徙豐焉、按武乙二十四年爲王季三年周伐程戰於畢克之至文丁五年作程邑已十七年矣至紂三十三年文王始遷於程或疑不應作邑五十年而始遷考紀年王季無遷程之事因以二十九年諸侯逆西伯歸於程爲文王已先居程之証不知逆歸於程者因文王脫羑里之囚諸侯來相慶賀集會於程邑非必文王已居程而諸侯直迎歸國都也夫紂之三十三年文王已四十四年若遷程已久則孟子遊文王仁政亦應言其治程何獨稱其治岐惟宅程三年遂遷於豐故治程可以不述此書所以與紀年相印証也注云程在岐周左右因思王季雖未遷程而通典謂王季會都畢書序又謂王季會宅程郎文王未遷程之先亦有事於畢治兵於畢之舉可見畢程相連即與岐相去不遠也注又云後以爲國因思王季作程邑時當是修其城郭以爲大夫采邑詩程伯休父以程爲氏必其祖食采於程者直至文

洛按通篇皆憂荒之心救荒之政當時臣下載諸方策如此其曰作大匡者非如管子著書而以大匡中匡小匡名篇也

王遷程方有建國之意旋因饑而遷豐故詩第詠其築豐而不及程注此句欠核作大匡以詔牧其方。小爾雅牧臨也三州之侯咸率。【注】文王初未得三分有二故三州也率謂奉順也王乃召冢卿三老三吏大夫百執事之人朝於大庭。【注】冢卿孤卿三吏三卿也大庭公堂之庭問罷病之故。政事之失。刑罰之戾。哀樂之尤。【注】戾罪尤過賓客之盛。用度之費。及關市之征。山林之匱。田宅之荒。溝渠之害。【注】匱荒害皆謂官不修無政政舊作征趙改怠墮之過。驕頑之虐。水旱之災。【注】皆以爲失之者曰不穀不德。政事不時。國家罷病。不能胥匡。二三子不尚助不穀。官考厥職。鄉問其人。不尚舊脫不字盧据注增【注】不尚尚也問人政得失因其耆老。

及其總害惠半農疑是總轄慎問其故無隱乃禱【注】總衆人也、及某日以告於廟有不用命有常不赦【注】明日王至廟告常者常刑也、王旣發命大食不舉百官質方皆不食饔皆舊闕今補按饔熟食也天官內饔注饔割烹煎和之稱疏饔和也熟食須調和故號曰饔【注】王不舉樂百官徹膳以思其職方道、及期日質明王麻衣以朝朝中無采衣【注】此凶服自居爲荒變、盧云凶禮有五荒居一焉詩麻衣如雪蓋純素也王有朝服其下非列采不入公門今而如是故云凶服官考其職鄉問其利因謀其資上鄉問其人是問民疾苦也故接以耆老總害等語此鄉問其利是究其利害何在而爲之調劑也二層有虛實之分旁匡於衆無敢有違【注】衆衆民也百官率職故無違語應驕頑方收不服慎惟怠墮什伍相保【注】方收方方收其不

外篇程者程其數課者課其値先王蓋所以備荒也後世凡推雜稅皆曰課程矣

外篇粥卽荀子儒效篇所謂曾之粥牛馬者不豫賈之粥說文本作鬻今俗作粥是粥鬻只一字粥糴之糴當是抄寫者誤糶爲糴耳若下句糴則如字

浮山云財殖充足國內沾其惠矣孤寡不

服化者也、方方舊重盧增不勤勸游居○游居卽游手好閒之徒事節時茂農夫任戶戶盡夫出○注茂、勉也、言無戶不出夫以勸農、農廩分鄉鄉命受糧程課物徵躬競比藏○按此言程課其所獲之多少而徵之以爲藏也蓋卽餘一餘三之意但民藏與官藏不同耳注農人藏穀於廩、分在諸鄉、合程課而徵之、比藏者比方其收藏也、而徵之舊脫依經增藏不粥糴○按粥糴通鬻糴言所藏者不輕鬻糶以備荒也糴不加均賦灑其幣○此處舊有鄉正保貸一句今移下注糧不加均多從所有不限也、按糧宜照經作糴玩注意則經蓋言糴粟貴多不必拘以定數而均也灑散也幣以糴、灑幣以資窮也、灑幣舊脫按文義增鄉正保貸○後世社正地保等名似本於此成年不償信誠匡助以輔殖財○注名曰貸而不償、所以生殖民財也、財殖足食充賦爲征○

廢國外沾其惠矣旦夕運糧軍士沾其惠矣所至如歸遊旅沾其惠矣雖荒而民不知荒則安知文王嘗日官考其職鄉問其利會費幾許仁心也哉

〔外篇〕注首有告或是如歸之誤又按告如告示之告注窮者上加一使字

充訛充舊數口以食。食均有賦。口舊作方圜盧改〔注〕均民足食、而征其賦以入官也、外食不贍。開關通糧，糧不窮轉。孤寡不廢。不窮舊倒〔注〕窮征困內不轉出外也△按上詳言禦荒救荒之政國中既足則可濟及境外矣經旨甚明而注却相反注語或是內不窮困徙轉出外也征蓋徙訛耳滯不轉留△按留疑蓄訛此句應是轉蓄不滯言轉運素所蓄者恆不滯也戍城不留，衆足以守。衆舊闕据注補出旅分均。馳車送逝。旦夕運糧。〔注〕謂遣戍者不令留而足以守之者、衆、皆其運之也、謂遣舊是口不而者亦脫令改增按注意蓋言因荒而撤回戍卒祇運糧以濟彼地居民故衆亦足以守也但訛脫頗多雖補數字尚未甚明於是告四方遊旅，旁生忻通。津濟道宿。所至如歸。〔注〕有告者窮者有所歸也△按有告不見經文即以注首有字爲衍而經文告字却不是無告之告故注似未妥幣租輕。乃作母以行其子。

自明然有告有字究衍

【外篇】粥熟今俗貧農於穀將熟時卽與人議價受錢俟穫後乃交谷名曰預谷錢是也室市似是囤積居奇之類

【外篇】積而勿口玩注中無不隄防之語蓋言積貯雖多在上究不得浪費則闕處應是奢字

【注】以貴重爲母、謂錢幣之屬、易資貴賤以均遊旅使無滯。○【注】非但租賦作母行子、遊旅易資亦然、無粥熟無室市權。○內外以立均無蚕暮閭次遊行。○【注】均平民財、行之無早晚之常也、均行衆從積而勿口以罰助均無使之窮平均無乏利民不淫。○【注】雖積賞進有無不隄防之、賞進有疑使民賞過豐訛有過者罰其穀幣、其穀幣通以助均、無播蔬無食種。○【注】可食之菜曰蔬、以數度多少省用。○【注】國家常用、祈而不賓祭服漱不制 制通製 。○【注】不賓、殺禮、不制、不造新也、車不雕飾人不食肉畜不食穀。○【注】畜謂馬也、國不鄉射樂不牆合 盧云牆合卽所謂宮軒也洛按儀禮既夕巾奠乃牆註牆設柩也樂不牆合猶言喪事無樂也 。○牆屋有補無作

外篇是書雖係追述然文王未宜遽稱其謚不如大匡解作周王爲妥

【注】皆爲荒降之也、資農不敢務。【注】農務不廢棄也、一本作農桑之務不棄。非公卿不賓。賓不過具。【注】唯賓公卿、酒食而已、哭不留日、祭降一等。祭舊訛登按文義改【注】留盡也、降一等爲荒降之也、降舊作廢從盧改庶人不獨葬。伍有植、送往迎來亦如之。按植應通積周官大司徒令野修道委積伍有植言閭伍中各有委積也但周官注以爲給賓客此處語意則謂先備凶荒後供賓客故曰亦如之【注】均恤與人各有植、其送迎亦如伍也、舊作均恤與迎亦如植其送迎亦相赦也今本經旨改正有不用命有常不違。二句重出違字亦誤

程典解第十二。

維三月既生魄、文王合六州之侯、奉勤於商。【注】三分天下有其二以伏事殷也、伏與服同商王用宗讒、震怒[illegible]【注】宗、[illegible]

洛按宗讒二句四于羑里之由也諸侯不娛二句羑里之囚既釋後事也舊作紀年紂二十三年囚二十九年釋文四年則錫命得專征伐矣又三年則自程遷于豐矣此卷程典下卷酆保是考岐周彼此先後之一証也

洛按敬是徹上徹下之學無不敬則無不愼矣愼則凡所當備者皆愼而尤以愼德爲要此段盡用逆折

疆、境也、謝云宗不當訓衆六州歸化安得衆人讒之當是商宗之人耳程榮本下作方圍𡈼字疑之洛按疆訓境當是竟訛詩萬壽無疆箋○疆竟界也蓋無疆猶不已意諸侯不娛○或作虞、義同逆諸文王○浮山云奏事上書曰逆夏官太僕掌諸侯之復逆注復謂奏事逆謂自下而上文王弗忍乃作程典以命三忠○惠半農云三忠卽三公盧云或是三惡國策臣作惡古字也注娛樂也、不忍從諸侯卽王位所以爲至德典常也、趙云當是諸侯勸文王叛商方於上下文俱協若作勸卽王位非特文王不爲恐諸侯亦不敢爲文王言之○典常也舊倒盧從謝改曰、助余體民無小不敬如毛在躬拔之痛無不省注毛以喻小也、無不省故宜敬小也、敬小舊作敬外盧從沈改政失患作作而無備死亡不誠○亡本多作已今按亡義長誠在往事備必愼備思地思地愼制思制愼人思人愼德德開開乃無患注以往事誠將來開、

法以下慎德慎下慎地慎用一一順推出去總見文王之所以爲典者惟敬慎而已

外篇 浮山云慎同二字宜在注中洛按卽以爲順字注甚合蓋此句明慎下之所以翼上也攜私二句言比爭之由卽見比爭之所以省也

通、言德合也、慎德必躬恕恕以明德德當天而慎下當天疑是合天意注以慎道教天下、下爲上貸力競以讓讓德乃行注以讓爲化、慎下必翼上上中立而下比爭省韻會省少也和而順此下舊有慎同二字盧氏以爲校者之詞誤入正文故刪攜乃爭和乃比按此字玩經與注俱指不好說本句和乃比恐有訛字或是私乃比耳注翼敬也中立謂無比也、比事無政無政無選無選民乃頑頑乃害上注無雋選之士在官、故頑民害上、故選官以明訓頑民乃順慎守其教小大有度以備蓄寇注小大謂吉凶也、協其三族固其四援明其伍候左昭二十三年傳明其伍候賈服王董皆作五候王肅曰五候山候澤候林候川候平地候也杜預以部伍候望解之非是習其武誡依其山川通其舟車利其守務注浮山云後漢書鄭元傳昔齊置士鄉注管仲相桓公別國爲二十一鄉工商之鄉六士鄉十五云云與此士大夫不雜於工商及族不鄉別二語相合可見管子亦猶行古之道也

修文教、誡武備、聖王之事、士大夫不雜於工商。【注】使各專其業、商不厚、趙云當作愿 工不巧、舊作朽 農不力、不可成治、成舊作力 盧改 必善其事、治乃成也、士之子不知義。不可以長幼【注】有士之行義方爲士、之行舊倒 工不族居。不足以給官。族不鄉別。不可以行惠。行舊作入據注改【注】族、謂群也、不別其鄉、難以行其惠也、舊作雖不別其鄉所以行其惠也盧云語意相反故訂正 爲上不明。爲下不順。無醜【注】言國無恥醜也、謝云醜當訓類注似誤解 輕其行。多其愚。不智。智舊訛習據注改【注】不重其行、自多其愚、何智之有、愼地必爲之圖。以舉其物。物其善惡。【注】別其地所生物之善惡也、度其高下。利其陂溝。愛其農時。修其等列。務其土實。【注】務其勤樹

國語宣公濫于泗淵篇有澤不伐夭語與此不行火不伐二句同意則津宜作澤

外傳□備不敬或是靡備不敬言靡

藝也、。差其施賦。按差別也周官天官內宰施其功事注施猶賦也設得其宜。宜協其務務應其趣。趣應通趨盡即趨事赴功之趨[illegible]言其所施當也、慎用必愛工攻其材商通其財。百物鳥獸魚鼈、。無不順時。[illegible]順時、所爲愛之也、生穡省用。生穡疑力穡訛不濫其度。津不行火。津疑澤訛藪林不伐。[illegible]濫過也、非時不火不伐也、牛羊不盡齒不屠。按盡齒方屠仍是不輕屠之意所以惜牛羊也注似未得經旨[illegible]。老不任用。食之、士勸不極美。美不害用。用乃思慎。士或作上亦作土今按上有士大夫不雜於工商語本段旣曰工攻其材商通其財又由工商推廣言之則援上文自應言士矣故定爲士字士勸即所謂勸士也不極美猶所謂先器識而後文藝也美不害用猶所謂詞華若無裨於實用而緩急正足以有恃也用乃思慎猶所謂進賢如不得已也浮山云不極美猶言無求備於一人也美不害用猶言小善必錄一藝均庸也義亦通□備不敬△

有所備者不木于夢也不意多用意或覺詭不覓多用言敬以備之者悉歸本於愼德不必用許些法制禁令也

洛按於安思危五句包括一切收束完密與前誠在往事一段相應

（外篇）潛夫論夢列篇云太姒有吉夢文王不敢康吉祀于羣神然後占于明堂並拜吉夢此雖不言引周書然必程寤之文可見東漢末此篇原存

不意多用△用舊闕熠注補用寡立親○用勝懷遠○遠格而邇安○（注）多用謂振施也△按多用似指一切制度言格、至也、此句舊在注釋以振乏施貧恐未的、下段盧移

此○於安思危於始思終○於邇思備○於遠思近於老思行○不備無違嚴戒○不備猶言豈不備也（注）必有忍乃有濟也△謝云引用書語無謂疑經文有脫句浮山云忍乃思字訛終、謂終其義也、義下舊衍之字盧從卜刪末有格至也三字今從盧刪移

程寤解第十三

亡○洛按孔氏詩疏云周書稱文王在程作程寤程典今周書程寤闕据大開武解周公拜曰茲順天降寤於程程降因於商商今生葛葛佑有周孔晁注曰言天寤周以和商謀商朝生葛是祐助周也程寤解雖亡其義畧見於此矣盧氏以太平御覽卷三百九十七又卷五百三十三及藝文類聚所引補七十五字今從之

故六朝帝王世紀因之唐初藝文類聚又因之

外篇 遷程又遷酆前後僅三年帝王世紀作十年誤又及發之發乃發其所占也盧氏疑上有脫文蓋誤以發爲武王名耳

文王去商在程正月既生魄太姒夢見商之庭產棘小子發取周庭之梓樹於闕間化爲松柏棫柞寤驚以告文王文王乃召太子發占之於明堂王及太子發並拜吉夢受商之大命於皇天上帝盧云帝王世紀作十年正月又以告文王下云文王不敢占召太子發命祝以幣告於宗廟羣神然後占之於明堂及發並告吉夢遂作程寤見御覽八十四當亦本諸周書也及發上有脫字洛按各書均應作世子稱太子非又按此篇宜在程典之前蓋此篇係正月程典係三月觀詩疏所列可見或是校書者因此篇既亡遂移於後而十二十三亦徑改耳

秦陰解第十四

九政解第十五

九開解第十六

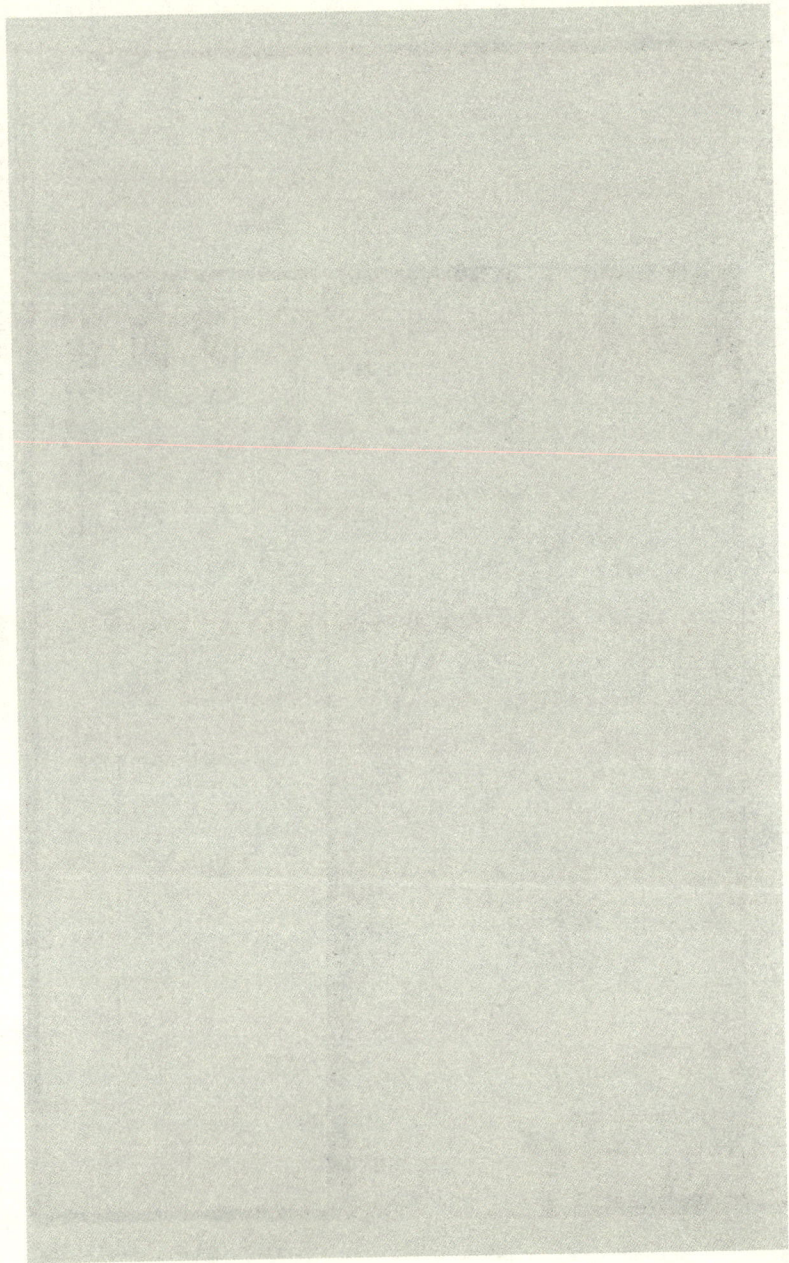

洛按保者保守而弗失卽以保世而滋大是時周有必興之兆然紂之忌周日益甚使無善全之術致自喪其邦家何以爲忠孝可見文王嘗日必有一番妙用必有一片苦心篇內五祥九項無非內以自固外以自全之事詞長意叠雖似權術然從天

逸周書管箋卷三

晉五經博士孔晁注

海康 丁宗洛 箋

酆保解第二十一

竹書紀年帝辛三十五年西伯自程遷于豐豐通作酆左昭四年傳康有酆宮之朝

維二十三祀。按二十三宜作三十五此篇係遷酆後事其語亦曰王在酆若作二十三祀紂與文王之年均不合考紀年自明

庚子朔，九州之侯咸格于周。九疑六訛應如程典作六州爲是浮山云紀年諸侯朝周在紂三十六年今定爲三十五猶誤洛按下小開解尚云三十五此自不得遽云三十六此書蓋追敘諸侯朝于酆卽從遷酆之年說起旼作三十五亦無妨

王在酆。昧爽，立于少庭。

恭敬齊潔，咸格而祀于上帝。咸格言諸侯同在祀也或疑文王不得祀上帝然其禮必與郊祀異且此句卽作昭事上帝解亦可

商饋始于王。此倒裝句法猶言王饋始于商也浮山云儀禮

理中發出究無害其爲至德也

洛按春秋繁露云已受命而王必先祭天乃行王事文王之伐崇是也是文王原有祀上帝事考紀年紂卅三年文王受命而伐崇還豐諸侯來朝爲後三年此篇彙敘必非文王自言舊誤在下文文王口中饋始句先不合

洛按祇德純禮所以自修也明允無二所以與人也卑位柔色金聲以合之所以事上也周公言此深得文王之心矣

特牲饋食禮注祭祀自熟始曰饋食饋食者食道也又特家饋食注饋猶歸也以物與神及人皆言饋據此則始卽熟始之始饋始卽獻燔之禮因饗諸侯。重禮庶吏。出送于郊。此蓋來朝諸侯助祭而後去也樹昬于崇。昬舊訛昏按古人銘功之典或金或石並無區別其在詩曰文王受命有此武功既伐于崇築邑于豐則當日勒石紀功亦事所應有者又考地里志豐崇本屬一地卽今鄠縣則本句不專指伐崇之功也王告周公旦曰、嗚呼、諸侯咸格來慶。辛苦役商。吾何保守。可用行。可舊作何旦拜手稽首曰、商爲無道。棄德刑範。欺侮群臣。辛苦百姓。忍辱諸侯。莫大之綱。福其亡。此處舊有亡人二字今刪惟庸王。庸功也言有功之主也其祇德純禮。祇舊訛祀明允無二。卑位柔色。金聲以合之。按尚書大傳云在內者玉色在外者金聲蓋言和也王乃命三公九卿及百姓之人之人二字衍曰、此處舊有恭敬至于崇六句今刪移內備五祥六衛

浮山云內衛外用整分兩大段爲法與文酌略同文酌爲紀文王第一篇此爲記文王遷豐第一篇想是作者着意處

洛按十敗四葛四蠹五落七惡玩其文義

七厲十敗四葛。玩後文不修不固二語十敗四葛亦指好邊說外用四蠹五落六容七惡。蠹作蠧非穆天子傳天子東巡次雀梁蠹書于羽陵蠹書中虫也但蠹亦係木虫此乃借用五祥、一君選擇。二官得度。三務不舍。四不行賂。五察民困。按五祥皆用人行政之大者惟務不舍難解或是言庶務皆不敢廢弛也六衛、一明仁懷恕。二明智設謀。三明戒攝勇。四明才攝士。五明德攝官。六明命攝政。盧云此六衛有與大武解相同者明智設謀前作明智輔謀又明戒攝勇戒或作武明德攝官或作明藝法官疑皆後人以前卷改此文也趙云明戒以攝其勇則知方而不妄逞明德以攝其官則在官者皆以實心行實政矣

七厲、一翼勤厲務。二動正厲民。三靜兆厲武。按靜兆厲武止戈之所以爲武也兆尚疑誤四翼藝厲物。五翼言厲復。六翼敬厲衆。七翼智厲道。厲義已解大武解中十敗、一佞人敗樸。二諂言毀積。按浸潤之譖不行者

覺似有圖商之意不將沒服事之心乎不知此書乃後人追述祗因數義太過致使文王如晉宣帝唐高祖之流讀者不以詞害意可也

漢書成帝紀詔曰奇請它比日以益滋師古注奇請謂常文外主者別有所請以定罪也他比

難語言所以毀積也三陰資自舉○按此似是平凡六出奇計其奇秘人不敢知之類四女貸速禍○盧云此卽左傳叔向所云女富溢尤也五比黨不揀○盧云不揀不知所擇也六佞說鬻獄○謝云此卽左傳叔向所云鮒也鬻獄七神龜敗卜○趙云此如詩所云猶我龜旣厭不我告也八賓祭推穀○按此疑似越以穀種遺吳之類九忿言自辱○十異姓亂族○按此疑如春申君呂不韋等事又按敗有二音增韻云物自毀壞則薄邁切物不自敗而人敗之則北邁切玩使人敗樸十語蓋言我以此敗人當讀北邁切四葛一葛其農時不移二費其土慮不化○按此蓋言有所經費於其土慮不服化也三正其賞罰獄無姦○梁云姦奇卽姦邪盧云奇當如奇請它比之奇四葛其戎謀族乃不罰○按戎謀大謀也書太誓罪人以族是紂之虐政族乃不罰是所以異乎紂者又按易困于葛藟註云引蔓纏繞之草此蓋借用其意四蠹一誘好怪奇以治之○二淫言流說以服之○閒有迨音卽从迨義三群巧仍

謂引他類以比
附之稍增律條
也
外篇浮山云霙龍
疑靈龜訛

與以力之△力从四神巫靈寵以惑之。五落一示吾貞以移
脅義
其名。按此似是善則歸己二微降霜雪以取松柏△按此似
怨則諉諸人之意言松柏
雖不可取然必先三信蟜萌莫能安宅△惠云周禮占夢舍
示以威蠱喻語也萌于四方眡祲掌
安宅叙降咎按蟜者虫善屈伸也萌者草木初長也此
不過動搖之意蓋我欲搖動使彼信之而莫能自安也四
厚其禱巫。其謀乃獲。按禮儒行不隕獲于貧賤註隕
獲困迫失志貌此獲字作此解五流
德飄枉以明其惡△按此似言彼既暴虐而我益使德政流
行以彰彼之惡也又按落義以四蠹例
之當亦剝落侵削之意觀厚其禱
巫二句與神巫靈寵句相同可見六容、一游言。二行商三
主軍旅之庸△主舊作三盧本以三爲工連屬上四外風之
句主卽作三無主字其義未妥
所揚△按此似是潛結與五困失而作事亡應時。時乃喪。困
國使之揚詡己美或
作困亡舊六厚使以往來其所藏。按此似是多遣間諜以
在作上往來偵探也又按容有

先容容忍兩意一二四皆先容意三五六皆容忍意七惡一以物角兵○按此似吳楚以爭桑啟釁二令美其前而厚其傷○按此似是訂盟方甚堅而背之轉盍甚也三間於大國安得吉凶○按此似是不顧遲侯之怨已意得宜作計○或云郎晉至從晉楚至從楚意亦通四交其所親靜之以物○則以流其身○按此似楚子常因蔡侯不與裘佩而拘留三年之類五莘諸侯以朝賢人而已猶不往六令之有求遂以生尤○按此似先軫所言使宋舍我而賂齊秦藉之告楚之計七見親所親勿與深謀命友人疑○按此似是離間之計命疑令訛又按七惡皆構怨啟釁之事惡宜讀去聲旦拜曰、嗚呼、王孫其尊天下無見過適○適舊在無上今據下句倒過適無好自益以明而迹○按孫與遜適通適與謫通蓋言王須居高思危而遜其尊使天下無見爲可過可謫者如有過謫即速自改毋或恥過飾非因以明其治迹也浮山校天下斷句次過適行無見過適是無然畔援意無好自益是無然歆羨意嗚

外箋 不深二語毋論難解即使易解而訂詁[illegible]豈非經文或校讎者之語耳今定爲衍不從二句蓋言王若不從此言則事多潰敗雖臣爲之潰告亦無益矣次潰原文本是潰奇通

外篇 墓亦疑爲基訛九開當即指第十六之九開解也但其書古書序殘

呼、敬哉。視五祥六衛七厲十敗四葛。不修、國乃不固。按視有朝考夕斜意上言備此言修惟修乃備 務周四蠹五落六容七惡。按周是蠹落四項兼全之詞務必兼全始可用也。不時不允不幸不緩。盧疑是綏 反以自薄。嗚呼深念之哉。重維之哉。不深乃權不重。從權 乃慰不從乃潰。潰不可復。權疑懽訛從權二字衍慰疑懟訛次潰舊訛瀆盧從沈改洛按懽憂忘也懟怨也言不深念不重維必至於此不深不重皆不從也且潰而難復矣 戒後人其用汝謀。舊本複出復戒後人四字盧云衍刪 王曰允哉

大開解第二十二

維王二月、既生魄、王在鄷。立于少庭、兆蓍九開。蓍舊訛基浮山改 開厥後人八儆五戒。按儆戒不甚異而書既分言則儆乃自儆戒乃戒後人 八儆、一

缺不知其義耳布宣肇開言宣布者宜啓於其始也制用守備言制度之可爲世守者宜無不備也寧用懷柔言懷諸侯柔遠人皆所以安天下之道也

□宣肇開△闕處疑是布字宣肇舊訛旦手二躬修九過○三族修九禁○四無競維義○競與竟通盡也蓋言以義制事爲用不窮也五習用九教○六□用守備△闕處疑是制字七足用九利○八寧用懷□△闕處疑是柔字五戒•一祗用宗○謀宗謀舊倒二經內戒工○按此蓋言經理內政則須戒飭女工三無遠親戚○四雕無薄□△闕處疑是幾字禮郊特牲丹漆雕幾之美註幾謂漆飾沂鄂疏雕謂刻鏤幾謂沂鄂言以丹漆雕飾之爲沂鄂也沂鄂即釿鄂或又云薄宜作欂壁柱也欂無雕幾語意更明按此句只是崇節儉意五禱無憂玉及爲人盡不足△按玉所以禱金縢之植璧秉珪是也禱無○憂玉應○是勿信淫○祠之意爲人兼上下言盡不足猶言盡心處○宿不足也○王拜儆我後人謀競不可以藏戒後人其用汝謀維宿不悉日不足○按宿夜也二語猶言日夜匪皇常如不及也或曰禮祭統宮宰宿夫人宿讀爲肅戒也宿不悉言戒之不盡也

[小篇]三十五祀之下，[illegible]言正月則商[illegible]訓之，惟元祀十有二月乙丑，恐古文尚書[illegible]可證[illegible]。浮山[illegible]稿[illegible]三見時[illegible]一二見有其德，又[illegible]其時隱然知周有易侯而王化家爲國之意。

小開解第二十三

維三十有五祀、正月丙子、拜望、此六字舊在多士下今倒王念曰、多士。士舊[illegible]時。按此猶不闕[illegible]遑暇食意汝開後嗣謀曰、嗚呼于來後之人。余聞在昔曰明明非常、維德爲明。德下舊有日字或疑爲方圖訛今定作日字移下食無時、浮山疑此句似衍汝日夜何修非躬、何慎非言、何擇非德。汝日夜舊無日字今移增嗚呼敬之哉。汝昔不聞命。舊作汝恭聞不命今改倒不聞言也聞賈粥不讎、謀念之哉。不索禍招。按此言賈粥不與讎謀而讎之者衆可見人不求禍而禍自至也無曰不免。不庸、不茂、不次。人蓄不謀、遷棄非人。按庸功也茂懋勉也次次序也人蓄卽禍也遷棄言還善棄惡也盧從元本以遷棄作迷棄非是大旨謂人毋曰禍不可免知其所以招禍則知其所以免禍矣蓋不庸不茂不次乃招禍之由故人蓄遂不謀而自至惟是遷善棄惡庶幾其免之此豈由乎人者哉朕聞用人不以謀說說惡諂言盧以諂爲諂疑也洛按諂義較長盡用人之所以不以謀說者惡其說之皆諂言耳色不知適適不知謀謀泄汝躬不允適過也泄疑沮訛嗚呼敬之哉後之人朕聞同謀有如共輴乃而令人之好佚而無窮同舊訛曰如舊在輴下今舊訛舍皆浮山改倒洛按說文輴反推車令有所付也淮南子覽冥訓輴車奉饟注推也言相推以致遠也是則共輴乃同功致遠意佚安逸也貴而不傲富而不驕兩而不爭聞而不遜遙應通搖遠而不絕窮而不匱者匱似宜作潰潰溢也語意似與窮覦其所不爲同鮮矣汝謀斯何嚮非翼維有共枳枳亡重大害小不堪柯引按柯引當是遠鸇比附意維德之用用皆在國謀大鮮無害嗚乎汝何監非時何擇非德德枳維大人大人枳維公公枳維卿卿枳維大夫

外篇浮山云三極之目詳於小開武九因四戚五和之目詳於大開武此彼互見之法非此處脫也五和或作五私誤洛按四戚五和已見大武解而大明武亦先有十因○無限限字亦疑誤

外篇浮山校此數句作春育生素草蒲夏育長美柯華秋樹藝蕭疏不務水潦冬大劉薪蒸

大夫枳維士○章懷注後漢書引此作周書呂刑篇故舊本脫維公○公枳四字○盧據以晉補注云枳若言上下相維遞為藩蔽也○登登皇皇○君枳維國○君舊闕盧從沈本補洛按此句與後漢書注異○國枳維都○都枳維邑○邑枳維家○家枳維欲○無疆○動有三極○用有九因○因有四戚○五和○極明有異與畏勸○此句舊作極明與與有畏勸今据下三句異畏勸字改倒明字似衍或据小開武三極既明語亦通○汝何異非義何畏非世何勸非樂○按四戚五和竟脫其目○謀獲三極無疆○動獲九因無限○務用三德○順攻奸慝○按三德無指當照下作時德慝舊闕今補○言彼[illegible]在意○此句於此處無着當是他篇注語錯簡在此○彼時德○彼舊訛仞○春育生素草[illegible]蒿藪滿蕭蕭通○夏育長美○柯華務水○潦秋初藝○不節落○冬大劉○按務水潦四句乃倒裝文法蓋言秋初藝務水潦冬大劉不節落劉殺也或疑秋不可言初藝不知周之七八月乃夏之

數倍何信謀本以時節落蓋薪蒸訛（外篇）天視照小開武時候天視法言視天時亦通

洛按禮維生義二語極精足抵後儒多少語錄

五六月正樹藝之候也大劉不節落當即冬斬陽木意倍信何謀本以時○歲至天視○按倍宜作屈信與伸通視與示通蓋言屈伸豈有成謀乎本因乎時也○方冬歲○已成矣天○又示之以○更新也嗚呼汝何監非時○何務非德○何興非因○何用非極維周于民人謀競不可以藐○後戒後戒宿不悉日不足○

文儆解第二十四　按文王薨於紂己卯壽九十七歲逆推之應生於前武乙二年癸卯

維文王告夢○懼後祀之無保○按大臣解曰周王此外凡三稱文王蓋紀述者因文王將薨武王將伐殷而稱之如此耳世以○文自改元稱○王謬甚庚辰詔太子發曰汝敬之哉○民物多變○民何嚮非利○利維生痛○按此猶言有利必有害也○痛維生樂○按此猶言生於憂患也○樂維生禮○按此猶言安處善樂循理也○禮維生義○義維生仁○嗚呼敬之哉○民之適敗○按此猶言人情易潰也上察下遂信何嚮

浮山云紀年帝辛三十五年周大饑此書所載糴匡一次大匡一次文傳一次非周屢遇凶年也蓋文王以如傷之心而備救

非私。私維生抗。抗維生奪。奪維生亂。亂維生亡。亡維生死。嗚呼、敬之哉。汝慎守勿失。以詔有司。夙夜勿忘。若民之嚮。引汝何慎非遂。何慎係盧倒遂時不遠。非本非標。非微非煇。壤非壤不高。水非水不流。嗚呼、敬之哉。倍本者槁。盧云倍同背槁甄后塘上行云倍恩者苦枯意與此合汝何葆非監。不維一保監順時。維周于民之適敗。無有時蓋。按此當是無時可怠意蓋怠也後戒後戒。謀念勿擇。擇通斁詩古之人無斁韓詩作擇

文傳解第二十五

文王受命之九年。按尚書大傳作七年考紂三十三年命文王專征伐至四十一年恰是九年。詹景鳳曰運期授謂文王以受命之年爲元年注云周文王以戊午蔀二十九年季秋爲受命之月至明年乃改元

荒之策也洛按孟子云文王治岐又云西伯善養老今觀糴匡程典大匡及本篇俱可想見

如此則何以爲文王彼蓋因書序惟十有三年武王伐殷之語而附會之也洛按文王在位五十二年受征伐之命係四十四年則運期授之二十九年受命三十年改元不攻自破

時維暮春

盧云太平御覽卷百四十六所引同今本詩正義作維暮之春

在鄗

按紀年紂三十六年文王使世子發營鎬世本古義因引文王有聲之詩謂豐鎬皆文王之所遷但宅是鎬京之下明言武王成之亦似難通也竊謂豐在豐水之西鎬在豐水之東相去僅二十五里當日之在此在彼亦無一定觀下大開武篇已爲武王尚曰在酆寶典篇曰在鎬而酆謀篇又曰在酆可見

召太子發曰嗚呼我身老矣吾語汝我所保與我所守傳之子孫吾厚得而廣惠忠信而志愛

志疑慈訛

人君之行

舊本作太子發曰吾語汝所保所守守之哉又無下兩而字盧据太平御覽卷八十四卷百四十六補正洛按下三句玉海三十一引作厚德廣惠忠信愛人君子之行坊本多從之今從御覽

四者君德不爲驕侈不爲泰靡不淫於美括柱茅茨

盧云括與刮楹之譌同御覽柱即作楹落

外篇考工記梓人銳喙決吻疏云鳥乃喙長決物食之時以其近喙本決故云決吻可見以齒斷物曰決以鐵斷物亦可曰決經文括字已是玫其意逕中因就不決亦是解其意不必滯也

按括宜作栝栝桂與茅茨一例不文飾也爲民愛費。舊本無民字今從盧本初學記引作括柱而茅茨爲人愛費注言務儉也、因就不決曰括、不決盧據御覽改作木故山林非時不升斤斧以成草木之長。川澤非時不入網罟以成魚鼈之長。此二句御覽八十四作而順天時水澤不內舟不麛不卵以成鳥獸之長。說文引作不卵不蹼以成鳥獸云翼者纍獸足也畋漁以時。童不夭胎。馬不馳鶩。土不失宜。御覽八十四引此云畋獵唯時不殺童牛不夭胎童牛不服童馬不馳不鶩澤不行害土不失其宜萬物不失其性天下不失其時藝文類聚亦引童牛不服童馬不馳土不失其宜萬物不失其性天下不失時以成萬材萬材已成牧以爲人天下利之而勿德是謂大仁盧云萬物不失其性以下今多見下卷大聚解中注言土地所宜、悉長之、土可犯。周禮夏官太馭掌馭玉路以祀及犯軷注行山曰軷犯者封土爲山象以菩芻棘柏爲神主及祭之則以車轢之而去竊謂此云土可犯當亦封土爲山之意所以資樹種也材

洛按漕制始於漢蕭何之轉漕關中是也而文王先有此舉蓋當日所以救荒至漢乃始爲給軍需耳左傳自雍及絳相繼命

可蓄潤溼不可穀樹之竹葦莞蒲可舊脫炤下句增礫石不可穀樹之葛木以爲絺綌以爲材用盧云木或作藟非也絺綌謂葛材用謂木注所謂土不失宜謂舊作爲盧改故凡土地之閒者聖人裁之並爲民利是以魚鱉歸其泉鳥獸歸其林以從盧增獸係愚增注取之以時不夭胎故孤寡辛苦咸賴其生注得所生長長下舊有材用二字按經文指人說材用字衍山林以遂其材林從盧增工匠以爲其器百物以平其利商賈以通其貨注無二德也工不失其務農不失其時是謂和德注和故不失土多民少非其土也土少人多非其人也是故土多發政以漕四方四方流之注漕轉流歸言移民入內也舊作言移內人也今依經義增倒土少安帑而外其務

之曰汎舟之役似即漕之謂也

外編 開望疑即啟箴蓋箴與望形相近而闕則如山海經避明帝諱啟皆作開

陳星垣云潛夫論遺竭二字義自明晰盧氏疑是匱誤但匱與竭義重盧氏非是

方輸。按帑與孥通言安其妻子使民居外各有所務則輸穀以養不患土少矣 注 外設業民而四方輸穀、民舊在四下依盧倒 夏箴曰、中不容利民乃外次。按引夏箴所以證安帑二句言國中土少不容居住故民不能不外居作業之次也 注 夏禹之箴戒書也、浮山校作夏箴禹之戒書也 利福業、次舍於田、利福舊脫次舍舊倒盧據玉海增正 開望曰、土廣無守可襲伐。土狹無食可圍竭。二禍之來不稱之災。潛夫論實邊篇引周書曰土多人少莫出其材是謂虛土可襲伐也土少人衆民非其民可遺竭也是故土地人民必相稱也盧云遺竭疑匱竭誤 注 開望古書名也、政以人土相稱爲善也、天有四殃。水旱饑荒。其至無時。非務積聚。何以備之。注 積材用、聚穀蔬、夏箴曰、小人無兼年之食。遇天饑、妻子非其有也。大夫無兼年之食。遇天饑、臣妾輿馬非其有也。盧云御覽三十五引此作夏歸藏誤又墨子七患篇引周書曰國無三年之食者國非其國也家無三年之食者子非其子也胡廣百官箴敘曰墨子著書稱夏箴之辭卽謂此也。注古者國家三年必有一年之儲、非其有言流亡也、戒之哉弗思弗行至無日矣。注言不遠也、按至無日爲何事卽上所謂非其有者緊連上文讀經注皆明不明開塞禁舍者其如天下何。按開塞卽所謂開財源節財流也禁如大匡解所云母粥熟母室市舍則糴匡解舍用振穷之舍注不明謂失其機、按機要也似當作昧其要人各修其學而尊其名聖人制之。注制而業用。按經似是衣食足則禮義興意制之葢言制爲五禮也注似未盡合故諸橫生盡以養從生。生舊脫謝据下句增從生盡以養一丈夫。注橫生、萬物也、從生、人也、一丈夫、天子也、言兆民養天子也、養舊訛着盧從趙改無殺夭胎。無伐不成材。無墮四時。如此者十年。

有十年之積者王【注】通三十年之計也、趙云三十年之通惟謂耕耳此兼言庶物如此者十年承上即以貫下但當就十年作解耳注非是有五年之積者霸無一年之積者亡【注】通十五年之計、有五年之積也、亡謂無國家、生十殺一者物十重生一殺十者物頓空十重者王頓空者亡【注】生多則重、生少則空、二則字舊訛到兵强勝人人强勝天能制其有者則能制人之有【注】勝天、謂有天命、謂舊誤勝不能制其有者則人制之【注】術自取之、令行禁止王始也按王始言自王爲始所謂君者出令者也惟自王爲始故出一曰神明若臣亦爲王而出於二猶曰分光不甚失也至出三則不堪言矣盧疑是王治非出一曰神明出二曰分光【注】政出二、臣分君之明、光亦明也、出二舊訛有三令依經文改臣舊作名從趙改出三曰無適異出

四曰無適與無適與無適與者亡。注君臣無適異、民無適與、不亡何待也、

洛按柔懷即懷柔之柔武王以武烈定天下則柔遠人懷諸侯及懷柔百神皆由此而致故元祀之書直名柔武

何閒浮山云注在[illegible]作周成[illegible]不禁[illegible]之道也[illegible]備五戎[illegible]周不近戎何以[illegible]須禁戎如此則注

柔武解第二十六

維王元祀、一月、既生魄。按小開篇三十五祀紂之年也而宅程三年受命九年則偶因一事而紀文王之年令武[illegible]周俟服即大書元祀蓋尊一統也注此文王卒之明年春也紂四十一年文王薨四十二年爲武王元年。注舊[illegible]今移

王召周公旦曰、嗚呼、維在文考之緒功、維周禁五戎、五戎不禁、厥民乃淫。注此成周也商謂之戎言五者不禁戎之道也、按經非以戎爲戎更非謂周爲戎注[illegible]戎兵也書曰詰爾戎兵是也五戎謂五項[illegible]一曰[illegible]戎之事[illegible]下文五者不畀自生[illegible]旅[illegible]一[illegible]時[illegible]按[illegible]道遺二句似言與築游觀二曰[illegible]時[illegible]不疑過時緩[illegible]政已潰敗彼尚不疑也二曰獄[illegible]

語可通
外篇陳星垣謂政匱不疑蓋決言其政之必實也

蔽刑姦吏濟貨蔽刑舊倒貸宜照注作貨注濟貨成其貨也或曰注正以貨貨釋濟貨然濟貨難解不如濟貨尚可解三曰聲樂□□△闕處疑○是損神飾女誠德四曰繼蒙髮轉繼禱是怙五曰盤游安居枝葉繼落注轉□怙恃、盤游安居皆害之術、闕處盧云當作轉勞怙禱、按或是輔附怙恃蓋以附訓輔以恃訓怙也五者不距自生戎旅故必以德為本以義為術以信為動以成為心成趙疑是誠以決為計以節為勝注言以德為本、以節為勝、距戎之本也、盧云注但舉首尾二語亦似有訛疑當作言以德為距戎之本也洛按盧說所漏甚多不如增一自字一至字便是賅舉兩頭之法務在審時紀綱為序和均道里以匡辛苦道舊闕注匡正也辛苦窮也見寇□戚靡適無□△似當作見寇與戚靡適無安勝國若化不動金鼓善戰不鬭故曰

浮山云徐氏紀年統箋引此以爲文王受命得專征伐之始從一般稱祀不知一祀爲武王元祀篇內已稱文考矣徐氏竟未讀全書耶

柔武四方無拂奄有天下奄宋本作掩盧從謝改【注】拂、違也、無拂、言感也、感或作威盧定無拂舊脫今增

大開武解第二十七

維王一祀二月王在酆密命【注】密人及商紂謀周大命盧云密如若不密之密詎以爲密人非訪於周公旦曰嗚呼余夙夜維商密不顯誰和【注】言欲以毀送之商密盧云篇中無一語及密人序云武王忌商亦不及密此二語蓋云茲事密不顯誰其與我合意者注乃云欲以毀送之商密聖人豈有此意哉毀而傲懼毀其足以亡人國乎甚矣注之謬也洛按是時紂有疑周之心武王懼喪其國惟與周公愼密商量不敢明告外人誰和猶言何道可以和之使彼不疑也如盧氏之說則是武王圖商機事不密矣安足與論聖人心事乎即序云武王忌商亦追論之詞不可泥若歲之有秋若舊訛告今余不獲其落若何按此蓋懼喪其國意

按周公開口提出一敬字猶是文王心事

盧云以田事爲喻與後文秋而不穫意同〔注〕秋捐萬物而商密欲擯我周不得秋舊訛和按注蓋誤謂經以秋之捐除萬物喻商密之欲擯我周也獲與穫通注又誤以不得釋不獲也其落

恐將亡周公曰茲在德敬在周其維天命王其敬命〔注〕言天命在周當敬命而已違戚無干干舊訛十無干和無再猶無生嫌隙意再失維明德無佚〔注〕違戚所親近疏遠者再失謂復失也舊違戚脫者作也謂作爲佚不可還維文考恪勤戰戰何敬何好何惡時不敬殆哉〔注〕言一佚不可還故念文王所敬不可還猶後悔難追意

王拜曰允哉余聞國有四戚五和七失九因十淫非不敬不知〔注〕言非不欲敬而未知所聞欲知之也今而言維格余非廢善以自塞維明戒是祗〔注〕而汝格至也是祗敬之

洛按此處方言周有必興之兆但下文詳言四戚五和數項亦仍是保國之道卒乃儆以廢天命忍民苦之不祥則武周之心昭然千古

周公拜曰、茲順天。天降寤於程。趙云此即指太姒之夢 程降因於商。商今生葛。葛右有周。按右與佑通 【注】言大寤周以和商、謀商朝生葛、是祐助周也、維王其明用開和之言。言孰敢不格【注】可否相濟曰和、欲其開臣以和、則忠告之言無不至也、四戚、一內同姓。姓舊訛外 二外婚姻。三官同師。四哀同勞。五和一有天維國。二有墬維義。三同好維樂。四同惡維哀。五遠方不爭。【注】以文德來遠、按四戚五和已見于大武解詞亦大同小異 七失、一立在廢。二廢在祗。三比在門。四諂在內。五私在外。六私在公。七公不違。違猶制也【注】立所廢則功多、廢所敬則見疑、暱比在朝、諂諛近己、公私差錯、公法不能違之、所謂失、廢所敬下舊作則不見疑口比諂近公私干錯今依經文訂正趙云立在發立者在所廢也廢在祇廢者在所敬也注不可曉洛按注意蓋云立其所當廢廢其所當敬也餘則因脫漏太多耳

九因一神有不饗○二德有不守○舊作所守盧改三才有不官○四事有不均○五兩有必爭○六富有别○七貪有匱○八好有遂○九敵有勝【注】此皆因其事而以誤彼國也、趙云因乃因利乘便之因無誤彼國意

十淫、一淫政破國動不時民乃不保○乃舊脫北堂書鈔三十引作民乃不保盧云下文句中皆有此應從書鈔增二淫好破義言不協、民乃不和○三淫樂破德德不純、民乃失常○按武稱解淫樂破正淫言破義與此二項互異各有理解四淫動破醜醜不足、民乃不讓○五淫中破禮禮不同、民乃不協○六淫采破服服不度、民乃不順○七淫文破典典不式教、民乃不類○八淫權破故故不法官、

洛按今商維茲下不直言商之必亡第曰茲命不承殆哉亦不直言周可以興而反言廢天命則訖功緒語意皆極含蓄

民乃無法○按故典故也故不法官是倒裝句法蓋言官不率成憲則民無法守矣或曰故疑政訛然邦費解九淫貸破職百官令不承○按貸疑貸訛貸古賦字也十職則九職任萬民之職淫功破用用不足百意不成○淫功一本作淫巧嗚呼十淫不違危哉○今商維茲言商紂所行、如此十者之所蔽、其唯錫茲命不承殆哉○不卒天命則危殆也、若人之有政令發令無激乃廢天之命訖文考之功緒忍民之苦不祥○廢政令罪不赦、而乃廢天命、絶父業、忍民患是不祥也、○絶父業句舊作口父之業今按文義補刪若農之服田務耕而不耨維草其宅之既秋而不穫維禽其饗之人而獲飢夫誰饗之○夫舊誤去盧改作云鄰謂去子夫猶近義亦勝草居之、是農不修也、獸食之、是飢也、已自毀之、有誰矜之、是棄父業之遺也、有誰舊作是時盧改末句舊作父業之遺今按文義增改○盧云此蓋即肯播肯穫之意周公欲武王纘承文考之功緒故武王拜受其言王拜曰、格乃言。○嗚呼、夙夜戰戰。○何畏非道。○何惡非是。○不敬、殆哉。○注王心以周公言爲至、故拜也、

小開武解第二十八

維王二祀一月、既生魄。○王召周公旦曰、嗚呼、余夙夜忌商。○不知道極、敬聽以勤天命。○按忌商當作驚忌之忌非妬忌之忌也周公拜手稽首曰、在我文考順明三極、○躬是四察、○循用五行、○戒視七順順道九紀。○注皆文王之所行、之舊在行下今倒正三極既明、○五行乃常、○四察既是、○七順乃辨、○明勢天道、○九紀咸當、○順德以謀。○

洛按此二篇不言武事而皆以武爲名蓋追述武王之武烈也曰酌武者卜世三十卜年七百皆由此武烈開之也曰大小開武者隱然與文王之大小明武相配

外篇浮山云明勢疑明晢訛

罔惟不行。〔注〕言化道大行也。三極、一維天九星、二維地九州、三維人四左。（左與佐通）〔注〕九星、四方及五星也。四左、疏附禦侮奔走先後是也。（惠云文選注引周書王曰余不知九星之光周公曰星辰日月四時歲是謂九星盧云文選注三十六所云乃九紀也孔以經緯釋九星甚當他說皆不足取盧又云四左成開解作四佐上言文考故注引詩爲釋）

四察、一目察維色（色舊作極以音訛）、二耳察維聲、三口察維言、四心察維念。〔注〕四者所當必察眞僞。（所當舊倒）

五行、一黑位水、二赤位火、三蒼位木、四白位金、五黃位土。〔注〕言其所順而勤。（盧云勤宜是動）

七順、一順天得時、二順地得功、三順民得和、四順利財足、五順助得明（助得舊倒從謝改明疑朋訛）、六順仁無失、七順道有功。〔注〕順天時、得天道、順道有功、得人功。

九紀、

洛按寶即所寶惟賢之寶非珠玉之寶也玩篇末維子孫之謀寶以爲常自明

一辰以紀日二宿以紀月三日以紀德四月以紀刑〔注〕日月之會曰辰甲乙十者於四方以紀日宿次十二紀十二月次日爲禮月爲法也五春以紀生六夏以紀長七秋以紀殺八冬以紀藏九歲以紀終〔注〕四時終則成歲時候天視可監時不失以知吉凶〔注〕天視言視天時王拜曰允哉余聞在昔訓典中規非時罔有恪言曰正余不足惠云恪即古文格字〔注〕謙以受

寶典解第二十九 鄭伯熊曰商書典瑤之作其以祖宗之物所當瑤而無德則失固亦不可常乎周書有瑤典篇疑傳寫者顛倒耳

維王三祀唐書引作元祀二月丙辰朔王在鄗召周公旦曰嗚呼

敬哉朕聞曰、何修非躬躬有四位九德【注】言修身以四位
九德也、何擇非人人有十姦【注】凡人所不能免者、何有非
謀按有宜是舉謀有十散不圉我哉【注】圉、禁也、惠云圉讀曰禦何慎非
言言有三信信以生寶寶以貴物物周爲器【注】周用之爲
器、美好寶物無常維其所貴信維不行【注】貴在周用、言之
以禮擬之以寶順之以舉綱衆以備收口以備無格懷忠
忠舊訛患【注】言治實以器用、四位一曰定二曰正三曰靜四曰
敬敬位丕哉靜乃時非丕哉疑是丕承時非疑是時作正位不廢待安
宅【注】丕、大也、時、時非待時不動、按末句應是時作待時而動九德一孝子
畏義、乃不亂謀義舊訛哉二悌弟乃知序弟舊亦作悌今改正序乃倫倫

不騰上上乃不崩〔注〕不騰不越不相超越。三慈惠（此下舊有茲字，謝云因上慈字誤衍，盧刪）知長幼（此句舊重，今刪）樂養老，四忠恕是謂四儀。風言大極意定不移〔注〕儀，善也。（善舊作言，今從太子晉篇注改）五中正是謂權斷補損，知選，六恭遜是謂容德，以法從權，安上無慝〔注〕選，數，慝，惡。七寬宏是謂寬宇，准德以義，樂獲純嘏〔注〕純，大也，嘏，大也，謂之大大之福。（按詩純嘏爾常矣，箋予福曰嘏，此嘏字正宜依廣韻訓福，不必拘爾雅釋詁之文）八溫直是謂明德，喜怒不卻，主人乃服〔注〕卻，閒也。九兼武是謂明刑，惠而能忍，尊天大經，九德廣備，次世有聲〔注〕長有令問。（卽令聞）十姦（謝云當作十干，古字姦作奸，奸與干通，後人訛作姦）一窮慾干靜（慾舊闕，按文義補）二酒行干理（按此猶言過飲則喪德失儀也）三辯惠

【外篇】移潔疑狷潔訛蓋孤高絕物之意楚語其心狷而不潔注狷者直已志不從人與此頗合但彼則狷與潔異義稍不同耳注實少名多曰移殊費解

【外篇】楚語又曰復言而不謀身展也又曰其展也足以復之竊謂展當如匹夫匹婦為諒之諒韋注作誠未允

【外篇】陳星垣謂費即詞費之費與汗

干智 按惠通慧後漢孔融傳將不早惠乎註惠作慧 四移潔干清 按此蓋言迹潔而心汙有清名無清實也【注】實少而名多曰移也 五死勇干武 六展允干信 惠云外傳曰展而不信韋昭云展誠也誠謂復言非忠信之道 七比譽干讓 按此言違道干譽是有爭心 八阿衆干名 九尊悳干果 十愎孤干貞【注】干者皆不誠之行故曰姦 十散一廢□□□行乃泄二□□□□□□□ 按此為第二散而脫止八字未成句法故增個二字 三淺薄閒瞞其謀乃獲 按此句已見酆保篇此處獲似當作或【注】閒瞞不察謂所謀也 所謀一本作聽謀 四說咷輕意乃傷營立 盧云說咷當即侻佻皆謂不厚重也洛按乃傷營立謂敗其所經營創立者 五行惡而不顯弗憂其圖 按此蓋言與人面不背行怨道則其所圖謀者尚甚慮其成敗乎 六極言不處其謀乃費 盧云極言不處謂汗漫也洛按費似當作廢 七以親

漫頗合洛按如此則經文二句只一意矣疑當作勝蓋即詩發言盈廷誰敢執咎之謂

洛按武王頭叢登首總歸到義上玩嗜欲四句明是丹書義勝欲欲勝義之旨周公由生寶推出臣仁二層以明是方策所載爲政在人及修道以仁之意迨武王將臣仁合併申說而以仁爲重反覆周詳想見當日君臣儆氣象

爲○疏其謀乃慮○八心私慮適○百事乃僻○九愚而自信○不知所守○十不釋大約○按釋疑擇訛約要也言凡事不擇其要而理之則事不可成矣見利忘親利諸本皆作剮今從周本【注】適單也、言十者皆散汝成、○三信一春生夏長無私○民乃不迷○二秋落冬殺有常○政乃盛行○三人治百物○物德其德○是謂信極○【注】言其信至而物感也、物感舊作其余今按經義改正信既極矣○嗜欲何在○在不知義○何舊闕今按文義補欲在美好○有義是謂生寶○按此五句蓋言信既極而猶未能生寶者嗜欲間之也嗜欲之萌皆由於不知義若所欲在美好而合乎義則寶自生矣珠玉之寶待求而得求且未必得此寶只在祖宗作則故曰生寶【注】以義爲寶○周公拜手稽首興曰○既能生寶○恐未有臣子孫其敗○臣舊在既能上今照下層文法移倒蓋言無賢臣以遺子孫雖有典制亦必敗也【注】未有臣、

洛按寶旣生矣而君心猶恐其或失猶恐王會之道將廢是無時不兢兢業業也周公以是儆武王故武王直曰維時余勸

其心恐有寶而子孫不能有以致治也未字舊脫今增孫不二字舊亦脫從趙增旣能生寶未能生仁恐無後親猶言恐後無親王寶生之恐失○王會道維其廢恐字貫到下句意便明晰【注】會所當會之寶、按經文王會道是朝諸侯之意非必如王會篇言各獻寶物也注誤王拜曰、格而言維時余勸之以安位○教之廣○維時余勸猶言維汝爲余勸也兼下二層【注】安位、謂位可保○位可保舊訛信有得今改安位如易言履帝位而不疚教廣如易言教思無窮用寶而亂亦非我咎上設榮○祿○不患莫仁○【注】言以榮祿祿人、人字舊缺仁也、則用是榮人也、仁以愛祿允維典程○旣得其祿又增其名○上下咸勸孰不競○仁○維子孫之謀寶以爲常○【注】言仁人以愛祿爲常法、則人皆競仁、按樂直錯枉愛祿也能使枉直則人皆競仁矣欲愛子孫謀此爲常、

酆謀解第三十

維王三祀、王在酆。謀言告聞。〔注〕自文王受命至此十二年、也。（舊作十年、從趙改）知敵情、向人問人、日以紂聞、酆謀告武王也。（舊人日下有謀字、今刪。盧本併聞酆亦刪、今從舊）王召周公旦曰、嗚呼、商其咸辜。維日望謀建功。謀言多信。今如其何。（如其應倒）〔注〕言商君臣皆罪、周日望以周建功也。周公曰、時至矣。乃興師循故。〔注〕言可伐紂之時至。循故、謂循古法。（循故舊脫、今增。趙云、謂循用湯之故事、即世俘解所云修商人典以斬紂身者也）初用三同。一、戚取同。（按戚、親也。此或是同其好惡、所以親親意）二、任用能。三、矢無聲。（按此當是無譁聽命意）〔注〕矢、誓言。矢衆以盡心也。三讓。一、近市。二、賤粥。三、施資。（施似宜照注作旅）〔注〕以財讓也。近

按興師循故、當指伐黎之師。竹書紂四十四年、西伯發伐黎、適當武王三年、與此相合。注以爲伐紂、非也。

惠民市、旅資以惠遠、近惠舊作近來惠遠舊訛思也三虞、一邊不侵內。此言外寇不敢動也二道不敺牧。按敺與驅同月令季春遊牝孟夏驅獸二義皆具三郊不留人○按此似是野無遺賢意注虞、禁也、按大武解有五虞無注玩經義似是度意此處訓禁義却不同設此三禁、所以悅民、王曰、嗚呼、允從三。三無咈。厥徵可因。注言三讓三同三虞無違、其善徵可用以立功也、其善舊訛言害與周同愛。愛微無疾。疾取不取。疾至致備。注疾、惡、按惡宜讀去聲然只第一個疾字可通次則當訓亟三則當云災咎曲禱不德。不德不咸。曲舊訛由盧據注改害不在小。終維實大。悔後乃無。注曲爲非義、神不德之、爲盧疑是謂按謂爲古通孔氏皆以爲作謂今惟因文義求之帝命不諂。應時作謙。不敏殆哉。注帝、天也、諂、僭也、敏、疾也、周公曰、斯言允格。斯言舊倒詮從

外篇帝天也一注原在乃當句下與

經不相附竊思書中此類頗多恐係後人割注語以附經之誤未必孔傳士舊本如此

已出出而不允乃菑往而不往乃弱士卒咸若周一心注不往則是弱一心則應時也應舊作不盧從卜本

寤儆解第三十一舊本皆作寤敬盧云敬與儆通管子立政篇敬山澤敬訓戒與儆同

維四月朔王告儆召周公旦曰嗚呼謀泄哉今朕寤有商驚予注言夢爲紂所伐故驚欲與無則欲攻無庸以王去聲不足則上舊有方圜然欲與無則爲句詞義可通故刪按與卽與人爲善之與此三句言欲化殷善無可格之則欲攻殷無可庸之具以之自與王業而德勢均屬不足惟儆戒深斯憂患可免戒乃不與憂其深矣注戒不與言所憂從不戒中來也從不戒舊作不從戒浮山定周公曰天下不虞周下字似衍驚以寤王王其敬命按敬字繫與上戒字相對奉若稽古維王注虞度若順克明三德維則注三德剛柔

洛按西移者必東升故曰尚左東流者必發源於西故曰尚右此博物志之旨也然

正直、戚和遠人維庸。【注】和近人、則遠人用、致王禱。致舊訛攻赦有罪懷庶。句有茲封福。洪封通【注】庶、衆、封、大、監戒善敗。護守勿失。無虎傅翼、將飛入邑、擇人而食。邑舊作宮盧據韓非子難勢篇所引改不驕不悋。時乃無敵。【注】此是義也、王拜曰、允哉。余聞曰、維乃予謀。謀時用臧。不泄不竭、維天而已。【注】聞古言也、天道無常、余維與汝監舊之葆、咸祇曰戒、戒維宿。【注】言戒於心、宿古文夙

武順解第三十二

天道尚右、日月西移。地道尚左、水道東流。按盧本嘗據博物志將左右互易但經旨可通今仍從舊人道尚中、耳目役心。【注】言耳目爲心所役也、

必西移而後成晝夜
故此言尚右必東流
而後朝宗于海故此
言尚左且此尤互文
見義之法試玩禮義
順祥曰吉句則將天
地人合併爲一不分
左還右還皆于順
地順天順之辭人
也又況云還有還只
是一理觀月將遵天
道而左旋月將從地
道而右轉以成歲功
並無分別不必如盧
本作順天利本謂地
利兵轉爲致鬬
古詩皆言天道尚右
地道尚左所以者何
日月西移水道東流
以所趨爲上也未嘗

心有四佐不和曰廢〔注〕四佐，脾腎肺肝也。地有五行不通曰惡〔注〕金木水火土更相生。天有四時不時曰凶。天道曰祥，地道曰義，人道曰禮。知祥則壽，知義則立，知禮則行〔注〕言其相通。禮義順祥曰吉。吉禮左還順地以利本〔注〕本謂人也。沈云人即民。趙云注首應有地左還也一句方與下注配。武禮右還順天以利兵〔注〕天右還也。此處盧本亦將天地字互易。今按經乃互文見義，仍從舊。將居中軍順人以利陣〔注〕人尚中。人有中曰參，無中曰兩，兩爭曰弱，參和曰強〔注〕有中必有兩，故曰參。兩舊闕，盧補。謝云有中無中即謂男女，皆以形體言之，男成三女成兩，皆下體形參合，三兩而成五，交搆成室以生民。下文左右手亦以形體言之。○注有中必有兩解未明。洛按注未疑脫和字。男生而成三，女生而成兩，五以成室，室成以生

言右左當互移也

外篇 陳星垣引左襄二十三年傳齊侯伐衛先驅申驅貳廣啟胠大殿以爲敦即殿之証洛按傳注軍左翼曰啟右翼曰胠則此言左右一卒曰閭曰開閭必與胠通猶夫敦與殿之以音通也又按啟必作開蓋皆以避諱之故

○民民生以度○兩舊脫成室生民舊倒民生作民民依盧氏補改注陽奇陰耦○五成室、謂相配成室○左右手各握五左右足各履五曰四枝元首曰末○注四枝手足元首頭也、盧云易大過象本末弱本謂初末謂上又說文云木上曰末則以元首爲末理固然也洛按左傳風淫末疾註明說是四肢而惠半農强云首疾非是○五五二十五曰元卒○注佐兵名。一卒居前曰開一卒居後曰敦注開猶啟、敦猶服、上句舊作開有豎或作開謂啟今從盧本盧云詩所謂元戎十乘以先啟行是也猶服盧云當作猶殿軍後曰殿是也左右一卒曰閭○四卒成衛曰伯○注皆陣名、伯卒名○三伯一長曰佐○三佐一長曰右○注九伯卒也、三右一長曰正三正一長曰卿○三卿一長曰辟注伯卒則右、按上注言九伯此只言伯必有一誤千卒則正、三千卒則卿、萬卒舉令之於

亦可爲兩漢已有此書之一証

〔外篇〕佐必□句盧本從沈氏補以肅字遂致將下文均佐和改和爲肅均右肅改肅爲和但詳考經文既未有右必須言和佐必須言肅之確証且均佐和下言敬而無流均右肅下言恭而無慾流與和相反恭與肅相承

君、辟、君也、此謂諸侯三軍、數起於伍、故不正相當、盧云此註有訛蓋伯統國卒爲兵百人以下皆三三而益之佐十二卒兵三百人右三十六卒兵九百人正百八卒兵二千七百人卿三百二十四卒兵八千一百人辟九百七十二卒兵二萬四千三百人

辟必明○卿必仁○正必智○右必肅○肅舊是和據下文均右肅語改〔注〕言其德如此、乃堪其任也、

佐必和○和舊闕據下文均佐和語補伯必勤○卒必力○〔注〕卒二十五人之師、故以勇力爲之也、

辟不明無以慮官○卿不仁無以集衆按此下尚有脫文盧云正不智右不肅佐不和云云伯不勤無以行令○卒不力無以承訓○〔注〕訓、謂先後辟也、承、謂奉行其令也、其令舊作後令今從趙改

均卒力○貌而無比○比則不順○比字舊不重今增〔注〕比者比同也

均伯勤○勞而無攜○攜則不和○〔注〕攜、離、

均佐和○敬而無留△留則無成○

足見和與肅之不可改便足見佐和右肅之無容互改

洛按上篇稱武順言武曖順乎天也此篇稱武穆言武功穆乎人也下篇將言興師伐紂於此發端之末以此二篇所以見武王平日講武者本天因人之[illegible]臨時用武

【注】留、遲。按注以遲訓留費解竊疑留或流訛謂和貴於不流也均右肅恭而無羞。羞則不興。沈云此下疑有脫文蓋尚闕均正均卿也辟必文。聖如度。按均者誰均之辟均之也故辟則無容言均矣必文似當作必聖【注】言聖君有所爲、如度度功、不有差也、元忠尚讓、親均惠下。集固介德。【注】介、大也、言必所集【則】常在大道也、則字似衍危言不干德曰正。【注】不干、謂不犯也、正及神人曰極。世世能極曰帝。【注】極謂其上、其上疑是太上

武穆解第三十三

曰若稽古曰、昭天之道。照帝之載。揆民之任。夷德之用。【注】夷、常。道、揔之以咸殷。等之以口禁。成之以口和。【注】咸、皆、殷、盛也。皆以法揔之也。咸康于民。鄉格維時。監于列辟。【注】[illegible]古

亦應天順人之舉此作者微旨也

公列君以爲師也。盧云列辟周上世之賢君子孫臣民所當取法也坊本或列下衍也字或并刪去古公列三字俱非敬惟三事。永有休哉。三事一倡德。二和亂。按治古文作亂形似亂字此或是和亂訛三終齊德。有七倫。亂有五遂。齊有五備。五備、一同往路以揆遠邇。二明要醜友德以衆爾勴。要字似、行衆假聚訛三明辟章遠以肅民教。四明義倡爾衆教之以服。五要權文德不畏強寵。注同往路謂口遠之也。教之以服先王法服也。趙云服行也五遂、一道其通以決其壅。按道與導通壅舊作雍今從元本二絕口無赦不疑。三挫銳無赦不危。四關兵無用不害。五復尊離羣不敵。注羣離故不敵也。七倫、一毀城寡守不路。注路通、二通道不戰。三小國不凶不伐。四正維昌靜不

疑五睦忍寧于百姓○〔注〕中厚忍辱△按中厚玩經文睦字當作和厚六禁宮

求濟民七一德訓民民乃章○〔注〕明於教訓○欽哉欽哉余夙

夜求之無射○

按此書世俘及尚書武成皆言武王以建子之月始至師中而至鮮原時尚係秋天此篇武王已有告戒之言當是此後歸於周至冬乃復出耳

逸周書管箋卷四

晉五經博士孔晁注

海康 丁宗洛 箋

和寤解第三十四

王乃出圖商至于鮮原○盧云汲郡古文帝辛五十二年秋周師次于鮮原郎此【注】近岐周之地也小山曰鮮、按爾雅釋山小山別大山鮮疏大山少故曰鮮詩度其鮮原傳大山曰鮮注以小山釋鮮未確○召邵公奭畢公高王曰嗚呼敬之哉無競惟人人允忠惟事惟敬小人難保【注】言王以多賢人為強保、安之也、盧云言王當作武王○后降惠于民民罔不格惟風行賄則無成事○則舊訛賄今據注改【注】人之歸惠、如草應風、如用賄則無成事、緜緜不絕蔓蔓若何豪末不掇將成斧柯盧云豪末不掇戰國魏策引作

外篇 注言防患在微不類軍中告戒之旨宜作玩敵遺患因小致大解方與牧誓勗哉夫子同是一意

按起筆以整鍊勝

按武王以庶赦定宗爲言則與後世言化

毫毛不拔 注 此言防患在微也。王乃厲翼于尹氏八士。唯固允讓 注 厲、奬厲也。尹氏八士、武王賢臣也。尹氏八士四字舊脫、盧增 德降爲則 按此言武王德澤之逮下者可爲後世法也。與成開解詞同而意異 振于四方 按振是淪肌浹髓意 行有令問。成和不逆。加用禱巫。神人允順 注 言皆順成和志也。

武寤解第三十五

王赫奮烈。八方咸發。高城若地。商庶若化 注 言士卒應王之奮烈、視高城若平地、若化、恐怖也。盧云化如蒲盧待化而成之化[illegible]

于牧案用師旅。按案與誓同 商不足滅。分禱上下 注 [illegible]

戰、先禱天地也。王食無疆。王不食言。庶赦定宗。按[illegible]當讀作忘言每

家爲國由汝敗家亡國亦由汝者大相懸殊矣克紂後大賚是庶赦也立武庚是定宗也蓋真不食其言者觀將伐紂時臣民已共信其不食言則聖人伐罪救民非利有天下之心不千載若揭乎

按此種起氣在全書中另是一樣神采雖左氏有之恐馬班不能及也

【外篇】帝辛疑商辛訛觀周本紀帝紂

食不忘弔民伐罪之心也不食言謂先有【注】言皆赦其罪此庶赦定宗之言克紂後必不食之也、按庶赦指無罪而爲紂所囚者如人、定其宗主、不食言也、下篇所言釋箕子之囚出百姓之囚是也注作赦其罪人誤尹氏八士太師三公咸作有續神無不饗○按續古通績穀梁成公五年傳伯尊其無績乎詳績或作續盧氏徑改爲績未免過拘【注】言羣臣皆謀立功而神明享其禱、言舊在羣臣下盧倒王克配天合于四海惟乃永宗○【注】德合四表、

克殷解第三十六

周車三百五十乘陳于牧野帝辛從○【注】十二年正月、按十二年係辛卯年盧本改作十三年非是正月宜作二月經云陳于牧野已是丑月之事而非建子之月矣牧野、商郊、紂出朝歌二十里而迎戰也、武王使尚父與伯夫致師○

注徐廣曰帝一作商可見不必泥外傳商王帝辛之文又周禮環人掌致師鄭氏曰致師者致其必戰之志也古者將戰先使勇力之士犯敵焉此處亦不必泥

伯夫疑伯達訛下文有百夫或即其人周本紀郎作百夫○按此書乃記事之體王安得稱謚故此篇及世俘篇凡武字予槩疑爲行浮山云篇内下文已稱衛叔衛叔之封在成王四年此書必成王以後追述武字非衍挑

戰也、按致師讀言致與師之意也注未允王既以虎賁戎車馳商師商師大敗○按盧本據御覽既下增一誓字竊謂經文既字便包癸亥夜陳在内如盧本於致師後方言誓反失經句之簡貫矣敗亦改作崩今從舊戎車三百五十乘、則士卒三萬六千三百五十人、有虎賁三千五百人也、梁云書序孟子及國策蘇秦說趙魏皆云武王伐紂車三百兩獨此言三百五十乘而墨子明鬼下篇又云車百兩一多一少均未可信古車戰之法一車甲士三人步卒七十二人至臨敵制變更以甲士配車而戰一車賁百人每乘以虎賁一人爲右故有虎賁三百人孫奕示兒編以孟子三千人爲引經之誤是已考周禮虎賁氏其屬八百未有三千之多況又增五百乎至士卒之數一車百人郎依三百五十乘計之亦止三萬五千人安有三萬六千三百五十人哉張守節史記正義億歲爲二萬六千二百

按國君死社稷之道實自紂始試玩經文此數句較後世史冊之詳列國君詞昔尤爲凛然

〔丙潤〕陳厚耀云商辛奔內必有甲士相從玩一自字似只屏遮衆人而自燔于火也

〔外篇〕此處王所與下二女之所平列

五十人亦非

商辛奔內登于廩臺之上。按晉志王鍇鹿臺徐廣曰鹿亦作廩竹書作南單之臺

屏遮而自燔于火。水經注淇水條今朝歌城內有殷鹿臺紂昔自投於火處也

〔注〕屏遮、自障。按注意蓋亦本世俘篇取天智玉琰璿身厚以自焚及史記殷本紀衣其寶玉衣赴火而死等語以爲言然吾謂屏遮乃急於求死堅於必死之心恐其見火有所遲疑故先以物自屏遮耳不然珠玉豈可以障火之物乎

武王乃手大白以麾諸侯諸侯畢拜遂揖之

〔注〕大白、旗名、揖召也、揖諸侯共追紂也

商庶百姓咸俟于郊

〔注〕待武王於郊外也

羣賓咸進曰上天降休再拜稽首。按上天降休一語在此書明係羣賓賀武王之言而周本紀作武王使羣臣告商百姓語即此已見史遷引此書之誤又何待射擊斬折而始見其謬也哉

〔注〕諸侯賀武王也

武王答拜先入適王所。按王所即下文所云社太卒之左也蓋是時商之臣民已知紂自焚死特設此所以迎武王武王初入亦未識應往何所

應是指紂然上已曰帝辛曰商辛此忽又曰王却有可疑

【外論】此二段經文並無首字而斬絕其首是注謬解何從來讀此書者均看不出謬處且斬絕其首之注原在經文折縣句下若謂此以絕其首訓斬字則本句折字爲贅復盧氏曾改曰折絕其首本句雖可通而上句斬字先已贅設古人用字必不雜遝如此郎此足見注謬之謬

只得隨商衆而適於其所乃就射之三發○就舊訛剋浮山云蓋就紂死所而射左右與上方也而後下車○而擊之以輕呂○【注】輕呂劍名、史記作輕劍斬之以黃鉞○浮山云擊之斬之是以輕呂黃鉞作擊斬之狀蓋郎桃茢執戈祓除不祥之意折縣諸大白○浮山云折大白旗之布懸遮紂屍不令氣觸以避穢也○洛按此處舊有註云斬絕其首此等語忍心害理誤人不淺故直刪去梁云此篇乃六國時僞撰竄入周書者三代上無弑君之事詎聖如武王而躬行大逆乎紂之死武之不幸也賈子連語篇言紂門死紂之官衛與紂尸棄玉門外民之觀者皆進蹴之武王使人帷而守之夫倉卒之際尚使人帷守豈忍親戮其身戕及骨肉耶射擊斬懸必無之事論衡恢國篇亦辨之竊謂自宋以來凡言此書爲戰國僞託者皆因無以駁倒其事無以辨正其書不得已而爲此言至梁氏不敢疑全書專議此及世俘二篇則心更苦矣今如浮山所校折懸郎帷守之意射擊斬與舊解亦相去天淵人又何疑於此書耶乃適二女之所○既縊○乃舊在所下盧依御覽移【注】二女、妲己及嬖妾、縊自縊也王又射之○

外篇或是時武王面對紂尸而二女之尸恰在右邊故此特言右

外篇浮山云拜謂拜官史記淮陰侯傳至拜大將乃信也後漢左雄傳拜除如流動鉄百數是也假有二義楚漢春秋會稽假守殷通注謂兼攝也

三發○乃右擊之以輕呂斬之以玄鉞○縣諸小白○按右字似衍上不言左此胡言右且文義亦欠着落注玄鉞黑斧、小白亦旗名也、浮山云擊斬同上大白言折小白不言折者蓋大白廣幅故可折小白則不然懸亦以遮二女之尸也洛按上注會謂斬絕其首二女言斬不言折則是不絕其首矣何以世俘一樣言懸首於旗乎即此見折懸之舊解爲謬矣浮山所解一折一不折各有理趣淘爲讀書有暇

乃出場于厥軍○注平治社以及宮室宜去者宜居者居之也、居之舊作居遷、及期○百夫荷素質之旗于王前○注素質、白旗、前爲王道也一作以前于王道通導叔振奏拜假○謝云史記作振鐸○注群臣諸侯應拜假者、則曹叔振奏行也、又陳常車○周公把大鉞○召公把小鉞○以夾王○盧云召公史記作畢公注常車、威儀車也、按周禮春官司常篇釋名云車戟曰常長丈六尺車上所持也八尺曰尋倍尋曰常故曰常觀

晉書王尼傳護軍與尼長假謂休假也

外篇傳禮坊本多作傳禮令從盧學士所定說文相也从人賓聲與注恰合

按子貢云紂之不善不如是之甚也[illegible][illegible]平[illegible]論人自是知此而此[illegible][illegible]紂之惡亦僅數語但見[illegible][illegible]而[illegible]損[illegible]之言後出古文未可盡信

此可見威儀之注未確　三公夾衛王也、按注云三公經僅二公非三爲二錯郎經文脫畢公泰顛閎夭皆執輕呂以奏王○王入即位于社太卒之左○[illegible]執王輕呂當門奏太卒屯兵以衛也○羣臣畢從毛叔鄭奉明水○毛叔坊本皆作毛伯盧據宋本及史記改、衛叔傳禮○盧云傳禮史記作布茲[illegible]羣臣畢從王而康叔相禮、召公奭贊采○師尚父牽牲○[illegible]贊佐采事也、倅王也、尹逸筴曰、殷末孫受德迷先成湯之明侮滅神祇不祀○盧云史記迷作侯昬作廢[illegible]紂字受德也△梁云受德猶言受之凶德書曰其在受德暋與此政同非紂字也自呂不韋誤著於仲冬紀漢以後因之而誤史記作季紂是○神祇天地也、舉天地則宗廟已不享可知也、昬暴商邑百姓其章顯聞于昊天上帝○章當作彰盧依史記改[illegible]言上天五帝皆知紂惡也、武王、

按是時百務未遑先立武庚蓋因紂死自焚而奉嗣君亦猶夫奉故君也武之心則仍退居藩服終守臣節而已矣

外篇 孔氏注晉時外傳八虞卽八士注未顯又未有八士係南宮氏等說

再拜稽首。膺受大命。革殷。受天明命。按坊本皆無此四句梁云史記有此李善注王元長曲水詩序引周書亦有此惟膺更作膺受則知周書本有之蓋傳寫者因兩再拜稽首遂遺却中間數語耳今据以增補注語始得明晰〔注〕受天大命以改殷、天明命、王天下也、舊注在下文乃出之下今移此周公再拜稽首。乃出。盧本會將周公改作武王浮山云周公與羣公相禮至是賀王卽位與上文羣賓僉進再拜稽首一例言周公則羣公可知不必改爲武王洛按如盧本則首出只屬武王今照原本則與上文賓僉進王先入均相照應立王子武庚命管叔相。紀年云立受子祿父是爲武庚〔注〕爲三監監殷人、按相非卽是監注乃据後來僃事言耳觀紀年命監殷在四月歸豐之後可見乃命召公釋箕子之囚。命畢公衛叔出百姓之囚。〔注〕紂所拘囚者也、乃命南宮忽振鹿臺之財巨橋之粟。〔注〕忽卽括、按注意蓋以此二事周本紀皆作南宮括故因忽括音近特遷就以合之耳非顯與論語異也

其曰忽即括蓋不敢以括爲适即不敢以伯适爲南宮适更安敢以南宮忽南宮百達爲伯達仲忽

振散之以施惠也、乃命南宮百達史佚、謝云觀此文南宮忽南宮百達測論語八士皆南宮氏也百官與伯同梁云晉語詢於八虞注賈唐曰周八士皆任虞官遷九鼎三巫盧云史記三巫作保王保同寶[illegible]鼎、王者所傳寶、三巫、地名、按陳氏逢衡引公羊疏曰殷衰之時鼎沒於泗水及武王克殷鼎乃出見此當是附會之詞國策顏率謂齊王曰昔周伐殷得九鼎九鼎九萬人挽之九九八十一萬人盡言鼎之難遷以阻齊王也若果用此多人武王不勞民已甚乎然左氏會云遷九鼎於洛邑則是實有其事矣注以三巫爲地名又似遷九鼎於三巫然者或謂三巫即三塗度邑篇所謂南望過于三塗巫塗音混而訛而不知非也因思巫與筮通筮古作簭周禮簭人掌九簭之名俱作巫蓋殷人重巫有祝與卜筮洪範曰凡立卜筮三人占則從二人之言是筮立三法法各一人周因之以立九筮則三巫當即三筮當即商人卜筮之重器故並遷之如此則合經文九鼎三巫平列之旨

乃命閎夭封比干之墓○[illegible]益其[illegible]饗之于軍○祝舊訛祀[illegible][illegible]洛後書經注主宗廟之官掌敘

按此篇方言斃紂如上篇言相非監也蓋相是扶弱之意監是防患之意仁之至義

鬼神尊卑故曰秩宗周禮謂之宗伯又曰說宗但國語已有宗祝執祀宗祝書昭穆語是三代原有是稱非後人誤倒也次宗字主也盧氏因饗禱之于軍語意不明欲從史記改作享祠于軍竊謂將饗禱一倒便見是饗前所禱之神蓋昔之禱宗祝主之今之饗亦宗祝主之則文義自晰○韻

宗祝主祀賓、敬也、饗祭前所禱之神、首句舊作宗祀主祝盧改

乃班師還鄗京也、按國語衛彪傒引武王飫歌曰天之所支不可壞也其所壞亦不可支也以為武王克殷而作當在此時

大匡解第三十七 謝云前已有大匡此不應重名蓋因篇內有大匡字也海山謂篇內有用大匡一語宜加用字洛按加一後字自覺明妥

惟十有三祀○太誓云十有三年書序作十一年紀年又言十二年頗難辨証此直云十三祀自是確據

王在管○紀年云命監殷遂狩于管

管叔自作殷之監東隅之侯咸受賜于王王乃旅之以上東隅○按受賜兼封爵賞賚言上東隅謂使管叔為東方諸侯之長也

之盡也文按下篇言開宗術王則管叔初是賢者其作殷監當亦欲以東周公主之之類何也蓋東方諸侯咸屬之也本文自作二句猶言自作殷監而後東隅之侯皆因管叔而受賜于王耳不可誤以爲非武王所命謂管叔此時早有叛逆之心

外篇寶與有展允干信語此處於允

或曰上疑正訛蓋正是咸與維新意【注】東隅、自殷以東、旅謁、謁一作陳各使陳其政事者也、按旅宜訓列天揖時揖土揖卽列之義也用大匡○順九則八宅六位○【注】古大匡有此法、古或作言按大匡應是一書名故文武均有此篇寬儉恭敬夙○夜有嚴【注】言當嚴敬思所順也、浮山云九則經缺其一留質一段郝多二句且注有思所順語是經又缺思順一句宜作寬儉恭敬夙夜有嚴私同不中中忠於欲思順醜逆則經旨注語俱合矣洛按經寬儉二句似遠順九則七字直下注中思所順也恐仍是釋順九則之用若如浮山所補然尚缺領綱一句有以

待叅

昭質非樸樸有不明明執於私私同不中中忠於慾○慧醜詐【注】忠於欲、謂忠於絕私欲也、盧云九則九[illegible]其一疑此段有[illegible]洛按本段樸明私中四字頂接而下似無[illegible]脫譌形迹不敢臆定○注中私字贅重不伊伊言於允思復醜譖【注】展似信而非[illegible]

恐係于允訛蓋于訛爲于而于又作於形似遂失

(外篇)涓原有潔義吳語乃見其涓人是也但涓人即中涓不過掃除潔淨之謂此處涓字玩經注皆指極好者

注伊字皆佞字訛經佞言於允郎佞言似信之意注伊推也宜作佞捷也昭讓非背○背黨遂德○德讓於敵○敵醜爭○[illegible]讓以得之、非弃背也、昭位非忿○忿非口直、直立於衆、思直醜比○按口直是樹直蓋言在位而有忿心則非以直道自樹立者觀下句直立於衆立即樹義[illegible]位所以行道、非以息忿、忿怒也、昭政非閑○閑非違節○節進於政○思正醜殘○舊進政互倒正作止皆浮山定[illegible]政以道民、非禁閑之也、故貴得節也、昭靜非窮○窮居非意○意動於行○思靜醜躁○[illegible]仁者好靜、窮非取樂、昭潔非爲○爲窮非涓按二寫字均疑僞訛僞窮非涓蓋言僞作涓潔者必有時而窮究非涓潔之道也涓潔於行○盧氏會焵注改行爲利今按行義長故從原本思義醜貪○[illegible]涓潔於利、不以自污、昭因非疾○疾非不貞○貞固於事○思任醜誕○[illegible]疾口按昭因非疾言昭其

若如晉語亡人無狷潔不狷潔則不行與此迥別

所當固者非欲急成也疾急也疾非不貞應是言欲急成者每致不貞故直接曰貞固於事疑疾非不貞句有錯字浮山云非字是作訛昭明九則九醜自濟○濟舊作齊浮山據下箭濟九醜句改濟則同和○同和舊作曰節[illegible]本注成則意[illegible]好則死勇〔注〕明此九法則所醜義成九法成則[illegible]不知節勇如害上則不登于明堂○盧云如身[illegible]作[illegible]誤左支二年傳引作勇則害上不登于明堂明堂所以明道明[illegible]惟法○[illegible]法[illegible]化人法人惟重老重老惟寶嗚呼在[illegible]文考○惟時[illegible]舊惟時在戰[illegible]戰下令移換汝其△盧云玩注此處疑脫一箇字謝云當[illegible]遹下夙夜齊濟爲句〔注〕言所尊重者老人乃政之寶也○乃舊訛攻[illegible]文王惟敬是道汝其用之汝諸侯也夙夜濟濟無競惟人惟[illegible]惟[illegible]不[illegible]正不[illegible]〔注〕言當近正士遠讒人[illegible]時

按編首九則人道□□位乎□□□□□□之行□一□□□八宅六位□□□□□之□□□□位□□□□□九則詳□□□□極似左□□□□□一□□□□□文斷經□匡成開□□則行文錯綜之道備矣

行。汝晉于士。此處晉遷士惟八字今移于下〔注〕不行是文王之道其如此也、士惟都人孝悌子孫。不官則不長官。戒有敬官〔□〕其道舍□多者曰八宅。按官戒猶官箴也總目有敬綏此二層禮玉藻注朝廷治事處曰官此與道舍爲類與上二官字□□□□或是旅字徽〔注〕官以長人、人□皖官所戒惟敬、則八宅順矣。綏比新故外內貴賤曰六位〔注〕安之比之、各以其道、則六位順也。六舊皖。大官備武、小官承長。承舊誤成盡据注改〔注〕承、奉、大匡用和。外揖強大。舊是大匡坤攝外明和大按坤攝乃揖強訛倒又與用和上下句倒亂今据注意及下用均用惠文法改正揖與輯通史記秦始皇本紀搏心揖志揖即輯也是有和義〔注〕和平大國、。中匡用均勞。故禮新〔注〕士大夫及賓客。小匡用□□。舍靜衆〔注〕靜、安也、□□□□請疑□□□□詘詘順生分殺。不忘不懼〔注〕

外篇管管叔之邑
宜注上大匡篇却

不計分部不失其理按經文順生分殺衡言旌別淑慝也[illegible]之道自不能忘畏之者亦非驚懼蓋所以明禁[illegible]若九則生殺在國國咸舊作生欲怨也注殊[illegible]順在國國咸敬沈[illegible]維禮言用大匡使順九節生注改

其所敬於國國人皆順之以敬讓之禮也用舊詠周辟不及寬

有乘假玩注則經文不及猶言豈不及也不及言同假於王道按同字郎經文寬之義

文政解第三十八按篇名曰文政有二義書繼克殷之後明是言偃武修文一義也武之事無傷乎文之心一義也

惟十有三祀王在管管蔡開宗循王王字舊屬下段謝云當連此以開宗循王爲句今[illegible]管管叔之邑二叔開其宗族循舊京之政言從從之

在此篇此篇蔡宜注却又不注皆孔氏疏忽處（外傳）傾照注似順字訛但下又云順九典不敢遽定淨山校作頃

按禁九慝九句下文凡提刻九段遞縮處是作者語與大匡文法[illegible]論上[illegible]從變化不[illegible]讀應是作者若意不使當同之文字當參諸鄭保大武大明武小明武武順武穆有用起結者有不用起結者中間有關鎖者有無關鎖者便悟得無數法門予嘗謂此書

化也、按左定四年傳子魚曰使帥其宗氏輯其分族將其類醜以法則周公用即命于周數語雖非此事却可爲開宗王作註

循

禁九慝○昭九行○濟九醜○尊九德○止九過○務九勝○傾九戒○固九守○順九典、注九者所茂政也、九者舊作九人濟、謂濟其醜以好也、順此戒也此句有脫誤

有

九慝、一不類○二不服○三不則○四口務有不功五外與內通○與舊誤有六幼不觀國○此當即左傳所謂猶有盖心意七閭不通徑○八家不開刑○九大禁不令路徑○注刑、法也、不令、不宜令也、

○九行、一仁○二行○三讓○四信○五固○六治○信舊訛言治舊訛始盧據下段改七義○八意○九勇○注意於道也、

○九醜思勇醜怒○怒舊作忌或作忘皆不可解今據禮用人之勇去其怒著定作怒思意醜變○思義醜利○此句舊脫盧據上段九行補思治醜亂○思固醜轉○思信醜奸○思讓醜

文法酷肖左氏第玩此二篇相連可見矣

【外篇】不路疑不務訛謂不務政治也無使漁於民者君子也助之則若子在位矣但此讀仍跟不字爽語意是

○殘思行醜○頑思仁醜豐○按豐同豐龜兆裂皆曰豐隙罅也又魯靈光殿賦倚佹奪豐而軒髻注引杜預曰豐動也本句二說皆難通疑豐字訛錯【箋】殘、謂殘禮義也、殘與戕通賊義者謂之戕

九德、一忠○二慈○三祿○四賞○五興民之利○與舊脫六商工受資○七祗民之死○八無奪農○九足民之財【箋】敬死、勸葬也、是民之則也、此句舊作是民之財也盧疑句上有脫文今從周本文義較順

九過、一視民傲○二聽民暴○三遠慎而近貌○古文貌字盧云同藐四法令舛亂○舛舊闕五仁善是誅○六不察而好殺○七不念而害行○而舊闕八□思前後○闕處宜是不字九偷其身不路而助無漁○按路借作道助疑勗訛語意當是言偷安其身不本大道以勗其無漁也

九勝、一□□□二□□□三同惡潛謀○惡讀去聲四同好和因○五師□征惡○闕處宜是旅字六迎旋復路○此當即委

言上位皆指克聚斂之臣也

積以迎援節以送意○七明賂施舍蓋言與不傷惠也以物與人口賂北八幼子移成九○

遺名書新〔注〕潛謀、潛容之謀也○移成謂易子而教忠、所名

之子、書而新用、九戒○一內有柔成○二外有危傾○外舊說作可據詳意

乃內外對舉故改正三旅有罷寘四亂有立信○五敎用寬經六合詳

合詳疑令詐變成、詭玩注可見、七邑守維人八飢有兆積九[illegible]○

〔注〕柔成善柔諂人也罷寘言口困倉暗也○困舊說困今改暗或作晒虛云

守替無考暗亦疑訛落按罷疲也宜辟也注當是窮困倉皇康、逸也合詳、無德而信也

無德自無信字不必拘○守邑無備恃其人衆、皆危道、九守一仁守以

均二智守以等三固守以典○四信守以假五城守以立○二句

舊作信守維假城薄守立今本上下句法改正且義猶順六廉守以名○七𢦏守以信八

競守以備九國守以謀（注）信假言立信常至於義也、信假舊作維假

九典、一祗道以明之二稱賢以賞之三典師以教之四因戚以勞之因舊訛四五位長以遵之六羣長以老之七[illegible]以移之八什長以行之九戎卒以將之（注）典師謂[illegible]能而教之也、遵循也、行之戎之以事也、舊作遵行之[illegible]之事也今依[illegible]增倒將之、軍旅行陣也、嗚呼充虛爲害無由不通[illegible]上句由疑誤（注）陰陽姦謂之充國無人謂之虛也、按充當是[illegible]流通故與虛並害注曰陰陽姦殊不可解

大聚解第三十九

維武王勝殷撫國綏民乃觀于殷政告[illegible]

（附箋）充虛似與下[illegible]充虛同義充即積也[illegible]即卒[illegible]內之[illegible]而充之[illegible]內[illegible]按此[illegible]入[illegible]武之政治[illegible]

此一部周禮已包孕其中矣

政總總若風草有所積有所虛和此如何【注】總總亂也有積有虛言不平也

周公曰聞之文考來遠賓廉近者道則其陰陽之利相土地之宜水土之便趙云欲來遠賓在廉察近者之安危利病使之各得其所如下文所言是也相土地之宜土字疑衍以下句言水土故也【注】禮遠賓廉近者道總土宜以愛民也廉多作廣愛多作受盧從章本元本

營邑制命之曰大聚先誘之以四郊王親在之【注】四郊自近始也在察也

賓大夫免刑以選赦刑以寬復亡解辱免刑之刑舊譌列按前漢蕭望之傳甫刑之屬小過赦薄罪贖有金選之品註金選銖兩名其語與此二句恰符【注】亡者復之辱者解之

削赦輕重皆有數此謂行風輕舊闕【注】行風化也

乃令縣鄙商旅曰能來三室者與之一室之祿【注】以一夫之耕祿

之。一夫舊作一丈夫蘇之舊作蘇者今從盧刪改關閒修道。五里有郊。十里有井。二十里有舍。周官遺人三十里有宿盧云此二十里訛注待行旅也、遠旅來至。關人易資。注易供其資也、注舊在舍有委句下舍有委。市有五均。早暮如一。送行逆來。振之救窮。注均、平也、言早暮一價、惠云河閒獻王所傳樂元語其道五均事云天子取諸侯之土以立五均則市無二價四民常均强者不得困弱富者不得要貧則公家有除恩及小民矣老弱疾病孤子寡獨。惟政所先。注[illegible]先卹也、民有欲。畜發令。注令之畜牧、以國爲邑。以邑爲鄉。以鄉爲閭。禍災相卹。資喪比服。資古通咨書小民惟曰怨咨禮緇衣作資注閭互相救卹、互舊訛比比服、俱喪服也、盧云當郎周禮所謂比其吉凶二服也五戶爲伍。以首爲長。十夫爲什。以年爲長。注首爲五家最賢、合閭立教以威爲長合旅同親以敬爲長旅舊族訛【注】教由威行、旅由敬親以上句例之下句當云親由敬至飲食相約興彈相庸趙云功作則互相勸是與游聽則互相糾是彈按周禮地官里宰註街彈之室疏云漢時在街置室檢彈一里之民蓋本諸此耦耕俱耘男女有婚俱舊闕墳墓相連民乃有親【注】言相通也、

六畜有聚室屋既完民乃歸之【注】六畜牛馬豬羊犬雞、

鄉立巫醫具百藥以備疾災畜五味以備百草【注】草味不同、言五味非一也、不同舊作同從盧增

立勤人以職孤立正長以順幼立職喪以卹死立大葬以正同【注】職、司、司舊訛同

立君子以脩禮樂立小人以教用兵【注】禮樂、組豆干戚、兵刃也、組豆舊脫按樂記簠簋俎豆制度文章禮之器也管磬鐘鼓羽籥干戚樂之器也注蓋本此今據增

立鄉射以習容

外篇 周禮甸師注使庶人芸芓終之芸芓與耘耔同義道德經曰夫物芸芸各復歸其根芸芸多貌芓與芓於形爲近芓與芸於注中根衍之義爲近

春和獵耕耘以習遷行。注 羣行出入坐起隨行。羣行應是羣從

芓與樹藝、比長立職、與田疇皆通、芓或作芓盧從宋本 注 根衍曰芓教芓、比長之職、通、連比也、教芓舊脫今按文義增謝云根衍曰芓不知所出說文玉篇釋芓字皆謂草之可以爲繩者字亦通芓洛按玩注語則經文樹藝應斷句立職又斷句竊謂經旨乃是對舉言教民種植百果與樹藝五穀蕃盛立牧養六畜之職與巡視田疇之職相通觀下䟦溝道路二層自明注似非是而芓字乃舉一該百之意不必滯

立祭祀與歲穀登下厚薄。此謂德教。注 登下、隨穀豐儉也、若其凶土陋民賤食貴貧。是不知政。注 不顧政故曰凶。

山林藪澤以因其利。利舊闕 工匠役工以攻其材。役工當卽居肆之意

商賈趣市以合其用。趣同 注 言交行也。外商賈貰而來貴物益賤資賤物。[illegible] 其有餘

使相濟也。濟□闕。天發財，關夷市平。夷平也。財無鬱廢，商不乏資，百工不失其時，無愚不教，則無窮之，此謂和德。德則無窮之舊作口無窮之則，盧從趙改正。注 言政治和之所致也。若有不言，乃政其凶。按此當與上段凶土陋民三語一例，不言字有誤。乃政其凶疑是其政乃凶。陂溝道路蘙莒丘墳不可樹穀者，樹以材木。注 除蘙種木。蘙即叢。春發枯槁，夏發華榮。華舊訛葉，從盧改。秋發實蔬，冬發薪蒸，以匡窮困。按蔬與疏通。周禮天官大冢宰以九職任萬民，八曰臣妾聚斂疏材。注：疏材，百草根實可食者。又地官稍人疏材。注：凡畜聚之物，瓜瓠葵芋禦冬之具。此故曰秋發實蔬也。蒸舊訛烝。羣經音辨云：經典蒸祭之蒸多云草，以从草者爲薪蒸，是初只一字，後人乃分之耳。禮月令季秋草木黃落，乃伐薪爲炭。此故曰冬發薪蒸也。注 以此匡之也。揖其民力，相更爲師。惠云揖與輯同。因其土宜以爲民資。注 更相爲師、相匡助也、資、資用也、相匡助也舊只一匡字第二資字亦訛次今俱增改明晰則生無乏用死無傳尸此謂仁德注傳於溝壑、惠云傳尸猶轉尸也淮南子轡而無轉高誘曰轉讀作傳旦聞禹之禁春三月、山林不登斧以成草木之長夏三月、川澤不入網罟以成魚鼈之長且以并農力執成男女之功注男耕女桑、成此功也、夫然則有生而不失其宜萬物不失其性人不失其事天不失其時以成萬財萬財既成放此爲人此謂正德藝文類聚引此有生作有土無而字財作材云萬材已成牧以爲人天下利之而勿德是謂大仁注放、散供人用也、泉深而魚鼈歸之草木茂而鳥獸歸之稱賢使能官有材而士歸之士舊闕從惠補關市平、商賈歸之分地薄斂、農民歸之水性歸下農民歸利。【注】歷言自然之至。王若欲求天下民。先設其利。而民自至。譬之若冬日之陽。夏日之陰。不召而民自來。此謂歸德。【注】政善德之至也。（應作感德政而至也）五德既明。民乃知常。武王再拜曰。嗚呼。允哉。天民側側。余知其極有宜。【注】側側喻多長有國也。（按經旨蓋言人民雖多）乃召昆吾。冶而銘之金版。藏府而朔之。【注】昆吾古之利冶。朔月旦。朔省之也。（謝云昆吾乃掌冶世官注云利冶誤）

世俘解第四十（此篇改倒處較諸篇頗多因倣蔡傳考定武成之例先列原本以所校者別爲一篇）

附後

維四月乙未日。武王成辟四方。通殷命有國（言成者執殷俘通之以爲）

國也此克紂還歸而作也惟一月丙辰旁生魄若翼日丁巳王乃步自
于周征伐商王紂旁廣大月大時也此本紀始伐紂師度孟津也越若來二月既
死魄越五日甲子朝至接于商越於也朔後爲死魄則咸劉商王紂
執夫惡臣百人劉尅也夫惡臣崇侯之黨太公望命禦方來丁卯望至
告以馘俘太公受命追禦紂黨方來戊辰王遂禦循自祀文王時日王
立政禦追循亦祀以尅紂告祖考壇墠而祭是日立王政布天下呂他命伐越戲方壬
申荒新至告以馘俘呂他將也越戲方紂三邑也侯來命伐靡集于陳
辛巳至告以馘俘侯來亦將也靡陳紂二邑也甲申百弇以虎賁誓命
伐衛告以馘俘百弇亦將辛亥薦俘殷王鼎殷國之鼎武王乃翼矢
珪矢憲告天宗上帝矢陳也稷太牢別於天也王不革服格于廟秉語

治庶國籥人九終（不改祭天之服以告祖考急於語治也廟無别人也）王烈祖自太王太伯王季虞公文王邑考以列升維告殷罪（虞公虞仲邑考文王子也皆升王於帝）籥人造王秉黃鉞正國伯（於籥人進則王進王伯之位也）壬子王服袞衣矢琰格廟籥人造王秉黃鉞正邦君（正諸侯之位也）癸酉薦殷俘王士百人（王士王之士而囚俘者）籥人造王矢琰秉黃鉞執戈王奏庸大享一終王拜首稽首王定奏其大享三終（大享獻爵奏庸擊鍾）甲寅謁我殷于牧野王佩赤白旂籥人奏武王入進萬獻明明三終（謁告也明明詩篇名武以干羽爲萬舞也）乙卯籥人奏崇禹生開三鍾終王定（崇禹生開皆篇名告非一故連日有事也）庚子陳本命伐磨百韋命伐宣方新荒命伐蜀乙巳陳本命新荒蜀磨至

告禽霍侯俘艾佚侯小臣四十有六禽禦八百有三百兩
告以馘俘此復說剋紂所命伐也庚子三十六月禦大臣也百韋至告以禽宣方
禽禦三十兩告以馘俘百韋命伐厲告以馘俘言兩隅之言也武
王狩禽虎二十有二貓二麋五千二百三十五犀十有二
麑七百二十有一熊百五十有一羆百一十有八豕三百
五十有二貉十有八麈十有六麝五十麋三十鹿三千五
百有八武王克紂遂總其圖所獲禽獸武王遂征四方凡憝國九十有九
國憝惡也馘魔億有十萬七千七百七十有九俘人三億萬
有二百三十武王以不殺爲仁無緣馘億也俘馘之多此大言之也凡服國六百五
十有二此屬紂也□□時四月既旁生魄越六日庚戌武王朝至

燎于周維予冲子綏文此於甲乙十六日也先廟後天者言功業已成故也武王降
自車乃俾史佚繇書于天號使史佚用書重薦俘于天也武王乃廢于
紂矢惡臣人百人伐右厥甲小子鼎大師廢其惡人伐其小子乃鼎之衆也
伐厥四十夫家君鼎帥司徒司馬初厥于郊號言初克紂于商郊號
令所伐也武王乃夾于南門用俘皆施佩衣衣先馘入言陳列俘馘于
宗廟南門夾道以示衆也取佩衣之施之以恥也武王在祀太師負商王紂懸首
白旂妻二首赤旂乃以先馘入燎于周廟王在祀主使樂師以紂首及妻
首所馘入廟燎也若翼日辛亥祀于位用籥于天位此說詳庚戌明日郊天祭
俘所用籥衣事也越五日乙卯武王乃以庶祀馘于國周廟翼予
冲子斷牛六斷羊二於辛亥五以諸侯祭日其有斷煞者庶國乃竟告于周

廟曰古朕聞文考修商人典以斬紂身告于天于稷言諸侯竟殺牲自周廟天稷也用小牲羊犬豕於百神水土于誓社百神天宗水土山川誓告也曰惟予沖子綏文考至于沖子用牛于天于稷五百有四乃宗廟山川也用小牲羊豕於百神水土社二千七百有一所用甚多似皆益之商王紂于商郊更說始伐紂時時甲子夕商王紂取天智玉琰瑽身厚以自焚天智玉之上天美者也瑽環以自厚也凡厥有庶告焚玉四千衆人告武王焚玉四千也五日武王乃俾于千人求之四千庶則銷天智玉五在火中不銷紂身不盡玉亦不銷凡天智玉武王則寶與同言王者所寶不銷也凡武王俘商舊玉億有百萬

今校世俘解

按此節爲綱以下皆目

按武成言壬辰此言丙午其不同何也當是壬辰自周啟行丙午至師中此言丙午丁未蓋就既至師言之耳故漢志曰丙午逮師

(外篇)浮山云夫字不誤論語夫二三

維四月乙未日。建卯之月初七日武王成辟四方通殷命有國。(注)言成者、執殷俘通之以爲國也、此克紂還歸而作也、維一月丙午旁生魄若翼日丁未。按一月係建子之月書傳以爲建寅之月誤丙午丁未乃十六十七兩日舊訛作丙辰丁巳盧云須是十六日丙午數至二月五日甲子方合王乃步自于周征伐商王紂。(注)旁、廣大、月大時也、此本紀始伐紂師渡孟津也、按廣大訓旁乃博雅之說此不如書傳作近解爲確越若來二月既死魄。按周師以一月二十八日戊午渡河越二日庚申爲二月朔至五日甲子恰合書疏以爲辛酉朔蓋未推一月爲小建耳越五日甲子朝至接于商。惠云接讀爲揵洛按當如兵刃既接之接(注)越、於也、朔日爲死魄、日舊作後按前漢律歷志及書傳皆以朔日爲死魄卽謂注以朔後釋經文既字則既反與旁同義越五日甲子爲初六日矣。此建丑之月初五日則咸劉商王紂。執夫惡臣百

子也夫乃有所指之詞洛按左昭七年傳曰君以夫公孫段云云則夫似發語聲浮山又云廢于紂于字疑千訛當移臣下洛按千人百人不類經語

【外篇】方來玩注意猶言方回來也但經文上言方來下言至頗犯重複路

人。【注】劉，剋也、夫惡臣，崇侯之黨、經注夫字亦或作天盧以下文有矢惡臣宜作矢字洛按矢義仍未安不如夫字爰百人蓋言其衆也下同

武王乃廢于紂矢惡臣人百人。○按矢惡臣人四字宜連讀謂夫惡臣之家臣相助爲惡者也矢惡猶孟子言長君之惡逢君之惡

伐厥右甲小子鼎大師。○厥右舊倒按右甲當即豪右意後漢明帝紀無令豪右得固其利【浮】廢其惡人、伐其小子、乃鼎之衆也、按鼎無衆意衆或象字訛

伐厥四十夫家鼎君師。○鼎君舊倒按鼎君師與上鼎大師對小子乃家衆君乃家主蓋强族害民罪與惡臣同故并伐

之司徒司馬初厥于郊號。○浮山云猶言初號于厥郊也【注】言初克紂、于商郊號令所伐也、自廢惡臣句至此舊在後文俾史佚繇書之下洛按以事論之號令商郊正是初克情事以書法論之既已至周燎廟矣復敘始伐之事不亦雜乎移此較妥

太公望命禦方來。○

丁卯初八日【望】至告以馘俘。○按太公望祇一時尊號而望至之望竟當其名何也且語勢亦

史國名紀以方來爲國名似可從按循以祀文王見王文王之事也[illegible]之詩上稱[illegible]下稱文王是古公未王之先改王已王於以揚伯[illegible]王數語是武王未克商已王文王矣今据此書諸說皆謬

外篇樂官有大師小師與三公之太師少師不同論語太師摯少師陽盖字之誤也詳見摭訂門

不用指名疑衍[illegible]太公受命追禦紂黨方來、戊辰、初九日王遂禦循○以祀文王○時日王立政○以舊作自或又作日盧據汪改爲追洛按或自或目皆呂訛呂乃古以字今從俗直作以便明[illegible]禦、追、禦亦祭名見說文循以祀、以舊訛亦以剋紂告祖○考、壇墠而祭、是日立王政布天下、壇墠盧本作壇帷今從周本武王在祀大師負商王紂縣自白旂妻二自赤旂○二自字舊皆訛首洛按經文猶言自所懸白旂中負出紂尸來自所懸赤旂中負出二妻之尸來古經句法之奧峭類如此蓋將以爲殯殮也謝云白旂赤旂與前大白小白亦辭異而意同[注]大師樂師、乃以先馘入燎于周廟○此處舊有注云王在祀主使樂師以紂首及妻首所馘入廟燎也洛按先馘指夫惡臣等對後文庶馘而言注竟以紂夫妻當之謬甚故刪謝云此事大師爲之不類洛按大師爲樂官之長武王使司殯事大師即應負尸以出有何不類○此段舊在後衣先馘入下洛按母論折首懸旂武王央不忍爲而自前丑月甲子直至卯月庚戌已一百零

外篇左定六年傳注胥靡周地疑靡

七日豈有一百餘日之屍首尚可負之以懸旂乎謝氏嘗謂當在甲子咸劉下然王在祀句苦無着落今移於此則自甲子至戊辰僅五日而王在祀語亦有分曉矣或曰燎廟之時武王已歸本段末句乃承庚戌說下今移此則下庚戌燎廟不重複乎竊謂伐紂時舉祭不一其禮相同故並稱燎一在革中一已歸國卻兩無妨如拘朝至燎周之文則本段益不可解將謂自商載歸周而折以懸乎又審下文庶馘祀于周廟句加一國字明是已歸則本段益可信其尚在革中[illegible]何也壇墠而祭亦可[illegible]也

薦[illegible]商王紂于商郊。按舊無此條查後文二千七百有一之下有商王紂于商郊六字上下文義毫不違屬蓋係錯簡而脫字者今據外史桃林篇祭以天子之禮語補一祀字于紂上

呂他命伐越戲方。壬申十三日荒新至。聖心經義洵爲兩得

告以馘俘。按呂他之命下不言至荒新之至上不言命非荒新爲呂他訛即係壬申之上有脫文觀注釋呂他不釋荒新究恐是訛

注 呂他、將也。越戲方、紂三邑也。惠云呂他南宮氏也越戲方一作反虎方見南宮中鼎銘

侯來命伐靡集于陳。辛巳至二十一日告以馘

卽鬲靡也然經言伐靡集於陳則靡陳必相近之地須從此求之

外篇浮山云佚疑佚訛字彙補佚商世侯國也路史以爲諸侯爲亂者與此篇頗合

俘〔注〕侯來亦將也靡陳紂二邑也甲申二十五日百弇以虎賁

誓命伐衛告以馘俘〔注〕百弇亦將庚子閏丑月十一日陳本命伐

磨梁云磨必磿之訛路史國名紀六云鄘商時侯國凡地从邑本作磿也盧云秦策黃歇說秦曰割濮磿之北磿

近濮則在商畿內可知新序作濮歷百韋命伐宣方新荒命伐蜀梁云荒新新荒應是

二人故並舉異文洛按荒姓見通志新姓見晉語是二是一究難臆斷乙巳十六日陳本新荒

禽蜀磨至舊作陳本命新荒蜀磨至按命皆屬武王安得云陳本命新荒乎且上方言命此安得又言命

乎今改移并禽霍侯艾侯俘佚侯小臣四十有六并舊訛告禽同擒霍艾皆

地名佚當是姓按墨子有禽艾篇或即此事禽禦八百有三十兩告以馘俘三十

舊訛三百〔注〕此詳說馘紂所命伐也庚子閏二月十一日禦大

臣也詳說舊是復說孔氏蓋因經文錯簡在下而誤耳今移正經文故改復爲詳百韋至告以

前漢地里志厲鄉古厲國也

禽宣方禽禦三十兩告以馘俘百韋命伐厲告以馘俘〔注〕禦言兩衆之詞也舊是言兩隅之言也按後漢吳祐傳載之兼兩註云車有兩輪故稱兩兼兩蓋衆詞也因據以改此此乃連上段並釋之○按自庚子以下至此舊在後文篇奏崇禹生開之下甲乙不次於是有改庚子爲庚申乙巳爲乙丑者盧氏亦以爲非矣然盧氏究沿註誤不審原文之爲錯簡也試以文體論之類敘插敘各有體裁如此段原文頗覺蕪亂記者當不出此況有甲子可考乎今移於甲申之下辛亥之上不獨甲乙之序得而文家類敘之體亦得矣

辛亥○二十二日薦俘殷王鼎〔注〕殷國之鼎盧云通鑑前編作薦殷俘○正殷鼎

○武王乃翼矢珪大牢翼敬也大牢舊訛矢憲照注改告天宗○上帝王不革服格于廟秉語治庶國○浮山云玩注秉似急訛籥人九終○按珪以告天大牢以格廟正文甚明只因舊有注語橫截於上帝下遂欠分明今移注語與下注相連使正文一氣順下讀者自悉〔注〕矢、陳也、殺大牢、別於天也盧云書正義曰天神尊祭天明用犢

按王烈祖是中庸追王上祀一語按者指武成太王王季之稱謂此等不得注成王時然據武成曷若此書尤確

稷是人神祭用大牢貶於天神注語正合但稷大牢不見經文疑有脫竊謂疑其脫而不疑其訛何哉盧文云下言用牛于天于稷此不宜頌見是轉疑稷大牢爲誤矣竊謂自誓師至成功舉祭非止一次此有何礙不吸祭

天之服以告祖考急於語治也廟無別人也按末句蓋釋經籥人九終語下文凡五言籥人故爲此注然九終爲何樂注却不言

王烈祖自太王太伯王季虞公文王邑考以列升。維告殷罪【注】虞公虞仲邑考文王子也皆升王於帝。按注蓋言升其主於祭帝之所而以王禮祀之耳軍中廟制不備故然

籥人造王秉黃鉞正國伯【注】於籥人進則王進正伯之位也。籥舊作籥盧從趙改

壬子。二十三日王服袞衣矢琰格廟。籥人造王秉黃鉞正邦君【注】正諸侯之位也。

癸丑。二十四日薦俘殷王士百人。舊是薦殷俘今依上薦鼎句倒【注】王士紂之士而囚俘者。籥人造王矢琰

【外篇】三終舊作三鍾終今按鐘與鍾通移於奏上猶左傳之言金奏也按金[illegible]無[illegible]月干支并此月竟無一事[illegible]王狩一段當是寅月癸亥[illegible]紀錄之

黃鉞執戈王奏肅大享一終王拜手稽首王定奏肅大享三終[illegible]大享、獻爵、奏肅、擊鐘甲寅二十五日謁戎殷于牧野、戎通伐王佩赤白旂籥人奏武王入進萬獻明明三終[illegible]謁告也、明明、詩篇名、惠云明明即大明洛按大明篇中有篤生武王語不應此時即有此稱非即大明也武以干羽爲萬舞也、按武爲一代樂歌之總名此時所奏不過始成再成二詩後儒以耆定爾功當之朱子云此詩已有武王之謚可見非即此詩也萬舞總名舞有文舞武舞故禮曰舞莫重於武宿夜蓋文舞也注以干羽爲舞自合而云武以干羽爲萬舞欠核乙卯二十六日籥人奏崇禹生開三終王定[illegible]崇禹生開皆篇名、按此二篇應爲文王時詩告非一、故連日有事也、武王狩禽虎二十有二貓二麋五千二百三十五犀十有二蔡齋隨筆貓作[illegible]作麋犀十有二作十有三虛云下文別有麋必有一誤梁云必有一作麋者古麋麇字多通寫麈七百二十有一。熊百五十有一。羆百一十有八。豕三百五十有二。貉十有八。麈十有六。麈容齋作麂名苑鹿大者曰麈羣鹿隨之視麈尾所轉而往古之談者揮焉麝五十。麋三十。鹿三千五百有八。

注武王克紂、遂撼其囿所獲禽獸、武王遂征四方、凡憝國九十有九國。注憝、惡也、馘磨億有十萬七千七百七十有九。磨舊作魔按澤經論云魔古从石作磨礰省也梁武帝改从鬼則三代時不應有魔字竊謂馘指死者故此曰馘磨俘指生者故下曰俘人梁處素謂馘磨即獻磨國之俘非也盧云億下不當更言十萬十字非衍即誤洛疑是一訛俘人三億萬有二百三十。注武王以不殺爲仁、無緣馘億也、俘馘之多、此大言之也、凡服國六百五十有二。注此屬紂之國也、舊是此屬紂也口口時四月既旁生魄、越六日庚戌、建卯

按朝至燎周是補敘法其事在四月初旬

緣與此數日事一類故併言之漢志引武成無朝至字則說者將疑即本日事矣然不知武成與逸周書異耶抑班氏引書之疏耶漢志引下文祀位亦無降自車句[illegible][illegible]漢志云是月甲辰望乙巳旁之譌十六日甲辰十七日乙巳自乙巳至庚戌恰六日則注應言十七日方合若連甲辰併算則經宜言越七日矣

按降車繇書與上朝至句是一法繇書爲用篇之備故至此敘

之月二十二日武王朝至燎于周○書武成云厥四月哉生明王來自商至于豐○丁未祀于周廟○庚戌柴望與是書日雖不符事却頗合曰惟予冲子綏文考至于冲子□□□□此處舊只有惟予冲子綏文六字今按明係祝詞脫漏查後文于誓社下有曰惟予冲子二語移以補此自覺妥協但猶有脫也而原文惟予冲子綏文六字直刪謝云凡冲子似皆有錯簡書中惟成王稱冲子 注 此於甲乙十六日也、先廟後天者、言功業已成故也、盧云當作四月二十二日註誤洛按注十六日乃釋旁生魄耳不然豈孔○氏以初十日爲旁生魄呼盧氏抑悞解注意武王降自車乃俾史佚繇書于天號○按繇書乃爲翼日用篇之備非祭廟祭天併在一日也而冠以王降自車則與上朝至燎周敘次不明豈燎廟時尚未下車耶○ 注 使史佚用書璽薦俘于天也、武王乃夾于南門用俘皆施佩衣衣先馘入○ 注 言陳列俘馘于宗廟南門夾道以示衆也、取佩衣之施之以

明不然歸豐已久何爲始言降享耶

外篇浮山云注是祭以其諸侯有斷煞者

浮山云庶國乃竟是總庶馘一祀告于周廟注郊下用牛用小牲及各牲數注誤

恥也。佩舊誤乃若翼日辛亥。二十三日祀于位用籥于天位。此詳說庚戌明日郊天祭俘所用籥衣事也。越五日乙卯。二十七日武王乃以庶馘祀于國周廟。馘祀舊倒按庶馘與上先馘對先馘指夫惡臣庶馘指憝國等曰昔朕文考。舊作古朕聞文考修商人典。以斬紂身。翼予冲子。□□□□此處舊只翼予冲子四字今按明係祝詞上下脫漏查後文竟告周廟下有曰古朕聞文考十四字移以補此恰合但猶有闕耳盧云修宜作循然修字可解斷牛六。斷羊二。於辛亥五日。以諸侯祭其有斷煞者。當云辛亥後五日方明煞即殺注意似是言以當殺之諸侯祭告于廟也庶國乃竟告于周廟。此下舊有曰古朕聞文考十四字今按係武王口氣非庶國告廟之詞故刪移用牛于天于稷。牛舊訛告又無用字今照下五百有四句增改言諸侯竟殺牲告周廟天稷也按庶國即指六百五十二之服國告廟者蓋武王以此告祖與上庶馘祀廟一類也用牛于天于稷亦屬武王又與下用小牲羊犬豕于百神水土于誓社一類也而注乃言諸侯殺牲告周廟天稷者蓋為原文錯簡及牛訛為告字而誤○今按上下文訂正注謬自見

用小牲羊犬豕于百神水土于誓社○【注】百神、天宗、水土、山川、誓告也、此下正文舊有曰惟予冲子綏文考至于冲子十二字今按於義無着明係上燎周祝詞錯簡竊謂此與曰古朕聞文考三語俱有曰字冠首移作祝詞乃天然証據何從來校此書者皆不見及

用牛于天于稷五百有四○【注】及宗廟山川也、上注以山川訓水土而此之用牛五百有四遽云及山川則下用牲至二千七百有一之多其于山川不重複乎似當作偏及羣廟

用小牲羊犬豕于百神水土社二千七百有一○犬舊脫今依上增【注】所用甚多、似皆益之、此下正文舊有商王紂于商郊六字注云更說始伐紂時謝氏嘗謂此宜在甲子朝至接于商句下而云則咸劉商王紂于商郊此商王紂三字蓋衍文竊謂注固誤解謝氏亦爲注所誤今定爲祀紂錯簡刪此上移其注語則移屬下文

時甲子夕。注 更說始伐紂時、按此乃補敘文法猶左傳用初字一筆也謝氏謂此皆宜在咸劉商王之下未免太拘 商王紂取天智玉琰𤩽身厚以自焚。按盧本据史記正義引周書云甲子夕紂取天智玉琰五環身以自焚將𤩽字改作五環未當今遵康熙字典所引仍照舊本自焚猶克殷之言自燔也擊斬折懸以施於自焚之屍非但人所不忍爲亦人所不忍見者而以誣武王乎今予與弟訂正各注經旨既明則羣疑頓釋 注 天智玉之上美者也、𤩽環以自厚也、美上舊衍天字盧刪𤩽環盧又据史記正義作縫環其身按𤩽雖字書無義玩注蓋以環以自厚爲釋則𤩽自與縫通惠半農云御覽引此曰紂取天智玉琰五班環身以自焚注天智玉之上美者班環身以自厚也洛按此與史記正義皆誤將下火中不銷合爲一事故皆云玉琰五又不知𤩽當作何解故或作環或作班環 凡厥有庶告焚玉四千。注 衆人告武王焚玉四千也、按諸家引此事皆將上下文併合爲一如史記正義又云凡焚玉四千庶玉則銷天智玉不銷紂身不盡也御覽卷七百十八又引云取天智

[外篇]俾于之于疑夫字訛經句長有此語助之字

按帝王世紀曰周武王伐殷爲天子登臺見玉王曰誰之玉或曰諸侯之玉王不取反歸之天下聞之曰王廉於財矣此足見武王之爲武王此書此二條讀者不可滯

玉珥及庶玉衣身以自焚庶玉則銷天智玉珥在火中不銷經文庶玉與璲身無涉而皆合爲一遂致混淆御覽珥當是琫誤五日武王乃俾千人求之。俾下舊有于字從盧刪四千庶玉則銷天智玉五在火中不銷。按此乃得諸火中者別有五枚非即紂璲身之玉也[注]紂身不盡玉亦不銷。按天智玉不過辟火珠之類安能使紂身不盡注謬自史記正義以後皆爲注所誤凡天智玉五則寶與同。[注]言王者所寶不銷也、按經蓋言天智玉歷代所寶王亦寶之注未當武王凡俘商舊玉億有百萬。凡舊在武上

箕子解第四十一亡。惠云廣韻引書曰武王悅箕子之對賜十朋別無所見當在此篇洛按世紀亦謂武王命召公釋箕子之囚賜貝千朋疑即一事

耆德解第四十二亡

逸周書管箋 卷五 卷十

按此篇亦極與多士多方相似、

逸周書管箋卷五

晉五經博士孔晁注

海康 丁宗洛 箋

商誓解第四十三

王若曰、告爾伯舅伯父舊作伊舊何父□□□□幾耿肅執、似是四氏乃殷之舊官人序文□□□□及太史比小史昔及百官里居獻民□□□來尹師之尹疑是君敬諸戚疾聽朕言戚舊訛戒浮山改用胥生蠲尹似敬君訛王曰、嗟爾衆子昔惟敬顧天命予昔惟敬舊作言若敢來致上帝之威命明罰今惟新誥命爾敬諸朕話言自一言至于十話言其惟明命爾王曰、在昔后稷惟上帝之命命舊誤言克播百穀登禹之績教稼穡之功與平水土之功相等故曰登

外篇 此一夫乃一人之謂與孟子言一夫紂異且在已克殷後與大誓言

凡在天下之庶民罔不惟后稷之元穀用烝享在商先誓王（悊云誓讀曰哲下並同王本多作正盧從宋元本）明祀上帝□□□□亦惟我后稷之元穀用告和用胥飲食肆商先誓王維厥故斯用顯我西土今在商紂昏憂天下弗顧上帝（顧舊譌顯）昏虐百姓棄天之命（棄舊譌奉）上帝弗顯乃命朕文考曰殪商之多罪紂肆予小子發弗敢忘天命朕考胥翕稷政（翕猶遵也）肆上帝曰必伐之予惟甲子克致天之大罰□帝之來革紂之□予亦無敢違大命（章本作天命）敬諸昔在我西土我其有言（本或作齊言）胥告商之百姓無罪其維一夫（姓舊脫從趙氏增）予既殛紂承天命予亦來休命爾百姓里居君子其周即命□□□□

獨夫紂異

陳星垣云芳音仍舊草不除新草又生曰芳唐書裴延齡傳延齡妄言長安咸陽間得陂芳數百頃

□□□□□□□□□□□□□□□□□□□□

□□□爾冢邦君、無敢其有不先見于我有周。○其字衍先舊作告浮

山定其比冢邦君、我無攸愛。○猶言無我攸愛上帝曰必伐之。○趙疑此句爲衍

洛按上伐之指紂此伐之指冢邦君非衍今予惟明告爾子其往追□紂遂𨗳

集之于上帝。○遂或作達𨗳與臻同天王其有命爾。○盧云王疑衍百姓獻民

其有綴芳。○綴芳盧云若絲之絕而更續草之刈而更生也夫自敬其有斯天命不

令爾百姓無告西土疾勤其斯有何重天惟用重勤興起

我辠勤我無克乃一心。○按二勤字似衍此數語蓋謂我雖自敬其天命苟不使商百姓之無

告者與西土疾勤同一體恤卽爲天下君亦有何重天將重罪我周比商更甚我敢不盡乃心乎爾多士

其人自敬。○士舊誤子助天永休于我西土爾百姓其亦有安處

在彼宜在天命弗反側興亂子保奭其介按有字衍彼指商宜在宜察也弗舊闕今補反側舊作及側浮山改保奭猶保蘉也介大也蓋謂爾百姓亦安處在商宜察天命之歸周弗反側而興亂則予惟保奭其大者而已有斯勿用天命若朕在周言曰言舊在朕下商百姓無罪其乃先作我肆罪疾予惟以先王之道御復正爾百姓朕命在周此四字舊在上無罪下越則非朕負亂惟爾在我負亂尚似訛按此蓋謂有不安天命者朕在周未知尚曰商百姓無罪誰意爾其先作我周罪疾予予惟以先王之道正之蓋朕之所命雖遠在周而違悖則有罪矣朕懷憂亦惟爾等附于我也王曰百姓我聞古商先誓王成湯克辟上帝保生商民克用三德疑商民弗懷用辟厥辟次商民當作夏民今紂棄成湯之典肆上帝命我小國曰革商國肆予明命汝百姓其斯弗用朕命其斯[illegible]

外編浮山云紂度有紂紂劉語此缺處宜作殺字洛按世俘有咸劉商王紂語咸字便妥

邦君商庶百姓予則□劉滅之○王曰靁予天命靁呼郭切說文曰飛聲也雨而雙飛者其聲霍忽疾也蓋錯然衍錯曰其○盧云此當是命不干常意○維汝既咸汝承天休于我有周○汝舊在咸下其斯小國于有命不易昔我盟□帝休○辨商其有何國○言帝休美乎周而懲創予商商何以有國命予小子肆伐殷戎○伐舊訛我亦辨百度□□美左右予○集衆舊闕今本從舊引書衆○功皆美□□予肆劉殷之命今予維□□□不□小史大史違我○小史本多作子吏盧從元本作子史今據篇首比小史改更祝爾靖疑胥敬請其斯一話○更舊作史盧從鍾本作寔語舊訛請皆浮山定洛按視示也靖除也蓋言爾等若違我我更示爾除去所疑胥生恪敬故語斯一語舉二史則百官□民□□□□但包在内□□□予則上帝之明命予爾屏○按吳郎□□違方之屏蓋言予所語戒者皆法上帝之命爾等敢于逸僭則將爾等屏斥屏爾百姓越爾庶義庶刑○

 三

按通篇皆武王自言其所以建洛邑之意而不言其興築觀末段詳言形勢則應有城邑矣故史記曰營周居於洛邑而後去

予維及西土○我乃其來卽刑○二屏字舊皆訛拜屏爾之爾亦爾按此蓋言○佰進則屏之遠方爾百官獻民家邦君勿謂周之義刑只及西土我將加之於殷矣乃敬之哉庶聽朕言○罔胥告○按罔胥告猶言毋謂我罔以斯言相告也

度邑解第四十四詩經世本古義引作度殷按篇末數語明注度其可以建邑之處非預度殷孽也讀者勿誤會

維王尅殷○國君諸侯○乃厥獻民乃疑命訛徵主九牧之師○見王于殷郊○盧云九牧九州之牧也鄭康成注尚書云州立十二人爲諸侯師以佐牧王乃升汾之阜以望商邑○司馬彪續漢郡國志襄城有汾邱盧云左襄十八年傳楚子庚治兵于汾卽此地也去朝歌不遠故可望商邑本有作幽字者誤永歎曰嗚呼不淑享對天[illegible]一日維顯畏弗忘○按不淑猶不穀也享對天命當作大對命在遂下今據詩數天之下[illegible]對天移

按此即可見武王不泄邇不忘遠之心

外篇自幽猶言冥冥中也不刪義自可通厥徵天民名五字史記作共登名民故索隱以爲名賢之人而在經句則難通蓋天民已是名賢矣

雖李善注王元長曲水詩序引作充天之對似可與兌天對相印証而遂命二字則難解矣王至于周。自鹿至于丘中。鹿舊闕盧据李善注補善又云邸或爲苑夭。具明不寢。王小子御告叔旦。叔旦亟奔即王。王問曰。久憂勞害不寢。問舊在勞下今以語勢移害舊訛周盧以形似改云與曷同何也曰安。予告汝。他本或此加王字刪下王曰洛按此乃止而復起之詞仍從舊王曰。嗚呼旦。惟天不享于殷。發之未生。未舊訛未浮山改至于今六十年。夷羊在牧。飛鴻滿野。舊作過野或遍野之訛盧依史記博物志改作滿深云飛鴻淮南本經訓作飛蛩史記索隱引隨巢子作飛拾天自幽不享于殷。盧本依史記刪去自幽二字今從舊乃今有成。按此句指周說維天建殷。厥徵天民名三百六十夫。按名疑有訛天民指伊傅甘巫之流三百六十言衆也此指商初說弗顧。亦不賓威用戾于今。賓同擯威舊作成盧依惠作威與史記隨巢子作滅同按此言紂焚炙忠良播棄黎

（外篇）顯服句史記與此同但正義註頗牽强今改及爲女雖異舊解而經文上下皆明顯

老而天亦不遠賓威以至於今嗚呼天憂茲難○天舊訛于近飽于卹○言可憂之事甚多也依是天室○舊作辰是不室浮山据下依天室句改我所未定天保何寢能欲○所未二字舊作來所盧從史記改來爲未刪所字今改倒欲安也王曰旦予克致天之明命○定天保○依天室○志我共惡○俾從殷王紂○按共惡言紂爲天下所怨也武王以天下爲心周公即以武王爲心故曰志我共惡佐舊作俾惠氏改爲專近鑿從與伐同義蓋言公相以伐紂也四方亦直來定我于西土○亦直來三字舊是赤宜未海山改盧本從史記將四方赤宜未五字改爲日夜勞來竊謂各書有各書文義不必强使皆合○我維顯服女德之方明○女舊訛及從浮山改音汝叔旦涕泣于常悲不能對○盧云常古通裳鍾本作十常言十倍于常也浮山云武王美周公周公不敢當也○此下舊有王口口傳于後至涕泣共手一段共一百八十四字浮山校爲下武儆篇錯簡在此今刪此下移王曰嗚呼旦我圖夷茲殷○其惟依天有

按此段詳言形勢原卽藏在篇首升汾阜以望商邑句內其事或先築成而後歸或相度定而歸周後復遣使以營建其慝測要其語與篇首王至于周毫無牴牾若史記全錄此書矣復增一語曰營洛邑而後去獨不念上文已言至周乎史記之文法不如此書脩潔

按由茲句係作書者口氣與洛誥篇末誕保受命句爲史臣之詞同例

憲命其求茲無遠憲與顯通其求之求舊在有上今倒鍾本無遠下獨增一慮字今按此句與下無遠天室句照應鍾本誤天有永繹相我不難永舊作求自洛汭延于伊汭居陽翟因其有夏之居翟因舊作無固史記正同今按有夏之居爲陽城陽城卽陽翟漢地里志潁川郡陽翟注云夏禹國是也据以改此因字本文義改史記此句註似鑿我南望過于三塗盧云左昭十七年傳晉將伐陸渾以有事於雒與三塗請於周杜注三塗山名在河南陸渾縣南極確若服虔以爲太行轘轅崤澠於南望不合我北望過于喬嶽丕願瞻過于河宛瞻于伊洛喬舊作有盧本刪去又照史記將丕願改爲鄙顧洛按丕願文義自順特從原本以存古書之句法又按上三句皆言過而瞻于伊洛獨不言過者蓋近遠異形故句法亦各别耳無遠天室其由茲曰度邑其由舊作其曰

武儆解第四十五

外篇大開武解云王其明用開和之言注可否相濟曰和又曰開臣以和其義各别

惟十有七祀。舊作十有二祀按大匡文政兩篇已云十三祀不應至此反云十二祀也竹書紀年命世子誦于東宮乃十七年今據以改此四月、王告夢。丙辰、出金枝郊寶。按此當即顧命所陳刀球璧玉之類文及寶典開和細書。文及寶典四字舊在下文小子誦下按寶典疑即此書第二十九篇開和疑指此書名開名和各篇細書或總書之訛此蓋顧命所陳大訓河圖之類鄭環謂郊寶亦天之寶瓶開和開其頭也瓶中有金枝藏細書及寶典開和取出以詔周公其說謬戾不可從命詔周公。旦立後嗣王□□傳于後。闕處應是欲次二字王曰、旦、汝維朕達弟。予有使汝。子各本多訛予盧從章本汝播食不遑暇食。矧其有乃室。今維天佑予。佑舊訛使惟二神授朕靈期。予未致于休。按授靈當即指所告之夢期許也休猶倦勤也予近懷于朕室。乃今我兄弟相後。我筮龜其何所。其何所猶言有何不吉也即今用建庶建。按不傳子而傳弟即謂之庶建叔旦恐。

涕泣共手共與拱同惪作農云王欲兄弟相後傳位于旦故旦恐洛按兄弟相後武王欲遵殷制也屬小子誦王曰嗚呼敬之哉汝勤之無盡盡意也與文儆篇無有時盡語同我周未知所因不知商孽無他我舊闕孽亦闕因訛周他訛也皆浮山補改汝維幼子未有知未舊作大昔皇祖底于今昜厥遺得顯義告期付于朕身蓋言皇祖有遺言子孫能自勉即如皇祖之將次義明告者歷代皆然今及朕身矣肆若農服田饑以望穫按此言饑者望穫而得飽語意自明惠氏強謂饑同幾又讀幾日冀則與望字重複予有不顯朕卑皇祖不得高位于上帝按配天配帝是尊之也然必子孫有德長膺天眷而後高位常安不然則皇祖不克配天直是朕卑之矣盧以卑爲卑非汝幼子庚厥心庶乃來班朕大環浮山云庚堅也大環即大寶猶言克堅乃心庶幾可授此位也茲予有虞意乃懷厥妻子德不可追于上民亦不可答于下朕

不賓在高祖維天不嘉于降來省下朕舊倒按虞憂也懷厥妻子不以宗社爲念也不賓在高祖言傳位非人則不得上配列祖也省卽帝省其山之省不嘉于降來省言昔爲天所眷顧而君德一虧則天遂不享矣汝其可瘳于茲言汝能自勉以此爲戒猶病者之獲愈也朕不敢望敬守勿失言我將不敢望自致太平惟望汝敬守此言也以詔寘小子曰按寘置也蓋以詔授之而命其[illegible]之意盧氏從別本作宥非允哉汝夙夜勤心之無窮也盧云也字當是後人妄增

五權解第四十六按武王壽數竹書言九十四禮言九十三此書商誓有至今六十年語均難通

維王不豫于五日浮山云五日是五月譌卽十七年五月與上篇四月爲次召周公旦曰嗚呼敬之哉昔天初降命于周維在文考克致天之命汝維敬哉先後小子勤在維政之失維思也政有三機五權

按地以權民鄙以權庶地官司徒之事也物以權官食以權爵天官冢宰之職也刑以權賞秋官司寇之職也一部周禮盡原於此矣。

汝敬格之哉○格字似衍克中無苗以保小子于位○按克疑允訛苗疑蔥訛玩下文一曰敬在三機又曰汝慎和稱五權維中前後對照則改作允中無蔥自有理致三機一疑家、二疑德、三質士、疑家無授衆、似言可疑之家免其兵役疑德無舉士、士疑上訛似言德可疑者不可舉諸上位○質士無遠齊、質當即僑儹之意似言質樸之士不足任以遠大○吁敬之哉○天命無常敬在三機五權○一曰地、地以權民二曰物、物以權官○物猶事也三曰鄙、鄙以權庶○按地指郊野地以權民蓋即計夫授田之意鄙指都鄙鄙以權庶即所謂五鄙爲鄙五鄙爲縣者二語所以不同也四曰刑、刑以權賞○賞舊訛常据下文極賞則濫句改按罪疑惟輕功疑惟重雖是仁德然賞濫於刑則人多玩法故曰刑以權賞五曰食、食以權爵○此兼駁富駁貴而言不遵承括食不宣○按爵宜有重文括疑即下文授字之訛此處應云爵不遵承食不宜授方合爵不遵承者如項羽封諸侯印角已刓而猶未封是也食不宜授

（外篇）鄙以權庶之庶爲庶也下文官庶物庶地庶人庶各庶字則異義矣大凡著眼之字別項不許重複故吾疑官庶以下各庶字必有誤

者如晉制食邑幾千戶[illegible]百戶皆屬虛封是也**不宜授臣**海山云此四字不類經語洛按此與上七字乃申言食以權爵之義尚有脫誤**極賞則濫。濫得不食、**盧云濫與屈同荀子宥坐篇其洸洸乎不濫盡似道楊倞云濫讀爲屈竭也洛按濫賞則有時匱竭亦如水之濫也下句當作濫不得食**極刑則仇。仇至乃別。**別言人各一心也**鄙庶則奴、奴乃不減、**按鄙庶須分舉方合奴疑怓訛亂也下句當作奴無不減**國大則驕。驕乃不給。**此二句屬庶則知上二句鄙庶並舉有誤**官庶則荷、荷至乃辛、**官下舊有無字盧從趙刪謝云荷與苛同見漢書酈食其傳盧云辛疑莘字之譌說文叢生草也讀若浞於苛細煩碎之意爲近洛按辛或郎幸字之譌蓋宦途太雜則倖進者必多也**物庶則爵乃不和**趙疑則下尚脫一字惠棪乃字云宋本作攈梁處素云攈疑䅎訛說文引商書庶草緐䅎是也且䅎字當重文洛按如斯言則攈必非棪乃字當是閱者誤耳盧云和字亦必誤竊謂後世執大小相維之說設官太多恆有侵官之弊便是爵不和也究疑爵是鬱訛鬱宜重文**地庶則荒、荒則聶。**盧云聶當

按宋儒言權自勝子漢儒然玩汝慎和稱二語覺宋儒言權妙義已見于此

如爾雅守宮槐晝聶宵炕之聶合也洛按此即上滿之患人庶則匱匱乃匿匿與暱通以宜作人庶則匱匱乃匱按此即人滿之患嗚呼敬之哉汝慎和稱五權維中是以長小子于位實維永寧以字舊重今刪其一

成開解第四十七 按成王以紂四十七年乙酉生至丁酉即位應是年十三歲

成王元年大開告用元年舊作九年盧云下言今商孽競時逋播則在未東征之前因從趙改【注】周公大開告道成王用之也周公曰嗚呼余夙夜之勤今商孽競時逋播以輔余何循何循何慎王其敬之之舊是文盧改作天然文於之形猶近義亦勝命無易天不虞【注】言商餘紂子祿父競求是逋播逃越之人以自輔當敬天命備不度者也在昔文考躬脩五典勉茲九功敬人畏天教以六則四守五示

按三極已見于小開武解論列亦同惟此各下截多一語耳然別時陰陽即彼之九紀也別處五行即彼之五行佐官維明即彼之四察也彼告于武王二年此告于成王元年而皆推本于文考足見周公之相武王輔成王無非以文考爲心矣

三極。祗應八方。立忠協義乃作。注祗、敬、協、和、三極。一天有九列。別時陰陽。惠云九列即九星二地有九州別處五行。處俗本多作起盧從元本章本三人有四佐佐官維明。注四佐、謂天子前疑後丞右輔左弼也、右左似宜互換按四佐注與小開武不同蓋武王彼時尚爲諸侯故以文王四佐言之而成王則已爲天子故特言天子之四佐也五示顯允明所望。注謂當明五示示於民也、經注舊皆連屬上段非衍則錯故特別出使讀者辨别浮山謂應作顯允所望當明五示蓋從三極遞過五示經每有此法洛按當作五示顯明允協所望若移在利用示產下作總束語與後文五典有常二句一例亦屬可通五示。一明位示士。二明惠示衆。三明主示享。四安宅示孥五利用示產。注主明則民安之、安宅則妻子寧、利用則產業衆、舊甚訛脫盧參取各本校正產足不窮。不舊脫盧從趙增家懷思終。

主爲之宗。德以撫衆。撫舊作輔盧從惠改衆和乃同。衆舊脫盧本以爲衆字重文洛按此五句倒捲上文本句正屬明位示衆故增衆字注言五示之義、同謂和同也、四守。一政盡人材。材盡致死。死舊脫照注增二士守其城溝。士或作土溝字疑誤三障水以禦寇。四大有沙炭之政。政征適注任人盡其材、則死力效致、大沙熾炭、可以政適人也、政即經文政字盧本徑改作攻非也適即敵按沙炭之政似周禮園壥漆林二十而一之類注言可以政適人頗費解六則。一和欲。二發鬱。三明怨。四轉怒。五懼疑。六因欲。注鬱謂穀帛滯積者也、怒則轉之、懼則疑之、應云疑則懼之欲則因之、此文王所以尅紂也、九功。一賓好在笥。二淫巧破制。按武稱解有淫巧破時語與此各别三好危破事。四任利敗功。五神巫動衆。六盡哀民匱。七荒樂

【外篇】古功與攻通者謂攻繳之攻非攻戰之攻盧氏言九功即九攻但大武之四攻意義無與此同皆盧說似未確

【外篇】典祭他本多作祭典予初疑祭爲登字訛與下文登德登過登失一類周本特作典祭義較勝從之

無別八無制破教九任謀生詐【注】在笥謂實幣於笥無節限也盡哀謂送終過制也無別亂同也任謀謂權變也不犯此則成功也盧云古功攻同九功當謂九攻注似曲【和集以意賓有離】盧云此十二字難曉卜本遽刪之亦非洛按上九功下五典中無闕文此必係他篇錯簡存之以留舊本面目【莫遂遂其】五典一言父典祭祭祀昭天百姓若敬二類父登德德降爲則則信民寧盧云此三句又見本典解寫半晨據以改此作德降爲信信則民寧但與注不合前和寤解亦有德降爲則語盡法制皆本於德足以取信於民民是以寧惠所改非也【　】言祭祀見享受福民乃化則法信民心也三正父登過[illegible]於武設備無盜【注】使正舉事過於前無自滿四機父登[illegible]備政戒官官無不撤玩注則機與譏通政戒舊闕照注補五□父□□制京節

按篇名曰作洛而文内却是作成周蓋言作城於洛水之上非謂作洛邑也度邑敘

用政治民懷【注】使剌譏之士舉政之失戒其官官無不敬矣懷猶歸之也盧云父者尊之之辭此亦如書酒誥之稱圻父農父宏父也言父蓋宗伯之屬顯父司徒之官正父司馬之官機父師氏保氏之職所闕一父當是司空之職五典有常政乃重開守之舊作之守盧疑寫衍今刪内則順意外則順敬内外不爽是曰明王【注】重開言無爽也按重開對武王而言注誤王拜曰允哉維予聞曰何鄉非懷鄉去聲懷人惟思思若不及禍格無日【注】格至式皇敬哉余小子思繼厥常以昭文祖定武考之烈烈舊訛列【注】式用皇大嗚呼余夙夜不寧

作洛解第四十八洛諸本皆寫雒按周禮注云漢以火德王忌水改爲雒則是書不應便寫雒今從隋書牛宏傳所引改

武王所以築洛邑之意不言其規制此篇規制特詳蓋亦彼此互見之法

【外篇】乃歲注言乃後之歲承上句既歸而下似次年便崩故史記言克殷二年武王崩然與明堂解克紂六年崩兩存矣按乃歲即指与崩之歲猶舜典歲二月東巡狩之歲蓋古人書法如此

武王克殷乃立王子祿父俾守商祀○【注】封以鄭祭成湯、按封鄭之注難解或有誤陳星垣云鄭當是邶字誤○建管叔于東建蔡叔霍叔于殷俾監殷臣○【注】東謂衛、殷謂鄁鄘、鄁即邶霍叔相祿父也、海山謂霍疑是兩訛洛按諸儒皆言霍叔監邶邶即武庚之都故注不及蔡叔

武王既歸乃歲十二月崩于鎬○于舊脫肂于岐周○惠云士喪禮掘肂見衽自天子至于士殯皆曰建洛按釋名肂與殐同假葬于道曰肂【注】乃歲、謂乃後之歲也、上歲舊脫肂、攢塗、廣韻云權安厝攢塗謂之垗

周公立相天子○三叔及殷東徐奄及熊盈以畧○按畧畧地也蓋有搆難之意【注】立、謂爲宰攝政也、殷、祿父、徐、戎、奄、謂殷之諸侯、○

周公召公內弭父兄外撫諸侯○元年夏六月葬武王于畢○元年舊訛九年趙據繹史改【注】弭、安、畢、地名、舊作畢也盧改增

二年又作師旅○

外篇 書言致辟管叔謂誅戮也此言降辟三叔猶言俯繩三叔以法也

外篇 注中九畢成周之地未合須作宗周方近王化雖豐鎬亦間稱成周然易致混淆

外篇 注言二年秋迎三年春歸蓋惑於書之金縢耳顧不思此書上文言臨衛政殷係二年乎又不思周公敬

臨衛政殷殷大震潰政繹史作攻惠云攻與正古通盧云當讀爲征注下叛其上曰潰降辟三叔王子祿父北奔管叔經而卒乃囚蔡叔于郭淩注郭淩地名囚拘也凡所征熊盈族十有七國俘維九邑注俘囚爲奴十七國之九邑罪重故囚之俘殷獻民遷于九畢注獻民士大夫也九畢成周之地近王化也按九畢未詳所在書多方有移爾遐逖語或當以遷者不僅在洛也俾康叔宇于殷俾中旄父宇于東注康叔代霍叔中旄父代管叔周公敬念于後曰予畏周室克造俾中天下周室克造舊作同室克追從趙改注成王二年秋迎周公三年春歸也周公追畏尊王也謝云追畏尊王之語不明洛按迎歸之後追畏居東之前不咎管蔡之害已而幸周室之克造所以爲尊王也及將致政乃作大

念之語已在武庚平後乎注誤即可悟金縢之誤

〔外篇〕國是活字國西土言國其西土也制郊甸句指附近成周者言國西土句通指在豐鎬以西言各不相蒙若以國爲因則西土與列侯等矣且西土亦非成周之地所可通爲圻內

邑成周于土中。紀年成王五年遷殷民于洛邑遂營成周七年周公復政于王〔注〕王城也、沈云自郛以內統稱成周不專指王城　於天下土爲中、按土中謂四方道路之適均不可泥爲天下土之中也城方千七百二十丈。盧云水經注無千字蓋誤脫沈改七爲六不知何据郛方七十里。朱本作七十二里盧云前編作十七里誤南繫于洛水。北因于郟山。舊作地因于郟山盧据水經注改前編改以爲天下之大湊。〔注〕郛、郭也。繫、因、皆連接也。湊、會也。制郊甸方六百里。國西土爲方千里。國盧本依水經注改作因今從舊〔注〕西土、岐周、通爲圻內、分以百縣。縣有四郡。郡有四鄙。四字舊闕盧依淮南子注補　大縣城方王城三之一。小縣立城方王城九之一。盧云立字似衍但前編大縣亦是立城〔注〕三分九分居其一。郡鄙不遷有室。以使野事。〔注〕耕桑之事。農居鄙得以庶

若浮山云小縣立城謂新建立之城立字非衍

士○士居國家得以諸公大夫○趙云以用也農之秀者可爲士士有功效可爲大夫注居治也、治鄙以農、治國家以大夫、凡工賈胥吏臣僕吏舊訛市州里俾無交爲○注百工商胥吏臣僕、百舊在商下今按卽經文凡字之義故移吏舊是人各異州里而居、不相雜交也、胥待也○盧云注既云百胥人又云胥待也雜出疑此三字後人竄入因從趙本改待爲相洛按胥吏當卽胥徒之類注待字或卽徒字之訛乃設丘兆于南郊以祀上帝配以后稷○注設築壇城南郊、南郭也、南郊舊訛內郊日月星辰先王皆與食○注先王、后稷、謂郊時、趙云此注非后稷已配上帝此先王當自太王而下盧云應如月令之所謂五帝封人社壝諸侯受命于周乃建大社于國中○封人社壝及侯字舊脫國又訛周盧依公羊文十三年疏增改注受封也、其壝東青土南赤土西白土北驪土中央疊以黃

外篇　燾舊作苞儀禮既夕苞二註所以包羊豕之肉是苞與包通也但包與下句苴字微重

土。按疊隙罅也其義同舋當作活字用謂以黄土彌四土之隙　將建諸侯。鑿取其方一面之土。燾以黄土。燾舊作苞盧改苴以白茅。以爲土封。故曰受列土于周室。受列土舊作受則大惠以大字爲衍而引周禮大宗伯五命賜則爲受則之證盧云惠說非是故曰二字當承上大社而言御覽作故曰列土稍節其文耳洛按列與裂通即上鑿取之意

注　其方、謂如建東方諸侯以青土也、舊無如字今按注意乃以一例五有如字方明燾覆苴茅裹土封之爲社也、燾覆舊作而覆盧改茅周本缺今從盧本

乃位五宮太廟宗宮考宮路寢明堂。盧云五宮疑是五官訛立與位古字通用隋書牛宏傳引作乃立大廟宗宮路寢明堂是也

注　五宮、宮府寺也、盧云當本是五宮宮府寺也因訛宮爲宮耳或以太廟五者當五宮非也大廟、后稷廟、二宮、祖考廟、考廟也、稷下廟字并考廟二字舊脫俱盧增路寢、王所居也、明堂、在國南者也、咸有四阿反坫重亢、

重郎、常累、復格、藻棁、設移、旅楹、春常、晝炎。春舊訛惷又無炎字今據陸佃陶山集改增【注】咸、皆也、宮廟四下曰阿、宮舊脫陶增按沈括筆談引作回阿反坫、外向室也、重亢、累棟也、按亢疑是亢兩楹柱屋也象形重郎、累屋也、郎古通廊司馬相如傳陛下築郎臺恐其不高註曰郎堂下周廡也常累、系也、系疑是絫復格、累芝之栭也、芝栭舊作之孺盧改按周禮牛人註挂肉格故凡書架肉架皆謂之格復格言庋閣高也惠半農云即複笮藻棁、畫梁柱也、承屋曰移、盧云移即簃也按爾雅釋器連謂之簃註云堂樓閣邊小屋也旅、列也、列舊訛別盧改按旅乃松之別種謂以旅松爲楹也詩曰旅楹有閑春常、謂藻井之飾也、屋上覆橑曰藻井言皆畫列柱爲文也、文舊訛之盧改按旅列也似是畫旅旅字之注恐後人因本句經文脫去旅字乃移於上以注旅楹之旅耳內階、厺階、堤唐、山廧、按廧同墻國策趙皆以荻蒿苫楚廧之【注】以黑石爲階、唐中庭道、堤謂高爲之

按此篇雄奇鬱勃的係周初文字視旅獒蔡仲之命等篇直如塵羹土飯

外篇經蓋言行耇老建沈人皆望其開告予以嘉德也下邑小國似即指周監公之謙詞注曰言下邑所行而我法之未當

外篇[illegible]

也、山廧、謂廧畫山雲、高爲舊倒又晩上山字次廧字俱盧校正應門、庫臺、玄閫。注門者皆有臺、於庫門見之、從可知也、又以黑石爲門限也、從舊作後限舊作階皆盧據前編改

皇門解第四十九盧云此誥在成王元年見竹書

維正月庚午、周公格左閎門、會羣門。盧云羣門族姓也篇中曰宗子曰私子皆爲大家世族而言浮山云羣門是羣臣誤注格至也、路寢左門曰皇門、閎音皇也、曰嗚呼、下邑小國克有耇老據屏位。按據屏位猶言履帝位也建沈人、罔不用明刑。罔舊訛非盧改注耇老賢人也、又建立沈伏之賢人、無不用明法、無舊脫盧增維其開告于予嘉德之說、[illegible]邑所行而我法之、是開告我於善德之說、作[illegible]。

解作哲王亦通不綏于恤言不以可憂者爲安也

【外篇】庶孽惟賢者始擾以官爵故曰有分私子

小至于大○我聞在昔有國誓王之不綏于恤○誓戒也【注】小至於大者小大邦君也恤憂言思治也○乃維其有大門宗子勢臣罔不茂揚肅德訖亦有孚以助厥辟勤王國王家【注】大門宗子適長勢臣顯仕茂勉肅敬訖既也孚信也○乃方求論擇元聖武夫羞于王所【注】方旁羞進舊作言旁自羞進盧改刪海山云自字應屬下句正文今從之○自其善臣以至于有分私子○于舊訛十盧從趙改苟克有常罔不允通咸獻言在于王所【注】私子庶孽也常謂常德言皆信通於義以益王也○人斯是助王恭明祀敷明刑【注】言善人君子皆是順助王法也○是順王法舊倒今移正○王用有監明憲用本多作周盧從章本何本朕命用克和有成用能承天嘏命○

注監視明此事法故能承天命王天下也。百姓兆民用罔不茂在王庭。注勉在王庭獻言於王所也。先用有勸。永有孚于上下。孚舊闕今據文義補 注上謂天下謂地也。人斯既助厥勤勞王家。注助勤也。謂大門宗子也。先人神祇報職用休。俾嗣在厥家。困學紀聞引作俾嗣在王家蓋謂嗣先人勤勞於王家也趙云嗣厥家謂世有令聞保其宗廟亦通 注先人及天地報之。王用美紹家。美紹舊譌善詔盧云以美釋休以紹釋嗣 王國用寧。小人用格。□能稼穡。咸祀天神。戎兵克慎。軍用克多。注神祐之故。王用奄有四鄰遠土。土或作土 丕承萬子孫。用末被先王之靈光。注奄同。丕大。末終。至于厥後嗣弱見先王之司刑維時反有學于非夷。反程本吳本作及盧從元本作及今從趙改按

外篇以家相厥室是只顧身家之意注勢人以大夫私家似將家相連讀則經句難解矣卹念也

易大壯不詳也疏詳善也王肅作祥左傳詳以事神注詳祥也是詳祥古字通

反卽反音卽王篇柔弱也語意猶言憎學于非常之德也則非夷指好邊說古反作反趙疑反爲反訓則非夷指不好說然玩注語反義猶長惟○及字不可從注時、是、胥、相、爲是相學於非常也、以家相厥室弗卹王國王家維德是用注言勢人以大夫私家、不憂王家之用德、憂舊訛慶盧從元本改○以昏求臣作威不詳不屑惠聽無辜之亂辭是羞于王辭舊訛亂且連是羞于王四字爲注隔開另作一段盧云亂辭辭之有理者也併爲一句蓋言不屑順察無罪有理之辭以進于王也注詳、善也、不察無罪以惡民言順、不進辭于王、舊以詳善也至以惡民十字又添一也字注無辜之亂下贋七字則辭是羞于王之注趙疑言順不進辭于王或是言進不順辭于王盧云不順之言下文始○見此非也惡字烏路反惡民言順謂惡民之理直故不肯上聞耳○洛按以惡改作而惡更○明王阜良乃維不順之言于是入入舊訛人斯乃非維直以應維作誣以對俾無

【外篇】獨服在寢是賢婦理家之意自露厥家是自表暴於衆人之意

【外篇】注野幾蠹訛經有奉二句蓋言媢夫乎乃奉承之狂夫則陽之而繩

依無助【注】皋、大、良、善也、王求善而是人作誣以對、故王無依助也、按是人乃釋經文斯字讀者勿悞會而謂于是人非訛。譬若畋犬驕用逐禽。其猶不克有獲、【注】獲、謂不習也、言於人之無得、猶驕犬逐禽不能獲、於舊闕。是人斯乃讒賊媢嫉以不利于厥家國。【注】言賊仁賢若忌媢嫉妒、以不利其君、者舊脫。譬若匹夫之有婚妻曰予獨服在寢、以自露厥家。【注】寢室也、以自露於家、自謂美好、喻昏臣也、以字自謂自字舊俱誤言。媢夫有邇無遠、乃食蓋善夫、俾莫通在于王所。盧云食猶日月之食亦掩蔽之意洛按管子君臣篇明君在上便嬖不能食其意註蠹惑曰食于舊訛土沈攺【注】食爲野口媢夫見近利而無遠慮、利爲掩蓋善夫、使莫通、盧云野字訛。乃維有奉狂夫是陽是繩。

得以自快其私繩之使彼必聽已指使

是以爲上是授司事于正長(注)言陽舉狂夫以爲上人授爲官長正主其事也授舊闕命用迷亂獄用無成小民率憎憎音色恨也舊作穡于義無着(注)命者教也率皆憎愁困也末句舊作痛愁困也今依經文改保用無用壽亡以嗣天用弗保(注)安民之用無所宣施是故民失其性天所不安用非其人故也媚夫先受殄罰國亦不寧嗚呼敬哉監于茲朕維其及(注)殄絕其世又及其君也又舊作也君舊作人盧改也爲罰以注祇釋殄罰二字因咎其不爲朕維其及一語作注竊謂珍罰雖異注乃舉其甚者余改罰及其人作又及其君則經之由媚夫而國而朕語意明矣朕蠹臣夫明爾德以助予一人憂(注)蠹進也言我進用夫明明德之臣助我憂天下者言我句舊作言我進用之臣夫明明之德今按經語本是倒裝句法但孔氏太

外篇資藉也言予又賴爾告予以元善也注以用訓資未允此二句卽影下扶濟意

滯以致注語不清雖改夫爲皆語意亦順然○口氣現成又昔經旨故倒刪如此乃明無維乃身之暴皆卹○盧云當作是卹爾假予德憲資告予元注假借資用也借我德法用告我大德之所行也○舊作借我法用德之告我又重一我字盧倒刪譬若衆畋常扶予險乃而予于濟盧云而古通能注如衆人畋獵相扶持也濟遂也人舊訛令濟縣作趙云似有闕文

大戒解第五十

維正月旣生魄王訪于周公曰嗚呼朕聞維時兆厥工非○不顯朕實不明○說文引逸周書曰朕實不明以俔伯父俔胡困切完也盧云今此書無下句說文所釋亦難曉注兆始工官言政治維是始正其官維士非不務而○不得助大則驕小則懾懾謀不極○似當作懾驕注言務求士而

列篇注有德字則經文得與德通共得即一德之意蓋言官職有崇卑則位服有輕重然朝廷皆所以榮之故位服無分輕重而皆可言厚福也既予以位服即非一德之臣而朝廷亦望其相助爲理故常遺以厚福也如此則注中求益意自明

不得助如此之難極中也予重位與輕服其共得福厚用趙云似言授之位與服誠冀其助我而共得其福耳非然遺者胡爲厚遺之若此乎海山云重位承驕來驕則非得福矣輕服承屬來屬則厚用遺矣洛按蓋言位服不拘重輕皆貴有君臣並受福之美不然是昔者進而今不知其亡矣遺忘也注重所重在於重位有此句便含輕所輕在了輕服一句注蓋舉單以見雙也輕重所立非夫德而厚福用之夫疑共訛之疑遺誤是求益之言也按注意似是言有所當重者有所當輕者皆恐其非其德而厚福用遺也故以爲是求益之言庸止生郄即卻字庸行信貳衆輯羣政不輯自匿海山云庸止句承厚遺庸行句承非得福其弊總歸於不輯耳洛按庸用也用人取必於容止則郄隙易生取重於德行則疑貳可信蓋用賢所以輯政不輯則邪慝矣匿與慝通也蓋大則驕三句言人之難用也予重位三句言待人之難也庸止四句言用人之道也讀者細玩自得嗚呼予夙勤之無或告余非之不念念不知注止容也

〔外篇〕厲權先中是信賞必罰意明約必遺是嚴命詳囑意注權謂勢重語

常信貳則難得中也、按常疑係庸字之注則容也也字似誤但庸似當訓用與別處不同我雖勤之無有告我者念此而不得明知也、念此舊誤待知今按經文改周公曰於敢稱乃武考之言曰微言入心夙喻動衆大乃不驕行惠於小小乃不驕次小字俗本作衆盧從宋元本〔注〕言汝之武考有是言、經注考字舊似作王遵害衆衆舊訛乘盧據注改同憂若一謀有不行予惟重告爾庸予俗本作茲盧從宋本爾舊作爾今校爾爾音稱大也舉也庸舊在下段之首今從海山校屬本句蓋語意猶言重告以舉用之道也〔注〕連官則同憂職事集衆則同憂濟謀、職本多作取盧從元本事舊在集衆下今移正有不行、言必行也、言舊脫盧從趙增毋以餌士厲權先中之明約必遺之毋舊闕上又有庸厲二字今從海山移補〔注〕餌謂爵祿、權謂勢重、其位不尊其謀不陽按陽是昭宣意

外篇自擅其長謂人皆不如已故注曰尊已人雖有所長亦不見用故注曰陰忌但此九是戒王非謂相臣也

按上文建官四句是使衆餌士三句是立威其位八句是恥亂下文知罪二句是立威教長幼二句是使衆制設二句是恥亂可見明立威一節是上下文樞鎖

按九備一段中言制設二句經雖殘闕然

我不畏敬材在四方【注】言當畏敬賢者尊其位陽其謀也在四方言散盧云其位不尊二句蓋言賢者不在尊位雖有善謀亦不能顯示於衆人而使之服從也注似不得其意在四方蓋言野多遺賢或且以資敵也無擅于人塞匿勿行惠戚咸服孝悌乃明【注】擅人專已塞匿陰忌惠順戚近也明立威恥亂使衆之道撫之以惠內姓無感外姓無讁盧云感古撼字浮山云無感無讁互文見義【注】鄙恥其亂則思治矣內【長同】姓同宗按長同二字衍海山改長為言雖可通然同姓同宗並言卻難通外姓異姓讁過人知其罪上之明教長幼為勸貧賤舊無長字今從海山據上注內長之長增制設九備乃無亂謀謀下舊有方圖今從海山刪【注】上明則不隱情故自知罪九備一忠正不荒美好乃不作惡按美好二字定係下文所闕誤在此【注】順人

玩其大旨首段是正言以下皆反說四似狂惑五似飾非拒諫六似侈荒七似驕矜敵讎八似好殺九似色荒皆不足以爲備者總束以九備旣明四語九備明則仁義亦明矣援貢有備正纔足無亂謀意

外篇性動必以和節據起經下文謀和和字覆以觀之謂反覆以觀天下之大勢援貢疑援瀆訛多口疑是多散言聚財能散也以援疑以綏訛

心明察則民化而善按注語與經不附恐係經脫二三兩段而注尚存耳四口說聲色憂樂盈匿五頑信傷辯曰費口口曰疑亦是方圜六出觀好怪內乃淫巧[illegible]頑大、怪異、七口口謀躁內乃荒異八口口好威民衆曰逃逃俗本作挑盧從亢本卜本九富寵極足是大極浮山云此三字似注語是乃足內心其離訛蓋言極大足[illegible]口室也闕疑是內字九備旣明我貫保之應協以勤遵適同功[illegible]應協以動動必以和、協或作協按从十者同心也从心者節懾字懾迫也此處玩經與注皆从十義長謀和適用覆以觀之上明仁義援貢有備用亦作同援貢似有訛字[illegible]上謂君也、聚財多口以援成功竟業淫謀衆匿乃雍[illegible]言閉塞不行也、按雍與壅通言下似應有脫匿二字順得以動人以立行輯佐之道上必盡其志慈

外篇注轉移二字疑是下文上危而轉之注誤在此

後得其謀。注言和輯求助當先順人也。無失其信雖危不動。貞信以昭其乃得人。失舊闕按文義補貞信亦闕照注補注轉移貞信如此得其用也。轉移不見經文疑誤上危而轉下乃不親。注上危而下不親之不足信故也。王拜曰允哉允哉敬行天道。天疑大訛

外篇浮山云堯時日躔虛一度至太初歷始云日起牽牛一度此書乃與太初歷同恐亦如驚蟄雨水穀雨清

逸周書管箋卷六

晉五經博士孔晁注

海康　丁宗洛　箋

周月解第五十一

惟一月既南至昏昴畢見日短極基踐長微陽動于黃泉○陰降慘于萬物○降舊脫盧据通鑑前編增是月斗柄建子始昏北指陽氣虧草木萌蕩○盧云前編作不萌蕩洛按禮月令仲冬諸生蕩注蕩謂物動萌芽也此上句陽氣虧蓋言陽氣尚微故只萌蕩耳非虧損之謂也前編不字似誤衍日月俱起于牽牛之初右回而行月周天進一次而與日合宿○進舊作起盧從沈改日行月一次而周天歷舍于十有二辰○終則復始是謂日月權輿周正歲首○首舊訛道盧從沈改數起于時一而成于十○時字似衍否則應在數上次

明皆後人妄改耳

閻百詩曰書蔡傳云三代正朔不同朝覲會同頒歷授時則以正朔行事此說大謬商周雖異建而自不商古不易者莫善于

一爲首其義則然凡四時成歲有春夏秋冬各有孟仲季以名十有二月中氣以著時應春三月中氣御覽所引春三下無月字夏秋冬並同驚蟄春分清明舊作雨水春分穀雨盧謂非古法今從改此說詳下篇夏三月中氣小滿夏至大暑秋三月中氣處暑秋分霜降冬三月中氣小雪冬至大寒閏無中氣斗指兩辰之間萬物春生夏長秋收冬藏天地之正四時之極不易之道夏數得天百王所同其在商湯用師于夏除民之災順天革命改正朔變服殊號一文一質示不相沿以建丑之月爲正易民之視視或作眡若天時大變亦一代之事亦越我周王致伐于商改正異械以垂三統禮王制器械異制注謂禮樂之器及兵甲也至於敬

周書周月解敘授民時一段負得其旨

外篇此書驚蟄便言鴻雁來不知月令作候雁北明晰

閻百詩曰康成時尚是驚蟄前雨水後至後漢劉洪乾象曆方改易其次周書時訓解皆亦雨水在驚蟄前分明是傳寫人以

授民時巡狩祭享猶自夏焉前編祭作丞是謂周月以紀于政

時訓解第五十二

立春之日東風解凍又五日蟄蟲始振又五日魚上冰風不解凍號令不行蟄蟲不振陰姦陽魚不上冰甲冑私藏驚蟄之日獺祭魚又五日鴻雁來又五日草木萌動獺不祭魚國多盜賊鴻雁不來遠人不服草木不萌動果蔬不熟雨水之日桃始華又五日倉庚鳴又五日鷹化爲鳩桃不始華是謂陽否倉庚不鳴臣不從主御覽作桃若不華是謂否塞又云倉庚災倉庚不鳴節下不從上按從主從字舊闕今据以補鷹不化鳩寇戎數起盧云古雨水在驚蟄後前漢末始易之後人竟以習見妄改古書此舊本亦以雨水在前驚蟄在後非也因從沈改正下穀雨淸明

後之節次上改古歷讀者以此疑時訓非古過矣

外篇穀雨清明子亦從盧本据漢書以易之矣但二節取名之由參諸季春六候皆未見得穀雨必當先清明必當後亦未解後世因何而前後倒換尚應闕疑

亦然春分之日玄鳥至又五日雷乃發聲又五日始電玄鳥不至婦人不娠娠舊闕盧据御覽補雷不發聲諸侯失民失舊闕盧据後漢書注補不始電君無威震御覽作電若不見即人無威振振與震同穀雨之日桐始華又五日田鼠化爲鴽又五日虹始見桐不華歲有大寒田鼠不化鴽國多貪殘虹不見婦人苞亂御覽作亂色洛按苞恐即色之訛

清明之日萍始生又五日鳴鳩拂其羽又五日戴勝降于桑萍不生陰氣憤盈鳴鳩不拂其羽國不治兵戴勝不降于桑政教不中御覽作平立夏之日螻蟈鳴又五日蚯蚓出又五日王瓜生螻蟈不鳴水潦淫漫蚯蚓不出嬖奪后御覽作臣奪后王瓜不生困於百姓困御覽作害小滿之日苦菜秀又五

（外篇）後世之曆靡草死下皆係麥秋至此處小暑至恐誤或因立秋後以白露降爲候白露亦節名何不疑其誤耶白月令中孟秋涼以白露降爲候而仲夏不以小暑至爲候且此又屬孟夏彼此皆三代之寶而有不同故可疑

曰靡草死又五日小暑至苦菜不秀賢人潛伏靡草不死國縱盜賊小暑不至是謂陰慝御覽賢作仁不死作未殄縱作從慝作匿芒種之日螳螂生又五日鵙始鳴又五日反舌無聲螳螂不生是謂陰息鵙不始鳴令姦壅偪反舌有聲佞人在側夏至之日鹿角解又五日蜩始鳴又五日半夏生鹿角不解兵革不息蜩不鳴貴臣放逸半夏不生民多厲疾小暑之日溫風至按小暑係一節氣可見上小滿節後云小暑至有誤又五日螅蟀居辟螅與蟋同辟與壁同又五日鷹乃學習溫風不至國無寬教螅蟀不居辟恒急之暴鷹不學習不備戎盜御覽作溫風不至即時無緩政蟋蟀不居壁即恒急之暴鷹不學習即寇戎不備大暑之日腐草化爲螢又五日土潤溽暑又

五日大雨時行腐草不化爲螢穀實鮮落土潤不溽暑物不應罰大雨不時行國無恩澤御覽作土潤不溽暑即急應之罰大雨不時行即恩不及下凡句皆有即字立秋之日涼風至又五日白露降又五日寒蟬鳴涼風不至國無嚴政國舊脫盧從御覽增白露不降民多邪疾藝文類聚作欬疾寒蟬不鳴人皆力爭處暑之日鷹乃祭鳥又五日天地始肅又五日禾乃登鷹不祭鳥師旅無功天地不肅君臣乃□農不登穀暖氣爲災御覽作凶白露之日鴻雁來又五日玄鳥歸又五日羣鳥養羞鴻雁不來遠人背畔御覽作皆畔玄鳥不歸室家離散羣鳥不養羞下臣驕慢秋分之日雷始收聲又五日蟄蟲培戶又五日水始涸雷不始收

聲、諸侯淫佚。御覽佚作泆盧疑或泆訛蟄蟲不培戶、民靡有賓。御覽培皆作閉民舊闕盧據補水不始涸、甲蟲為害。御覽又曰雷乃收聲不收聲即人民不安諸侯驕逸蟄蟲坯戶不坯戶即邊方不寧人靡有賴水始涸不始涸即人多疾病介蟲為害惠謂是古本寒露之日、鴻鴈來賓。又五日爵入大水化為蛤。又五日菊有黃華。鴻鴈不來、小民不服。來下應有賓字爵不入大水、失時之極。菊無黃華、不稼穡。浮山云華不稼穡即秀而不實之意霜降之日、豺乃祭獸。又五日草木黃落。又五日蟄蟲咸俯。豺不祭獸、爪牙不良。草木不黃落、是為愆陽。蟄蟲不咸俯、民多流亡。御覽俯皆作附立冬之日、水始冰。又五日地始凍。又五日雉入大水為蜃。水不冰、是謂陰負。謂舊誤伏盧據御覽改地不始凍、咎徵之咎。雉不入大水、國

外篇氣至則物應是爲候若天氣上騰地氣下降閉塞成冬二者是氣卽以氣爲候也然盍春天氣下降地氣上騰又何不以爲候豈自春至冬則太遠自冬至春則太近不足以取候耶

多淫婦。御覽又一段云立冬十月節水始冰若不冰卽陰之有負地始凍若不凍卽災咎之徵野雞化爲蜃若不爲蜃卽時多淫婦盧云此惠氏所疑爲古本者然潛氏字雉字當是唐人更定小雪之日虹藏不見。又五日天氣上騰地氣下降。又五日閉塞而成冬。虹不藏、婦不專一。天氣不上騰地氣不下降、君臣相嫉。不閉塞而成冬、母后淫佚。大雪之日鶡鳥不鳴。盧云鶡鳥鶡鳴也或作鴇鳴禮坊記作盍旦鄭云夜鳴求旦之鳥也御覽作鶡可通或作鴇鶡俱非又五日虎始交。又五日荔挺生。鶡鳥猶鳴、國有訛言。虎不始交、將帥不和。猶鳴六字將帥四字舊闕皆盧据御覽補荔挺不生、卿士專權。不生御覽作不出○惠云康成以荔挺連讀顏之推譏之不知周書已然冬至之日蚯蚓結。又五日麋角解。又五日水泉動。蚯蚓不結、君政不行。麋角不解、兵甲不藏。水泉不動、

浮山云周月建三統之正也時訓辨天氣之應也月令詳明堂之政也雖太尉雜以

陰不承陽小寒之日鴈北向又五日鵲始巢又五日雉始鴝鴈不北向民不懷主鵲不始巢國不寧雉不始雊國大水○雊上作鴝按書高宗肜日越有雊雉雉雊也則从隹是但鴝集韻音劬鳥聲雉鳴也是鴝與雊通○御覽載小寒十二月節鴈北向鴈不北向即臣不懷忠鵲始巢鵲不巢即邊方不寧又曰一國不寧野雞始雊野雞不雊國乃大水○大寒之日雞始乳又五日鷙鳥厲疾又五日水澤腹堅雞不始乳淫女亂男鷙鳥不厲國不除兵水澤不腹堅言乃不從○厲疾宋本無疾字盧云下只言鷙鳥不厲則上句亦本無疾字宋本是也○御覽載大寒十二月中雞始乳雞不乳即淫婦亂男鷙鳥厲疾鳥不厲疾即國不除姦水澤腹堅不腹堅即言無所從

月令解第五十三

舊闕盧云蔡邕明堂月令論曰月令篇名因天時制人事天子發號施令祀神受職每月異禮故謂之月令所以順陰陽奉四時效氣物行王政也成法具備各從時月藏之明堂所以示承祖考

秦官由呂氏之抄襲雨水從乎漢歷因太初之變更茲悉照盧氏改補讀之足見周之所以敬天勤民者矣洛按周月者言周以別於夏商也時訓者言四時也月令者言各月也周月從冬至說起時訓從立春說起周月詳列二十四氣而重在斗建時訓戴在七十二候以分四時所以不同也時訓言氣候不調則人事應之是白天而徵之人也月令言各月之政令是以人而協乎天也合而求之周月治歷之綱也時

神明明不敢泄瀆之義故以明堂冠月令以名其篇戴禮夏小正則夏之月令也殷人無文及周而文義備所說傳衍深遠宜周公之所著也官號職司與周官合周書七十一篇而月令第五十三秦相呂不韋著書取月令爲紀號淮南王安亦取以爲第四篇改名曰時則故偏見之徒或云月令呂不韋作或曰淮南皆非也又隋書牛宏傳云今明堂月令者鄭康成謂是呂不韋著春秋十二紀之首章禮家鈔合爲記蔡邕王肅云周公所作周書內有月令第五十三即此也蓋宏以今禮記中之月令即是在周書內者故云即此與蔡邕說相符合邕以淮南時則在第四篇令却在第五篇其文與呂氏微異邕作月令問答所云云者皆在呂氏不在淮南故今據蔡牛二證以補斯闕而其文即依呂氏十二紀首鈔出並以諸本參之洛按文獻通考亦云十二紀者本周公書後寘於禮記善矣而目之爲呂令者誤也然則盧氏所据以補此書良不謬矣

孟春之月日在營室昏參中旦尾中其日甲乙其帝太皞

其神句芒其蟲鱗其音角律中太蔟其數八其味酸其臭

訓古天之則出月令校時之要也三篇各有意義讀者切勿忽畧過去

校時訓解每節三候並無參差而月令則孟春初氣五候中氣一候觀於秋冬三孟月皆初氣四候中氣二候特與孟春月亦各初氣四候中氣一候與三孟月同而皆與時訓異矣二分二至爲四時之平宜無異致而春夏秋之仲月初氣中氣各三候惟仲冬則大雪二冬至四吾嘗求其故蓋

饗其祀戶祭先脾東風解凍蟄蟲始振魚上冰獺祭魚候鴈北記作鴻雁來天子居青陽左个乘鸞輅駕蒼龍載青旂衣青衣服青玉記作倉玉下同食麥與羊其器疏以達是月也以立春先立春三日太史謁之天子曰某日立春盛德在木天子乃齊立春之日天子親率三公九卿諸侯大夫以迎春於東郊還乃賞公卿諸侯大夫於朝還下乃字記作反連上讀後並同無諸侯二字呂氏無公字高誘注云三公至尊坐而論道不嫌不賞故但言卿諸侯大夫然則記不言諸侯者蓋遺脫耳非賞不及也命相布德和令行慶施惠下及兆民慶賜遂行無有不當迺命太史守典奉法司天日月星辰之行宿離不忒記作貸無失經紀以初爲常是月也天子乃以元日祈穀于

冬至乃一陽初復爲來歲所肇端必多驗物候方信其無忒伏之處立春則一歲之首萬物之元故特取其詳爲有贏有縮似較時訓尤得化機

上帝。乃擇元辰。天子親載耒耜。措之參于保介之御間。參于記倒率三公九卿諸侯大夫躬耕帝籍田。按說文耤帝耤千畝也古者使民如借故謂之耤字彙補云耤即古藉字然則帝耤之耤从草頭猶未甚失今俗皆从竹頭故爲辨正記無田字盧云呂氏上農篇亦有田字。天子三推。三公五推。卿諸侯大夫九推。記無大夫反。執爵于太寢。三公九卿諸侯大夫皆御。命曰勞酒。是月也。天氣下降。地氣上騰。天地和同。草木繁動。記作萌動王布農事。命田舍東郊。皆修封疆。審端經術。善相丘陵阪險原隰土地所宜。五穀所殖。以教道民。必躬親之。田事既飭。先定準直。農乃不惑。是月也。命樂正入學習舞。乃修祭典。命祀山林川澤。犧牲無用牝。禁止伐木。無覆巢。無殺孩蟲胎夭飛

外篇古驚蟄在雨水前蓋以立春有蟄虫始振一候但仲春言始雨水而

烏無麛無卵無聚大衆無置城郭掩骼霾髊（記作埋胔音義並同）是月也不可以稱兵稱兵必有天殃兵戎不起不可以從我始（記無以字）無變天之道無絶地之理無亂人之紀孟春行夏令則風雨不時草木旱槁國乃有恐（記作雨水不時草木蚤落國時有恐）行秋令則民大疫疾風暴雨數至藜莠蓬蒿並興（記民上有其字疾風句作猋風暴雨總至）行冬令則水潦爲敗霜雪大摯首種不入（記霜雪倒）

仲春之月日在奎昏弧中旦建星中其日甲乙其帝太皡其神句芒其蟲鱗其音角律中夾鍾其數八其味酸其臭羶其祀戶祭先脾始雨水桃李華（記作桃始華）倉庚鳴鷹化爲鳩天子居青陽太廟乘鸞輅駕蒼龍載青旂衣青衣服青

中氣始雷後尚有蟄虫咸動啟戶始出之文似雨水在驚蟄前矣後世之歷二節倒換未必不由此

玉食麥與羊其器疏以達是月也安萌牙記作芽古字通揚雄劇秦美新或元而萌或黃而牙養幼少存諸孤擇元日命民社命有司省囹圄去桎梏無肆掠止獄訟是月也玄鳥至至之日以太牢祀于高禖記祀作祠天子親往后妃率九嬪御乃禮天子所御帶以弓韣授以弓矢于高禖之前是月也日夜分雷乃發聲始電蟄蟲咸動啟戶始出呂氏啟戶作開戶盧云今凡字為漢唐避諱改易者俱從禮記為正先雷三日奮鐸以令于兆民曰雷且發聲奮鐸記作奮木鐸無于字有不戒其容止者生子不備必有凶災日夜分則同度量鈞衡石角斗桶記作甬正權概是月也耕者少舍乃脩闔扇寢廟必備記作畢備必畢古通無作大事以妨農功記作妨農之事是

月也無竭川澤無漉陂池無焚山林天子乃獻羔開冰先薦寢廟獻記作鮮上丁命樂正入舞舍采記作習舞釋菜盧云舍采與釋菜音義並同高誘注呂覽曰舍置也初入學官必禮先師置采帛於前以贄神也說非天子乃率三公九卿諸侯大夫親往視之呂氏無大夫中丁又命樂正入學習樂記作仲丁是月也祀不用犧牲用圭璧更皮幣仲春行秋令則其國大水寒氣總至寇戎來征行冬令則陽氣不勝麥乃不熟民多相掠行夏令則國乃大旱煖氣早來蟲螟爲害

季春之月日在胃昏七星中旦牽牛中其日甲乙其帝太皞其神句芒其蟲鱗其音角律中姑洗其數八其味酸其臭羶其祀戶祭先脾桐始華田鼠化爲鴽虹始見萍始生

外篇 時雨將降下水上騰一段與穀雨之義相協而滑明二字頗難解若因驚蟄而有是名則鳴鳩拂羽鼓任

天子居青陽右个乘鸞輅駕蒼龍載青旂衣青衣服青玉食麥與羊其器疏以達是月也天子乃薦鞠衣于先帝命舟牧覆舟五覆五反乃告舟備具于天子焉天子焉始乘舟次焉字記無呂氏有高注云焉猶於此也淮南子作烏注又云烏猶安也是月也生氣方盛陽氣發泄牙者畢出萌者盡達不可以內牙記與淮南作句天子布德行惠命有司發倉窌高注云穿地曰窌記作廩賜貧窮振乏絕開府庫出幣帛周天下勉諸侯聘名士禮賢者是月也命司空曰時雨將降下水上騰循行國邑周視原野修利隄防導達溝瀆開通道路無有障塞田獵罝罘羅網畢翳餧獸之藥無出九門畢弋記作畢翳是月也命野虞無伐桑柘鳴鳩拂

降桑恰在時雨將降後於此可得古歷先穀雨後清明之故然而後世先後互易何也或是農事與蠶同時而耕重於織以穀雨爲定遂不覺移清明於前耳若謂清明上墓此是唐宋後事與周秦無涉

其羽戴任降于桑。記作戴勝淮南作戴鵀具挾曲篆筐。高注云挾讀曰揲三輔謂之揲關東謂之得曲薄也青徐謂之曲員底曰篆方底曰筐盧云篆疑是篆訛筥一作篋或亦作篆形近致誤記作具曲植籧筐淮南作具撲曲筥筐后妃齊戒。親東鄉躬桑。禁婦女無觀省。婦使勸蠶事。記作以勸蠶事既登。分繭稱絲效力。以共郊廟之服。無有敢墮。是月也命工師令百工審五庫之量。金鐵皮革筋角齒羽箭幹脂膠丹漆。無或不良。百工咸理。監工日號。無悖於時。無或作爲淫巧以蕩上心。是月之末。擇吉日大合樂。天子乃率三公九卿諸侯大夫親往視之。是月也乃合纍牛騰馬。游牝于牧。纍記作累淮南作縲犧牲駒犢。舉書其數。命國儺。九門磔禳以畢春氣。呂氏作國人儺盧云訛禳記作攘同行之是令而甘雨至三旬（淮南亦有此句記無下同按之字似衍）季春行冬令則寒氣時發草木皆肅國有大恐行夏令則民多疾疫時雨不降山陵不收行秋令則天多沉陰淫雨早降兵革並起

孟夏之月日在畢昏翼中旦婺女中其日丙丁其帝炎帝其神祝融其蟲羽其音徵律中中呂其數七其性禮其事視（此二句記無盧云餘月亦不具當是衍文）其味苦其臭焦其祀竈祭先肺螻蟈鳴蚯蚓出王瓜生苦菜秀天子居明堂左个乘朱輅駕赤騮載赤旂衣赤衣服赤玉食菽與雞其器高以觕（記作粗盧云音義同）是月也以立夏先立夏三日太史謁之天子曰某日立夏盛德在火天子乃齊立夏之日天子親率三公九卿

前漢書百官公卿表太尉秦官金印紫綬掌武事祿比丞相位在司徒上應劭曰自上安下曰尉武官悉以爲稱

大夫以迎夏於南郊。還、乃行賞。封侯慶賜。無不欣說。封侯慶賜記作封諸侯慶賜遂行 乃命樂師習合禮樂。命司馬、贊傑儁。遂賢良。舉長大。司馬呂氏春秋作太尉記亦因之盧云世多以太尉秦官故疑月令不出於周公嘗攷戴埴鼠璞謂太尉固秦官所命冢宰司徒司空司馬與太史樂正樂師澤人虞人四監之類皆周官也不韋不改改周司馬爲太尉耳蓋贊傑儁遂賢良與行爵出祿雖非太尉之職而設儀辨位進賢興功制畿內封則大司馬之任也云云則改太尉爲司馬正是周公之舊 行爵出祿。必當其位。是月也、繼長增高。無有壞墮。無起土功。無發大衆。無伐大樹。是月也、天子始絺。命野虞出行田原。勞農勸民。無或失時。勞農上記有爲天子三字 命司徒循行縣鄙。命農勉作。無伏于都。伏記作休 是月也、驅獸無害五穀。無大田獵。農乃升麥。記作登麥登升一也今呂氏本作收麥下又有升獻二字盧云升獻是小注誤作大書据此益見正文是升字下登穀亦同天子乃以彘嘗麥先薦寢廟是月也聚蓄百藥靡草死靡呂作縻麥秋至斷薄刑決小罪出輕繫蠶事既畢后妃獻繭乃收繭稅以桑爲均貴賤少長如一以給郊廟之祭服是月也天子飲酎用禮樂行之是令而甘雨至三旬孟夏行秋令則苦雨數來五穀不滋四鄙入保行冬令則草木早枯後乃大水敗其城郭行春令則蟲蝗爲敗暴風來格秀草不實記作蝗蟲爲災

仲夏之月日在東井昏亢中旦危中其日丙丁其帝炎帝其神祝融其蟲羽其音徵律中蕤賓其數七其味苦其臭焦其祀竈祭先肺小暑至螳蜋生鵙始鳴反舌無聲天子

居明堂太廟。乘朱輅。駕赤駵。載赤旂。衣赤衣。服赤玉。食菽與雞。其器高以觕。養壯狡。記作佼盧云音義同詩狡童毛傳云昭公有壯狡之志是月也。命樂師脩鞀鞞鼓。均琴瑟管簫。執干戚戈羽。調竽笙壎篪。飭鍾磬柷敔。壎篪記作笹簧命有司為民祈祀山川百原。大雩帝。用盛樂。乃命百縣雩祭。記無祭字祀百辟卿士有益於民者。以祈穀實。是月也。農乃登黍。天子以雛嘗黍。呂氏是月也在登黍下盧從戴記改羞以含桃。先薦寢廟。令民無刈藍以染。無燒炭。記作燒灰無暴布。門閭無閉。關市無索。挺重囚。益其食。游牝別其羣。則縶騰駒。班馬政。呂氏作馬正高注云掌馬之官今從戴記是月也。日長至。陰陽爭。死生分。君子齋戒。處必揜身。欲靜毋躁。止聲色。無或進薄滋味無致和退嗜欲定心志（欲靜二字記無又退作節志作氣）百官靜事無刑以定晏陰之所成鹿角解蟬始鳴半夏生木菫榮是月也無用火南方可以居高明可以遠眺望可以登山陵可以處臺榭仲夏行冬令則雹霰傷穀道路不通暴兵來至行春令則五穀晚熟百螣時起其國乃饑行秋令則草木零落果實早成民殃於疫

季夏之月日在柳昏心中（記作火中）旦奎中其日丙丁其帝炎帝其神祝融其蟲羽其音徵律中林鐘其數七其味苦其臭焦其祀竈祭先肺涼風始至（記作溫風）蟋蟀居宇（記作居壁）鷹乃學習腐草化為螢蚈（記無化字蚈字高注蚈馬蚿也讀如蹊徑之蹊幽州謂之秦渠一曰螢火）

也盧云淮南無螢字觀注語疑螢字係後人所增說文引明堂月令曰腐草爲蠲蠲螂蛢也。天子居明堂右个，乘朱輅，駕赤騮，載赤旂，衣朱衣，服赤玉，食菽與雞，其器高以觕。是月也，命漁師伐蛟、取鼉、升龜、取黿。呂氏命作令盧從記下命四監同乃命虞人入材葦。記作澤人是月也，命四監大夫合百縣之秩芻以養犧牲，記無夫字令民無不咸出其力以供皇天上帝名山大川四方之神，以祀宗廟社稷之靈，爲民祈福。記祀作祠又爲民上有以字是月也，命婦官染采黼黻文章，必以法故，無或差忒，黑黃蒼赤，莫不質良，勿敢僞詐，記作毋敢詐僞以給郊廟祭祀之服，以爲旗章，以別貴賤等級之度。是月也，樹木方盛，乃命虞人入山行木，無或斬伐，或記作有古通不可以興土功不可以合諸侯不可以起兵動衆無舉大事以搖蕩於氣記作以搖養氣無發令而干時以妨神農之事干時二字記作待水潦盛昌命神農將巡功舉大事則有天殃記無命字高注神農能殖嘉穀後世因以名官巡記作持是月也土潤溽暑大雨時行燒薙行水利以殺草如以熱湯可以糞田疇可以美土彊行之是令是月甘雨三至三旬二日記無此三句高注此云二日者陰晦朔日也月十日一雨凡二十日一雨一月中得二日耳故曰三旬二日季夏行春令則穀實解落國多風欬民乃遷徙解記作鮮行秋令則丘隰水潦禾稼不熟乃多女災行冬令則寒氣不時鷹隼早鷙四鄙入保寒氣記作風寒中央土其日戊己其帝黃帝其神后土其蟲倮其音宮律

外篇白露爲仲秋節先見於孟秋與小暑爲季夏節先見於仲夏蓋氣之先至本屬一樣若時訓中孟夏便言小暑至其氣過早恐不相應

中黃鐘之宮其數五其味甘其臭香其祀中霤祭先心天子居太廟太室乘大輅駕黃騮載黃旂衣黃衣服黃玉食稷與牛其氣圜以揜揜記作閎

孟秋之月日在翼昏斗中旦畢中呂氏孟秋之月下有長日至四旬六日又此句下有則立秋盧依戴記刪去斗中記作建星中其日庚辛其帝少皞其神蓐收其蟲毛其音商律中夷則其數九其味辛其臭腥其祀門祭先肝涼風至白露降寒蟬鳴鷹乃祭鳥始用行戮始用記倒天子居總章左个乘戎路駕白駱載白旂衣白衣服白玉食麻與犬其器廉以深是月也以立秋先立秋三日太史謁之天子曰某日立秋盛德在金天子乃齊立秋之日天子

親率三公九卿諸侯大夫以迎秋於西郊還乃賞軍率武
人於廟天子乃命將帥選士厲兵簡練桀儁專任有功以
征不義詰誅暴慢以明好惡巡彼遠方（巡記作順）是月也命有
司脩法制繕囹圄具桎梏禁止姦愼罪邪務搏執命理瞻
傷察創視折審斷決獄訟必端平（呂作正平）戮有罪嚴斷刑天
地始肅不可以贏是月也農乃升穀天子嘗新先薦寢廟
命百官始收斂完隄防謹壅塞以備水潦修宮室坿牆垣
補城郭（高云坿讀如符猶培也記作坯垣牆）是月也無以封諸侯立大官無
割土地行重幣出大使（封諸侯呂氏淮南皆無諸字盧從記下三句記作毋以割地行大使
出大幣盧從呂氏淮南）行之是令而涼風至三句孟秋行冬令則陰

氣大勝介蟲敗穀戎兵乃來行春令則其國乃旱陽氣復還五穀不實復還或作後還不實記作無實行夏令則國多火災寒熱不節民多瘧疾呂氏脫國字記有

仲秋之月日在角昏牽牛中旦觜巂中巂記作觿同其日庚辛其帝少皞其神蓐收其蟲毛其音商律中南呂其數九其味辛其臭腥其祀門祭先肝盲風至呂氏作涼風生盧云孟秋已云涼風至此月何得又云涼風生故從記改候鴈來玄鳥歸羣鳥養羞天子居總章太廟乘戎路駕白駱載白旂衣白衣服白玉食麻與犬其器廉以深是月也養衰老授几杖行麋粥飲食麋記作糜同乃命司服具飭衣裳文繡有恒制有小大度有短長記作長短衣服

外篇 坏或作坯可通者作培非是

有量必循其故冠帶有常乃命有司（呂無乃字）申嚴百刑斬殺必當無或枉橈枉橈不當反受其殃是月也乃命宰祝巡行犧牲（巡記作循同）視全具案芻豢瞻肥瘠察物色必比類量小大視長短皆中度五者備當上帝其享天子乃儺禦佐疾以通秋氣（高注禦止也佐疾療也記無此三字又通作達）以犬嘗麻先薦寢廟是月也可以築城郭建都邑穿竇窌修囷倉（窌記作窖）乃命有司趣民收斂務蓄菜多積聚乃勸種麥若或失時行罪無疑（若或失時本作無或失時記于此句下有其或失時四字方可轉入下句今既與記不同乃依盧氏據淮南改）是月也日夜分雷乃始收聲蟄蟲俯戶（記無乃字俯戶作坏戶）殺氣浸盛陽氣日衰水始涸日夜分則一度量平權衡正鈞石

齊斗甬。一記作同齊作角是月也，易關市，來商旅，入貨賄，以便民事，四方來雜，遠鄉皆至。入記作納雜記作集則財物不匱，記無物字淮南有物字無則字上無乏用，百事乃遂。凡舉事無逆天數，記作凡舉大事毋逆大數必順其時，乃因其類，乃記作慎行之是令。白露降三旬。仲秋行春令，則秋雨不降，草木生榮，國乃有恐。大恐呂作有行夏令，則其國乃旱，蟄蟲不藏，五穀復生。呂無乃字行冬令，則風災數起，收雷先行，草木早死。

季秋之月，日在房，昏虛中，旦柳中。其日庚辛，其帝少皞，其神蓐收，其蟲毛，其音商，律中無射，其數九，其味辛，其臭腥，其祀門，祭先肝。候鴈來賓，爵入大水爲蛤，菊有黃華，豺則祭獸戮禽（記候鴈作鴻鴈則作乃）天子居總章右个乘戎路駕白駱載白旂衣白衣服白玉食麻與犬其器廉以深是月也申嚴號令命百官貴賤無不務入以會天地之藏無有宣出（入記作內二字本通用淮南亦作入）乃命冢宰農事備收（呂無乃字）舉五種之要（記作五穀淮南同）藏帝藉之收於神倉祗敬必飭是月也霜始降則百工休乃命有司曰寒氣總至民力不堪其皆入室上丁命樂正入學習吹（呂氏淮南皆無命樂正）是月也大饗帝嘗犧牲告備于天子合諸侯制百縣（合呂作命淮南亦作合）為來歲受朔日與諸侯所稅於民輕重之法貢職之數以遠近土地所宜為度（或謂秦以十月為正故季秋即為來歲受朔日可見月令為秦制盧云天子頒朔於諸侯事當預為之豈

有將改歲而始頒朔哉孟冬云乃祈來年季冬云歲且更始雖以周爲子正而巡狩祭饗猶自夏焉安得遷以爲秦制乎

以給郊廟之事無有所私是月也天子乃教於田獵以習五戎獀馬記作頒馬政命僕及七騶咸駕載旍旐蔡邕云七當爲六周官天子馬六種種別有騶故知六騶左傳亦言六騶旍記作旌輿受車以級整設于屏外高注輿衆也記無此字受記作授淮南同司徒搢扑北嚮以誓之嚮記作面無以字誓淮南作贊天子乃厲服厲飾執弓操矢以射記無厲服叉操作挾射作獵淮南作厲服廣飾命主祠祭禽於四方是月也草木黃落乃伐薪爲炭蟄蟲咸俯在穴皆墐其戶穴記作內乃趣獄刑無留有罪收祿秩之不當者共養之不宜者上者字記及淮南皆無是月也天子乃以犬嘗稻先薦寢廟季秋行夏令則其國大水冬藏殃敗民

多鼽窒（室記作嚏）行冬令則國多盜賊邊境不寧土地分裂行春令則暖風來至民氣解墮師旅必興（墮記作惰淮南作隋並同師旅必興記作師興不居）

孟冬之月日在尾昏危中旦七星中其日壬癸其帝顓頊其神玄冥其蟲介其音羽律中應鍾其數六其味鹹其臭朽其祀行祭先腎水始冰地始凍雉入大水爲蜃虹藏不見天子居玄堂左个乘玄輅駕鐵驪載玄旂衣黑衣服玄玉食黍與彘其器宏以弇（記作閎以奄音義同）是月也以立冬先立冬三日太史謁之天子曰某日立冬盛德在水天子乃齊立冬之日天子親率三公九卿大夫以迎冬於北郊還乃

賞死事恤孤寡是月也命太卜禱祠龜策占兆審卦吉凶記作命太史釁龜筴云云淮南作命太祝禱祠神位占龜策審卦兆以察吉凶於是察阿上亂法者則罪之無有揜蔽記作是察阿黨則罪無有掩蔽盧云意亦畧同但此疑是呂氏增入淮南無是月也天子始裘命有司曰天氣上騰地氣下降天地不通閉塞而成冬呂氏無塞字時訓解亦有命百官謹蓋藏命司徒循行積聚無有不斂司徒記作有司疑此誤坿城郭坿記作坏戒門閭修楗閉慎關籥固封璽記楗作鍵關作管璽作疆備邊境完要塞謹關梁塞蹊徑蹊徑作徯飭喪紀辨衣裳審棺槨之厚薄營丘壟之小大高卑薄厚之度貴賤之等級營記作塋又小大厚薄俱倒是月也工師效功記作命工師淮南與此同陳祭器案度程無或作爲淫巧以蕩上

心必功致爲上物勒工名以考其誠工有不當必行其罪以窮其情次工字記作功是月也大飲烝天子乃祈來年于天宗大割祠于公社及門閭饗先祖五祀勞農夫以休息之盧云大割下或有牲字係衍文高注大割殺牲也則本無牲字可知記亦詞饗先祖或作饗禱祖誤高注先祠公社乃及門閭先公後私之義也記作臘先祖無夫字淮南有天子乃命將帥講武肄射御角力肄記作習是月也乃命水虞漁師收水泉池澤之賦無或敢侵削衆庶兆民以爲天子取怨于下其有若此者行罪無赦孟冬行春令則凍閉不密地氣發泄民多流亡發泄記作上泄行夏令則國多暴風方冬不寒蟄蟲復出行秋令則雪霜不時小兵時起土地侵削

按鄭漁仲云呂不韋作月令蓋欲爲秦典故祭祀官名不純於周後世明知其書出於秦猶且曰月令爲周制據此可見禮記之月令即周書之月令今依盧本以呂覽十二紀補此篇仍從盧氏改太尉作司馬改臘作饗庶復周書之舊

仲冬之月日在斗昏東壁中旦軫中其日壬癸其帝顓頊其神玄冥其蟲介其音羽律中黃鐘其數六其味鹹其臭朽其祀行祭先腎冰益壯地始坼鶡鴠不鳴虎始交天子居玄堂太廟乘玄輅駕鐵驪載玄旂衣黑衣服玄玉食黍與彘其器宏以弇飭死事呂氏無此盧從記增命有司曰土事無作無發蓋藏無起大衆以固而閉發蓋藏起大衆地氣且泄是謂發天地之房上事無作下記作愼毋發蓋毋發室屋及起大衆以固而閉無下發蓋藏起大衆六字且泄作沮泄諸蟄則死民多疾疫多記作必又隨以喪命之曰暢月是月也命閹尹申宮令審門閭謹房室必重閉蔡邕云閽當作閹閹尹內官宮中之門曰閹閹尹之職也閭里門非閹尹所主省婦事無得淫雖有貴戚

近習無有不察（察記作禁）乃命大酋秫稻必齊麴蘖必時湛饎必潔（饎記作熾）水泉必香陶氣必良火齊必得兼用六物大酋監之無有差忒天子乃命有司祈祀四海大川名原淵澤井泉（記無乃字呂及淮南皆有）是月也農有不收藏積聚者牛馬畜獸有放佚者取之不詰山林藪澤有能取蔬食田獵禽獸者野虞教導之其有相侵奪者罪之不赦（相字呂無記及淮南皆有）是月也日短至陰陽爭諸生蕩君子齊戒處必弇（記作處必揜身）身欲寧去聲色禁嗜慾安形性事欲靜以待陰陽之所定芸始生荔挺出蚯蚓結麋角解水泉動日短至則伐林木取竹箭（記無林字淮南作樹木）是月也可以罷官之無事者（記無者字）去器之

按二十四節之名備中除四立二分二至文雨水小暑白露外餘皆不多見豈或闕之與蓋此諸與時訓分詳略詒各條亦只散見於其月而不限[illegible]以五日[illegible]是不必言前人皆噫爲之說皆謂節氣詳於三統曆而不知實始於此書且此其亦必先有

無用者塗闕庭門閭（記庭作廷）築囹圄此所以助天地之閉藏也（記無所字）仲冬行夏令則其國乃旱氛霧冥冥雷乃發聲行秋令則天時雨汁瓜瓠不成國有大兵行春令則蟲螟爲敗水泉減竭民多疾癘（記蟲螟作蝗蟲減作咸疾癘作疥癘）

季冬之月日在婺女昏婁中旦氐中其日壬癸其帝顓頊其神玄冥其蟲介其音羽律中大呂其數六其味鹹其臭朽其祀行祭先腎鴈北鄉鵲始巢雉雊雞乳天子居玄堂右个乘玄輅駕鐵驪載玄旂衣黑衣服玄玉食黍與彘其器宏以弇命有司大儺旁磔出土牛以送寒氣征鳥厲疾乃畢行山川之祀及帝之大臣天地之神祇（行字地字記無）是月

所承也

洛恭按欽定禮記義疏凡例云月令一篇諸家所論得失不同今採[illegible][illegible]時訓[illegible]

也。命漁師始漁。天子親往。乃嘗魚。先薦寢廟。冰方盛。水澤腹堅。呂作水澤復無堅字高注復亦盛也或作複凍重累也洛按呂氏當是譌脫盧據時訓解改與記同今從之。命取冰。冰已入。已記作以令告民出五種。命司農計耦耕事。修耒耜。具田器。記無司字命樂師大合吹而罷。乃命四監收秩薪柴。以供寢廟及百祀之薪燎。寢廟記作郊廟是月也。日窮于次。月窮于紀。星迴于天。數將幾終。歲且更始。專於農民。無有所使。且呂氏亦作將今從記於記作而天子乃與公卿大夫飭國典。論時令。以待來歲之宜。呂無公字記及淮南皆有乃命太史次諸侯之列。賦之犧牲。以供皇天上帝社稷之享。乃命同姓之邦。共寢廟之芻豢。命宰歷卿大夫至于庶民土田之數。而賦之犧牲。

不韋書淮南子及唐月令各附於下讀此足見月令時訓互相發明此書之月令雖闕而以時訓校之固是二是一也洛嘗因太平御覽書目中周書時訓有兩條疑月令其初亦名時訓另有說見撫訂上

浮山云諡法起則人自恥爲惡諡法行則人益務好名蓋制刑所以絶乎小人之路而制諡所以堅其君子之心周公之爲天下後世慮深矣洛按後世但知諡法爲周

以供山林名川之祀凡在天下九州之民者無不咸獻其力以供皇天上帝社稷寢廟山林名川之祀行之是令此謂一終三旬二日季冬行秋令則白露蚤降介蟲爲妖四鄰入保（記作四鄙）行春令則胎夭多傷國多固疾命之曰逆行夏令則水潦敗國時雪不降冰凍消釋

諡法解第五十四

維周公旦太公望開嗣王業建功于牧之野終將葬乃制諡遂敘諡法（舊作攻于牧野之中終葬乃制諡敘法盧據史正義及通鑑前編改正盧又云王伯厚困學紀聞曰周書諡法惟三月既生魄周公旦太師望相嗣王發既賦憲受臚于牧之野將葬乃制作諡劉彦和雕龍哀弔篇其首云賦憲之諡蓋本此今所傳周書與六家諡法所載不同蓋今本缺誤）諡者行之迹也

公所定而篇首却以太公并言則知創制立法太公與周公同才範圍曲成太公與周公同心皆聖人也孟子言見知以統于文王不及周公而必首太公也有以夫

號者功之表也。車服者位之章也。車服者字舊脫盧据魏書甄琛傳所引及正義前編增【注】古者有大功、則賜之善號以爲稱也、舊無賜之二字又稱作福盧從正義增改陳云福義亦通如惟辟作福之福或疑是副字亦可備一說是以大行受大名。細行受細名。行出於己。名生於人。【注】名謂號謚、民無能名曰神。舊作一人無名曰神盧依正義改【注】不名壹善、稱善賦簡曰聖。舊是稱善口間曰聖盧云闕處當是無字所謂禹吾無間然方與聖相稱今依正義前編補改正義稱作揚前編注賦一作副【注】所稱得人、所善得實、所賦得簡、盧云注亦難解敬賓厚禮曰聖。【注】聖於禮也、正義作厚於禮德象天地曰帝。【注】同於天地、注天地正義作天帝靜民則法曰皇。【注】靜、安、正義靜作靖注同二字本通論衡獨斷皇並作黃故黃帝亦作皇帝古通仁義所在曰王。在正義作往【注】民往歸之、賞慶刑威曰君。

外篇 解通懈晉書郭奕傳作一德不懈

外篇 史記正義改博厚爲博聞大約

【注】能行四者、從之成羣曰君○【注】民從之也、舊以此注接王下脫去注及正文共二十字盧据正義補盧又云左昭廿八年成鱄論文王九德此篇皆備賞慶刑威曰君亦共一也立制及衆曰公○【注】志無私也、執應八方曰侯○【注】所執行、八方應之也、壹德不解曰簡○左昭廿二年正義德作意【注】壹不委曲、平易不疵曰簡○【注】疵、多病也、疵正義作訾注曰不信訾毀盧云此注多字衍正義注不信字亦有訛○盧云諡有美有平有惡此簡字不優於文而列於文前蓋篇中錯簡多矣史記正義本作兩排首排盡然後及次排如後漢書馬武傳後所列雲臺諸將亦是兩重排列上重首鄧禹次吳漢賈復下重首馬成次王梁陳俊蓋古法也後人不知改兩排爲一排以一上一下爲次正義與後漢書皆同此錯然正義中間又有爲後人紊亂及脫漏者今亦不能考之以復其舊而簡諡在恭欽定襄之前則固灼然可尋也經緯天地曰文○【注】成其道也、道德博聞曰文○聞舊作厚盧從正義改【注】無不知之、學勤好問曰

因有無不知之之注然徧考諸書皆曰博厚宜仍之阮芸臺論語挍勘記亦曰周書本作厚

文。注不恥下問、慈惠愛民曰文。注惠以成政也、政舊作文盧從正義改愍民惠禮曰文。注惠而有禮、舊作以禮安人錫民爵位曰文。注舉可舉也、正義作與同升也謝云注不恥下問與同升二語直以論語作解反不包括剛彊理直曰武。理直舊倒盧据北史于忠傳改白虎通引禮記謚法作彊理勁直曰武注剛無欲、彊不撓理忠恕、直無曲也、正義撓作屈下二句作懷忠恕正曲直盧云文雖訛而理在直上亦可證威彊叡德曰武。注恩有德者叡也、正義叡作敵注云與有德者敵訛克定禍亂曰武。注以兵征故能定、正義征作往刑民克服曰武。注法以正民能使服、以舊脫盧從正義增夸志多窮曰武。夸舊是大盧從正義注大志行兵、多所窮極、極舊作也盧從正義前編敬事供上曰恭。注供、奉也、尊賢貴義曰恭。注尊事賢人、寵貴義士、尊賢敬讓曰恭、

【注】敬有德讓有功。既過能改曰恭。【注】言自知也。執事堅固曰恭。【注】守正不移。愛民長弟曰恭。弟[illegible]作[illegible]盧從正義改前編作愛人悌長【注】順長接弟。接或作按盧云二字俱誤執禮御賓曰恭。【注】迎待賓也。正文御舊作敬盧從正義前編改玩注亦是釋御字芘親之闕曰恭。芘同庇莊子人間世隱將芘其所賴【注】脩德以蓋之也。尊賢讓善曰恭。【注】不專己善推于人也。淵源流通曰康。【注】性無所忌也。盧云正義以文武成康穆昭爲次其淵源流通曰康在溫柔好樂曰康三句之前今錯簡於此改康爲恭非本文也又書正義引作淵源流通曰禹按獨斷有堯舜禹湯之謚史正義僅有除殘去虐曰湯一謚此並無之但書湯誓釋文引馬融之說謂禹湯不在謚法中故今亦闕之照臨四方曰明。【注】以明照之。譖訴不行曰明。【注】逆知之故不行。威儀悉備曰欽。馬融引此悉備作表備【注】威則可畏儀則

晉書范宏之傳言謚法因事有功曰襄

可象。大慮靜民曰定。靜民前編作慈仁。[illegible]思樹惠也。安民大慮曰定。[illegible]以慮安民。安民法古曰定。[illegible]不失舊意也。純行不二曰定。正義作爽。[illegible]不傷。諫爭不威曰德。諫爭舊誤謀慮盧改[illegible]不以威拒諫也。正義此下有綏柔士民曰德注安民以居安士以事。辟地有德曰襄。[illegible]取之以義。甲胄有勞曰襄。[illegible]言亟征伐。有伐而還曰釐。前編正義伐俱作罰[illegible]知難而退。質淵受諫曰釐。[illegible]深故能受。正義有小心畏忌曰僖僖與釐本適注云思所當忌。博聞多能曰憲。聞前編作文憲哲作獻盧以正義博文多能曰憲在夏順二謚之後不與獻謚相比近故改[illegible]雖多能不至大道。聰明叡哲曰獻。[illegible]有通知之聰也。正義又有知質有學曰獻注云有所通而無蔽[illegible]曰懿。正義作賢善行闕[illegible]性純淑也。[illegible]宗安之曰孝。[illegible]五世之宗也。

晉書周處傳秉德作執德

慈惠愛親曰孝。孝舊作蠹與蠹謚一類盧云慈惠愛親於孝義爲允於蠹義太澗正義作孝且在此處故從之魏書甄琛傳云慈惠愛民曰孝而北史避唐諱則改民爲人【注】言周愛親族也、協時肇享曰孝。【注】協、合、肇、始也、常如始、秉德不回曰孝。【注】順於德而不違、違舊作逆盧改大慮行節曰考。考舊作孝盧改【注】言成其節、盧云正義此句在威祈二字之後不與孝謚相連而今本作孝蓋傳寫之訛也公羊隱元年疏引此作考考成也正與此注合執心克莊曰齊。【注】能自嚴也、資輔供就曰齊。【注】有所輔而共成也、正義注作資輔佐而共成豐年好樂曰康。豐舊作溫年正義作柔前編作良盧据注改作豐年【注】好豐年、勤民事、安樂撫民曰康。【注】無四方之虞、令民安樂曰康。正義令作合【注】富而教之、安民立政曰成。【注】政以安之、正義之作定布德執義曰穆。【注】穆、純也、中情見貌曰穆。【注】性公露也。按露疑訛 敏以敬順曰頃。正義順作慎注同二字通 【注】疾於所敬順也。舊作無所不敬順也非敏字意今從盧改盧云左昭八年正義有祗勤追懼曰頃不見此書 昭德有勞曰昭。【注】能勞謙也。昭德前編作明德注謙正義作謹 容儀恭美曰昭。此條舊在後園宣二謚之上而昭又作勝盧云此條正義在昭德上前編在明德下俱作昭故改而移此後勝謚則削之左氏釋文及正義並引作威儀恭明曰昭 【注】有儀可象、行恭可美。聖聞周達曰昭。聞舊作文盧据獨斷改獨斷周達作宣遠 【注】聖聞、通洽也。洽舊訛治盧改 保民耆艾曰胡。【注】六十曰耆、七十曰艾。彌年壽考曰胡。【注】大其年也。盧云胡訓大也正義注作久非 彊毅果敢曰剛。【注】彊於仁義、致果曰毅。追補前過曰剛。【注】勤善以補過也。勤舊訛勸 柔德考衆曰靜。魏書源懷傳柔直考終曰靖按德古作悳直乃悳訛也終以音訛靖與靜通 【注】成衆使安也。

按玩此注則正義作安衆亦不大謬 恭己鮮言曰靜。【注】恭己正身、少言而中、恭舊作供注同盧改 寬樂令終曰靜。【注】性寬樂義、以善自終、治而無眚曰平。無眚舊誤清省盧改【注】無失闕之病也、正義注作無災罪也 執事有制曰平。【注】不任意也、舊作在位意也盧改 平 布綱治紀曰平。左昭廿二年正義治作持【注】施之政事、由義而濟曰景。【注】用義而成也、布義行剛曰景。【注】以剛行義也、耆意大慮曰景。獨斷作致志大圖【注】耆、強也、此條舊脫盧據正義前編增前編云耆者如耆定爾功之耆謂意所期指也 清白守節曰貞。獨斷守節作自守【注】行清白、執志固也、白舊訛自 大慮克就曰貞。【注】坦然無私也、猛以剛果曰威。【注】猛則少寬、果敢行也、猛舊作彊注作彊甚於剛也盧云係因下注而誤故從正義改 猛以彊果曰威。【注】彊甚於剛也、注首舊衍亦字彊毅信正曰威。正義作彊義執正【注】信正、言無邪也、盧云正義此下有治典不殺曰祁注曰秉常不衰此脫去祁獨斷作祈或作震左莊六年正義作經典不易曰祁辟土服遠曰桓。【注】以武正定、。克敬勤民曰桓。勤正義作動盧從前編【注】敬以使之、辟土兼國曰桓。【注】兼人故啟土也、舊以此作辟土服遠之注脫去以武正定以下二十字盧據正義前編增。道德純一曰思。馬融引作純備【注】道大而德一也、大省兆民曰思。大省舊作不眚盧從正義前編【注】大親民而不殺、外內思索曰思。【注】言求善也、追悔前過曰思。【注】思而能改也、柔質慈民曰惠。【注】知其性也、按此注不確似有誤愛民好與曰惠。【注】與謂施也、舊脫此兩條盧本正義前編增下條又見獨斷及魏書源懷傳柔質受諫曰慧。受正義作愛慧舊作惠盧云二字雖通然與惠諡連文則易混故改【注】以虛受人、舊作以惠愛惠盧據正義改○盧云正義惠謚二條在敬鼎之上慧謚在質良之上本不附近前編始合置一處蓋由誤認慧爲惠也能思辯衆曰元。【注】別之使各有次也、行義說民曰元【注】民說其義、始建國都曰元。左昭十年正義始作好【注】非善之長何以始之、主義行德曰元。【注】以義爲主行德政也、兵甲亟作曰莊。【注】以數征爲嚴、叡圉克服曰莊。【注】通邊圉能使服也、能使舊倒勝敵志强曰莊。左釋文志强作克鳳正義作克壯【注】不撓故勝、舊脫此條盧據正義增死於原野曰莊。【注】非嚴何以死難、屢征殺伐曰莊。前編作屢行征伐【注】以嚴釐之、武而不遂曰莊。【注】武功不成、克殺秉政曰夷。【注】秉政不任賢也。正義政作正注同盧云秉讀若柄安心好靜曰夷。左僖廿八年正義作安民好靖【注】不爽正也、洛按此注似是上句秉政之注蓋政原與正通也而上注不任賢語亦于

（本句好靜之義爲近恐上下以相連而互誤）執義揚善曰懷【注】稱人之善、慈仁短折曰懷【注】短未六十、折未三十、○夙夜警戒曰敬【注】敬身思戒、（思戒正義作急成非）夙夜恭事曰敬【注】敬以莅事也、○象方益平曰敬【注】法之以常而加敬也、（舊錯倒難解盧依何本倒正盧云正義脫此條故二烈○○謚相連不隔想是傳寫者誤耳）善合法典曰敬（善合舊倒盧從前編）【注】非敬何以善之、（之舊作也盧從正義）述義不克曰丁○【注】不能成義、迷而不悌曰丁（迷舊作述盧從前編）【注】不悌、不遜順也、（正義脫此條）有功安民曰烈○【注】以武立功、秉德遵業曰烈○【注】遵世業不隳墮、剛克爲伐曰翼○【注】伐功也、思慮深遠曰翼○【注】好遠思任能也、（正義注作小心翼翼）剛德克就曰肅○【注】成其敬使爲終、（舊作成其不正義欲使爲就訛）執心決斷曰

○肅〔注〕言嚴果也、愛民好治曰戴〔注〕好民治也、典禮不愆曰

戴愆正義作㥶前編作㥶音義同〔注〕無過、注舊闕盧据正義補死而志成曰靈〔注〕立

志不懈命也、亂而不損曰靈〔注〕不能以治損亂、舊無損亂二字盧從

正義極知鬼神曰靈〔注〕其智能聰徹也、不勤成名曰靈〔注〕任

本性不見賢思齊、死見神能曰靈舊作鬼能盧改〔注〕有鬼不爲厲、

舊無不字盧改好祭鬼神曰靈〔注〕瀆鬼神不能遠也、盧本作敬遠今從周本

短折不成曰殤〔注〕有知而夭殤也、未家短折曰殤〔注〕未家

者未室家也、正義殤作傷不與上係相連注作未娶也不顯尸國曰隱左釋文作不尸

其國〔注〕以闇主國也、隱拂不成曰隱前編作隱括〔注〕言其隱拂改

其性也、正義注作不以隱括改其性獨斷作違拂正義又有見美堅長曰隱注云美過其令年中早

天曰悼。前編作中年 [illegible] 年不稱志、稱舊作肆盧改 肆行勞祀曰悼。穀梁定元年疏引作肆行勞神曰暢 [illegible] 放心勞於淫祀、言不修德也、放心舊作縱於心盧改刪

恐懼從處曰悼。[illegible] 從處言險地也、險舊闕從盧補蓋處險地則有恐懼之心也地盧作地非

不思忘愛曰刺。[illegible] 忘其愛已者也、愎佷遂過曰刺。[illegible] 去諫曰愎、反是曰佷、佷作去應作拒

外內從亂曰荒。前編從作縱 [illegible] 官不治家不理、好樂怠政曰荒。顏師古引此荒作慷 [illegible] 淫於聲色、怠於政事、

在國逢難曰愍。[illegible] 逢兵寇之事也、使民折傷曰愍。折正義前編俱作悲、盧云非是 [illegible] 苛政賊害、

在國連憂曰愍。[illegible] 仍多大喪、盧云正義前編俱作殤非注仍字正釋連字、禍亂方作曰愍。[illegible] 國無政、動長亂、前編疏此條、

蚤孤短折曰哀。[illegible] 早者未知人[illegible] 恭仁短折曰哀 [illegible]

洛按鄭漁仲言謚法無惡謚孟子幽厲之論甚嚴以儆惕將若謂幽之爲言隱也厲之爲言傷也皆可作美謚稱考但此書壅遏不通曰幽及下文殺戮無辜曰厲而得以爲美乎則知漁仲亦一偏之見

恭質仁、功未施也、蚤孤鋪位曰幽。注鋪位、即位而卒也、舊本正文鋪作有注鋪位作有喪盧從正義改壅遏不通曰幽。高誘引作壅遏不達蘇明允謚法作壅遏不達注弱損不凌也。盧云注訛洛按此與蚤孤短折之注彼此互換則意義比附矣凌字舊只空圍不知盧氏何據此等字正當闕疑動祭亂常曰幽。注易神之班、克威捷行曰魏。注有威而敏行、克威惠禮曰魏。注雖威不逆禮也、去禮遠衆曰煬。注不率禮、不親民、民舊訛長今從盧改好內遠禮曰煬。注朋淫于家、不奉禮、好內怠政曰煬。注好內多淫、外則荒政、好內舊倒盧改舊本以此作去禮遠衆之注脫去不率禮以下二十五字而正義有遠禮一條前編有怠政一條盧氏並据以補此盧云觀此注明是好內怠政之注其爲本有可知或傳寫者遺脫耳甄心動懼曰頃。字典引此甄作醜頭舊是甄注甄、積也、盧云前有敏以敬順曰頃正義本與此條相連舊本誤頃爲甄故錯簡於此。○威德剛武曰圉【注】圉、禦也、能禦亂患也、聖善周聞曰宣【注】聞、謂所聞善事也、治民克盡曰使○使舊闕盧据正義前編眀允謚法補字與引出猶有嚴篤無私四字【注】克盡無恩惠也、按使字尚是好謚而注語說成不好或是無遺恩惠而誤脫一遺字耳行見中外曰慤○【注】言表裏如一也、勝敵壯志曰勇○正義作[illegible]敵志○彊曰莊【注】不撓折、正義此條原與莊謚相連此誤莊爲勇故列此昭功寧民曰商【注】明有功者也、狀古述今曰譽○【注】立言之稱、舊作言直人稱盧改心能制義曰度○度舊訛庶盧從正義改亦與左傳合【注】制事得宜、好和不爭曰安○【注】失在少斷、正義作生而少斷○外內貞復曰白前編外作分【注】正而復終始一也、不生其國曰聲○【注】生於外家、殺戮無辜曰厲○【注】賊𡩋善人、官人應實曰知○前編應實倒【注】能、官人也。凶年無穀曰糠。【注】不務稼穡。漢書諸侯王表有中山糠王昆侈，則謚法之有糠明矣。師古注引好樂怠政曰糠，則與前荒謚相同。盧云：美謚中有豐年好樂曰康，此糠為惡謚，正與相反。古者三年耕必有一年之食，上苟勤於其事，則縱怠自當有備，凶歲亦不能為災。糠之為言虛也，注曰不務稼穡，深得制謚之旨。師古所引或誤記耳。若謂後人譌入，則糠虛也又見下文。人固有好紛亂典籍者，於理未必謬誤至此。至正義亦以糠作荒，乃以二謚相次比而致誤也。名實不爽曰質。【注】不爽，言相應也。不悔前過曰戾。【注】知而不改。溫良好樂曰良。【注】言其行可好可樂也。舊作言人行，盧改。怙威肆行曰醜。【注】肆意行威。德正應和曰莫。【注】正其德，應其和。此條舊脫，盧據正義增。盧云：此亦成鱄所論九德之一。勤施無私曰類。舊作勤政，正義作施勤，盧從左傳。【注】無私，惟義所在。盧云：此二條及下諸美謚當本在前，不與惡謚雜列，但今皆錯亂，難以考復矣。好變動民曰躁。【注】數移徙也。慈和徧服曰順。注能使人皆服其慈和。滿志多窮曰感。注自足者必不足也。正義前編感俱作惑盧云感古憾字注語於憾義正合危身奉上曰忠。注險不辭勞也。勞盧本作難今從周本思慮果遠曰趧。果舊作深趧盧云當作悍注自任多近於專。洛按正義趧作明則舊作深遠義勝但玩注語頗與明義不的故從盧氏息政外交曰攜。獨斷息作急攜舊訛推盧據獨斷改注不自明而恃外也。正義脫此條疏遠繼位曰紹。注非其次第、偶得之也。彰義掩過曰堅。注明義以蓋前過。肇敏行成曰直。注始疾行成、言不深也。疾速也蓋是欲速成之咎內外賓服曰正。注言以正服之。華言無實曰夸。注恢誕。盧云注有脫字洛按舊只五个方圍并無恢誕字樣不知盧本何據教誨不倦曰長。注以道教之也。愛民在刑曰克。注道之以政、齊

列篇上已言辟地有德曰襄又言辟土服遠曰桓此處疑重出正義無爲

之以刑嗇於賜與曰愛〔注〕言貪悋也逆天虐民曰抗（抗舊作煬）

（盧云煬謚已見前此據正義前編改）〔注〕所尊天而逆天（按所應是不尚遺虐民一層正義注作背

尊大而逆之更訛）好廉自克曰節〔注〕自勝其情欲也（盧云克勝也舊作自節以

情欲也非）擇善而從曰比〔注〕比方善而從之好更改舊曰易〔注〕

變故改常名與實爽曰繆〔注〕言名美而實傷思厚不爽曰

愿（正義作思慮不爽曰厚前編亦作厚惟思慮訛作思過）〔注〕不差所思而得也直心

大度曰匡〔注〕心正而用察少（舊作心正而明察也盧改）隱哀之方景武

之方也（舊脫方景武之方五字盧從前編增正義作隱哀也景武也）施爲文也〔注〕施德

除爲武也（前編除爲作除亂蘇明允所引同此）〔注〕除惡（正義直作施德爲文除惡爲武）辟地

爲襄服遠爲桓（服舊作視桓作恒盧改）剛克爲發柔克爲懿（發與伐同蘇明

發至有過十二字有過疑有過誤

外篇遵循也正義作尊修也又無乂治也康安也服敗也寒過也等句式法也式作武提克也只速也二字載事也彌久也無二也字久又作文皆

允引此作伐履正爲莊。有過爲僖。施而不成爲宣。惠無內德爲平。二爲字舊作曰又平作獻皆盧改〔注〕無內德、惠不成也、此下舊有治而無眚爲平亂而不損爲靈由義而濟爲景三句盧以重出刪去今從之正義亦有後二句失志無轉、則以其明、前編云失志一作失志正義總無此八字餘皆象也。〔注〕以其明所及爲諡、象謂象其事行也、盧改作以其所爲諡象其事行也今從舊本按無轉之轉疑傳訛經意猶言德業無所表見不足傳之銘誌則以其心偶明白者諡之除此以外凡美惡則皆象其事實也如此解原注甚協和、會也。勤、勞也。遵、循也。爽、傷也。肇、始也。乂、治也。康、安也。怙、恃也、祀也。胡、大也。服、敗也。敗盧疑是伏秉、順也。秉舊作康盧云康安也纔見上故從正義改但順字亦可疑就、會也。寒、過也。錫、與也。典、常也。肆、放也。穢、虛也。叡、聖也。惠、愛也。綏、安也。堅、長也。耆、彊也。考、成也。周、至也。懷、

浮山云此篇亦畧具于戴記之第十二自封周公曲阜以下未免數張太過蓋周公

正義誤

思也。式法也。布施也。此句舊脫盧從正義增敏疾也。捷克也。載事也。

彌久也。盧云自和會也以下皆廣訓篇內字義非盡謚也此篇及史記正義皆爲後人所淆亂前編所載其去俗本無幾矣正義序云以前周書謚法周代君王並取作謚故全寫一篇以傳後學可見正義所錄實出周書今故取以訂訛補闕云

明堂解第五十五

按蔡邕論牛宏傳俱稱明堂月令似二篇本屬一篇今觀其書月令乃授時之政明堂乃朝見之位次各不相蒙因想其室蓋析言之爲青陽明堂總章玄堂台言之則曰明堂原只一地而授時朝見皆在於此故作書必析爲二而論者猶可併稱之也說文繫傳徐氏曰明堂月令卽令禮記未刪定之前也古天子居明堂布政每月告朔班一月之政令故曰明堂月令

大維商紂暴虐。脯鬼侯以享諸侯。天下患之。四海兆民欣戴文武。是以周公相武王以伐紂。夷定天下。既克紂六年

有大勲勞乃臣子之分所當然成王賜以天子禮樂雖曰異數實貽公以心所不安故戴記雖極俊爽不如此書简括最爲有識

而武王崩成王嗣幼弱未能踐天子之位周公攝政君天下。按君是擔荷之意蓋以天下爲己任也與假王之說不同弭亂六年而天下大治乃會方國諸侯于宗周大朝諸侯明堂之位天子之位負斧扆南面立宰公卿士侍于左右三公之位中階之前北面東上諸侯之位阼階之東西面北上諸伯之位西階之西東面北上諸子之位門內之東北面東上諸男之位門內之西北面東上九夷之國東門之外西面北上八蠻之國南門之外北面東上六戎之國西門之外東面南上五狄之國北門之外南面東上四塞九采之國世告至者應門之外北面東上宗周明堂之位也明堂明諸侯之尊卑也

故周公建焉而朝諸侯於明堂之位。制禮作樂。須度量而天下大服。萬國各致其方賄。七年致政於成王。政一本作位

明堂方百一十二尺，高四尺，階廣六尺三寸，室居中方百尺，室中方六十尺，戶高八尺，廣四尺，東應門，南庫門，西皋門，北雉門。東方曰青陽，南方曰明堂，西方曰總章，北方曰玄堂，中央曰太廟。左爲左介，右爲右介。盧云御覽五百三十三引周書明堂云云，實此之闕文，故取以繫於後。自戶高八尺廣四尺以上，亦見隋書宇文愷傳，避諱中作內，廣作博。洛按隋書牛宏傳云：堂方一百四十四尺，屋圓楣徑二百一十六尺，太室方六丈，通天屋徑九丈，八闥二十八柱，堂方三尺，四向五色，依周書月令論。按明堂之制，竊謂三夏所居之明堂，即此明堂，故附錄於此。介，月令作个。陳云：徐鉉謂个不見義，無以下筆，明堂左右个當作介，蓋本此。

洛按月令斷薄刑決小罪出輕繫恰當嘗麥之月是時殷亂方平成王因嘗麥遂欲正刑書使民不敢玩法非徒定新朝之制也蓋安益求安與辟以止辟之心均寓焉

列篇此太宗少宗少祕謂昔之賢而歿已祭于社者與下文所稱不同九州牧伯咸進句便見無官不進下文太祝太宗少宗少祕俱包在內執筴尊中二句明明大正前亦有一筴書闕本筴告太宗句緊跟以王命下語

嘗麥解第五十六

維四年孟夏王初祈禱于宗廟乃嘗麥于太祖盧云御覽八百三十八引曰王初祈禱於岱宗乃嘗麥於廟汲郡古文謂成王四年正月初朝于廟夏四月初嘗麥是月王命大正正刑書爽明僕告既駕少祝導王亞祝迎王降階即假于太宗少宗少祕于社各牡羊一牡豕三惠半農云太宗少宗即大宗伯少宗伯也少祕疑即小史梁曜北云太宗顧命有之史導王于北階王陟階在東序乃命太史與大正即居于戶西南向與舊訛尚九州牧伯咸進在中西向牧舊闕宰乃承王中升自客階承奉也作筴按魯語藏文仲聞柳下季之言使書以爲三筴註筴簡書也此筴字作此解執筴從中宰坐尊中于大正之前太祝以王命作筴筴告太宗王命少宗祕作筴

慈自明

洛按呂刑劈頭從蚩尤始作亂說起又曰乃命三后恤功于民云云與此篇恰合可見穆王即本於成王也

外篇或據紀年沈約注少昊清有居西方語謂此處以臨四方亦宜作西方但彼言少昊此言蚩尤不必牽合

少宗舊闕据上文諸官由大及小次序補之祕不稱少省文也**許諾。乃北向繇書于兩楹之間。**舊作內楹之門盧從沈改。按一作筴言王將筴作刑書也次作筴則太祝以王命告諸臣也三作筴則王命少宗少祕書之於策也其必俟宗祕許諾而後繇書者示無私也**王若曰、宗祕大正。**祕舊誤揜**昔天之初。誕作二后。**誕舊闕據蔡中郎集胡黃二公贊中誕育二后語補按二后即下文赤帝黃帝作　郎作之君之作**乃設建典命赤帝分正二卿。**按二卿指重黎呂刑所謂乃命重黎是。也**命蚩尤宇于少昊。**宇于舊倒本路史命蚩尤宇于少顥句改昊顥通用**以臨四方司□□上天未成之慶。蚩尤乃逐帝爭于涿鹿之河。九隅無遺**河或云當作阿梁處素云据史記五帝紀註涿鹿山名阪泉地名。一名黃帝泉至涿鹿與涿水合蓋所謂涿鹿之河也河字不誤。**赤帝大懾。乃說于黃帝執蚩尤殺之于中冀以甲兵釋怒用大正順天思序紀于天帝。**天舊作大盧疑是太

鄭環曰黃帝殺蚩尤時清爲司馬師其屬居其地以正五行之官少昊司馬本其初而言烏師要其後而言正五行之官舉其職而言

常訛洛按若作太常則上下文氣全不相屬當是天帝思序紀于天帝猶言正天帝之四時五行也用名之曰絕轡之野。乃命少昊清、清舊訛請盧云清少昊名見張衡集路史引此亦作清司馬烏師、以正五帝之官。詳見左昭十七年郯子來朝傳故名曰質。按清登帝位復名質左傳世紀作摯摯同若作挈槷絜皆形近致誤天用大成。至于今不亂。成或作戒其在啟之五子。忘伯禹之命。假國無正。用胥興作亂。遂凶厥國。皇天哀禹。賜以彭壽。思正夏略。啟舊誤殷盧氏改作夏今按啟字尤形近竹書帝啟十一年放王季子武觀于西河十五年武觀以西河畔彭伯壽帥師征西河武觀來歸沈約曰武觀即五觀國語言啟有五觀韋昭注啟子太康昆弟此爲確証今予小子、聞有古遺訓。予亦述朕文考之言不易。按古遺訓即謂文王之訓朕文考之言謂武王曾有此語也蓋謂武王遵古遺訓嘗曰此朕文考之言今予何以守此遺訓亦惟述武考此言不敢稍易云耳予用皇威不忘祗

外篇無類于冀州兼承上殺蚩尤及夏平五觀二層蓋夏亦都於冀州者

外篇大正以筴書命眾臣故曰受大正書太史將兩楹繇書者呈於王王乃奕大正故又曰授大正但太史宜作太宗此處言左還方與下言太史

天之明典令口我大治以闕處疑是昭字用我九州伯宗正教告于我州伯舊譌在宗正下相在大國有殷之哲辟自其作訓于古是威厥邑無類于冀州哲字訓字舊闕今按文義補嘉我小國其命余克長王國小國二字舊重今刪王國舊倒從趙改嗚呼敬之哉如木既顛厥巢其猶有枝葉作休爾弗敬恤爾執以屏助予一人集天之顯亦爾子孫其能常憂恤乃事按敬恤爾執謂敬念所執之事也屏輔也集天之顯謂成上天眷顧之顯命也勿畏多寵無愛乃讎亦無或刑于鰥寡非罪惠乃其常無別于民眾臣咸興受大正書乃降太史筴刑書九篇以升此筴字當活看授大正乃左還自兩柱之間沈疑左是右史箴大正曰史舊闕欽之哉諸臣敬功臣舊訛正爾頌審三節無思

乃降不相悖外篇無思仍是言思猶大匡解以不尚爲尚也下無思民疾同義因順順從也浮山云夫循之夫假是天訛言天因此德以益深監觀也

按循刑即所以順天時而嘗麥之時恰值大暑之將至故因作刑書帶言祀與不必以周禮之祭祀屬春官刑法屬秋官爲疑月令仲夏命百縣雩祀百辟卿士有益于民者以祈谷實注百

民因順。浮山云須疑須訛民字衍因順即因循意洛按三節當卽指上三作筴謂天子如此愼重諸臣當體此意爾臨獄無頗。正刑有㑴。浮山云㑴舊作掇訛㑴憂也洛按有㑴當卽求其生而不得則我與死者皆無憾意夫循乃德。式監不遠。以有此人。保寧爾國。克戒爾服。世世是其不殆。維公咸若。太史乃降。大正坐舉書乃中降。再拜稽首。王命太史大正升拜于上。王則退。次大字舊脫

是月士師乃命太宗序于天時。祠大暑。乃命少宗祠風雨。百享士師用受其戠。以爲之資邑。乃命百姓遂享于家。家舊訛官無思民疾。浮山云宜是思民無疾供百享。歸祭閭率里君。以爲之資野。洛按閭率應倒浮山云閭率里君疑卽古所謂鄉先生沒祭于社者宰乃命家邑縣都祠于太祠及風雨也。及舊訛乃浮山云乃風雨也疑係注語洛按全篇無注不宜此句有注

縣謂畿內之邑百辟卿士謂古者上公勾龍后稷之類正與此台

外篇天御疑大御訛禴疑通禮豐尚享祀祭典宜分厚薄也施疑旅訛旅衆也陳星垣云爲施當是設施布散之義句讀斷

宰用受其職栽以爲之資采○洛按栽字似衍浮山云邑縣都各有其職故曰職栽非衍君乃命天御豐禴享祠爲施大夫以爲資箴太史乃藏之于盟府以爲歲典○

本典解第五十七

維四月既生魄王在東宮○召周公○告公曰周舊在告下盧以召公爲衍刪海山云是呼召之召非燕召之召也今移周于上自明嗚呼朕聞武考不知乃問不得乃學俾資不肖永無惑矣今朕不知明德所則政教所行字民之道禮樂所生非不念而知浮山云大戒篇已有非不念念不知此應作非不念而不知洛按蓋言非不念此而求知之也句意自明故問伯父應作叔父周公再拜稽首曰臣聞之文考能求士者智也士下舊有方圓今按無關文刪與民

外篇 顯父登德乃顯允令德之訛蓋傳抄者因成開而誤也今本允文解教用顯允若得父母二句以訂此上下文義均極融洽與成開解亦不相混

利者仁也能收民獄者義也能督民過者德也爲民犯難者武也智能親智仁能親仁義能親義德能親德武能親武五者昌于國曰明明能見物高能致物物備咸至曰帝帝鄉在地曰本（鄉疑是饗）本生萬物曰世世可則口曰至至德照天百姓口驚備有好醜民無不戒顯父登德德降則信信則民寧（此三句已見成開惟信則彼倒今按此處文氣上下絕不相蒙究疑是重出而錯簡于此）爲畏爲極民無淫慝生民知常利之道則國彊序明好醜民必固其務（民舊闕）均分以利之則民安足用以資之則民樂明德以師之則民讓（足舊闕）生之樂之則母之禮也政之教之遂以成之則父之禮也父母之禮以加于民其慈口口

應是惠乎二字古之聖王樂體其政士有九等皆得其宜曰材多
人有八政皆得其則曰禮服士樂其生而務其宜是故奏
鼓以章樂奏舞以觀禮奏歌以觀和禮樂既和其上乃不
危王拜曰允哉幼愚敬守以為本典

外篇維民務官蓋言維欲治民而始務官人之法也

按此篇在本書則爲傳習在大戴禮則爲抄撮然漢初與周末固有間矣大戴以爲文王此書則係成王蓋傳聞異詞而周先王取人其難其慎之心不以是區別也明方正學摘指辭之洒以觀其恭縱之色以觀其常數語以爲戳

逸周書管箋卷七

晉五經博士孔晁注

海康　丁宗洛　箋

官人解第五十八

盧云此篇亦見大戴禮名文王官人通篇皆文王之言與此不同

王曰嗚呼大師。大通太 朕維民務官論用有徵觀誠考言視聲觀色觀隱揆德可得聞乎。大戴曰倫有七屬屬有九用有六徵一曰觀誠二曰考志三曰視中四曰觀色五曰觀隱六曰揆德盧辯注倫理次也盧云論倫古通 周公曰亦有六徵。嗚呼乃齊以揆之。大戴云王曰於乎女因方以觀之 一曰富貴者觀其有禮施。貧賤者觀其有德守。嬖寵者觀其不驕奢。隱約者觀其不懾懼。其少者觀其恭敬好學而能悌。其壯者觀其廉潔務行而勝私。其老者觀其思慎而□彊。思大戴作意憲缺處宜是益字

國縱橫權數之徒所不錄而謂周公以此取人則天下安得有正人殊不知歷試諸艱堯以千古一大聖帝用千古一大聖人之舜尚如彼其苛以何怪于人才之不如舜乎而且克知灼見自在文武數聖人心中但觀人之法不得不如此周詳文武數聖人之用人固無須執此法以相求顧安知後世尚持此法而不能知人乎而頓輕議此書乎

其所不定者觀其不踰○此二句盧據大戴改作彊其所不足而不踰今從周本父子之間觀其孝慈○兄弟之間觀其和友舊悅觀其孝慈兄弟之間○八字盧從大戴增君臣之間觀其忠惠○鄉黨之間觀其信誠大戴作信憚注信而敬憚○省其居處觀其義方舊作方口盧從大戴○省其喪哀觀其貞良○省其出入觀其交友○省其交友觀其任廉大戴注云任以恩相親信○設之以謀以觀其智○大戴云考之以觀其信摯之以觀其知○示之以難以觀其勇○煩之以事以觀其治○臨之以利以觀其不貪○濫之以樂以觀其不荒○大戴臨作淹濫作藍注藍猶濫也不荒作不窂○喜之以觀其輕○怒之以觀其重○怒舊闕盧從大戴補○醉之酒以觀其恭○從之色以觀其常○大戴恭作不失從作縱○遠之以觀其不二○昵之以觀其不狎大戴狎作倦○復徵

外篇 不止疑不上訛傳所謂不欲多上人也防過之防宜與小人之過必文文字同義以故自說盡明是過惡而强以他故自解也

其言以觀其精。（大戴作採取其志以觀其精盧云此精當作情大戴此下又有考其陰陽以觀其誠覆其微言以觀其信二語）曲省其行以觀其備。（大戴備下有誠字）此之謂觀誠。

二曰方與之言以觀其志。志殷以淵。（下志字舊脫殷亦闕盧據大戴志殷如浚句增補又云彼注雖以浚爲深然必淵訛）其氣寬以柔。（舊作其器寬以悌盧從大戴改）其色儉而不諂。其禮先人。其言後人。見其所不足。曰日益者也。好臨人以色。高人以氣。賢人以言。防其所不足。發其所能。曰日損者也。（兩日字盧從大戴增大戴發作伐惠云古字通）其貌直而不止。其言正而不私。（大戴不止作不侮）不飾其美。不隱其惡。不防其過。曰有質者也。其貌曲媚。其言工巧。飾其見物。務其小證。以故自說。曰無質者也。（大戴曲媚作固嫗証作徵）喜怒以物。而色不變。（而舊作其盧從大戴）

外篇一反一正兩兩相形此書本段自明但大戴難投以物五句與此處四句小異讀者須善會

改彼不變作不作煩亂以事而志不營深導以利而心不移臨懾以威而氣不卑曰平心而固守者也喜怒以物而心變易煩亂以事而志不治大戴作裕導之以利而心遷移臨懾以威而氣惵懼曰鄙心而假氣者也李善注東都賦引惵懼作悚悚設之以物而數決敬之以卒而度應不文而辯曰有慮者也大戴數作遨與速同敬作驚應作料不文句作不學而性辯或改學爲系盧云卒倉卒也難決以物難說以守一而不可變困而不知止曰愚依人者也大戴作難投以物難說以言知一如不可以解也困而不知其止無辨而自愼曰愚戇者也盧云此亦當補言字以守一屬下句困舊訛因今據改依當讀爲薆薆蔽也洛按者舊脫如盧說則人卽者誤今依經旨增者字營之以物而不誤犯之以卒而不懼置義而不可遷臨之貨色而不過曰果敢

者也。大戴誤作虞注虞度也不過作不可營營猶亂也末句作絜廉而果敢者也今按絜同潔移易以

言志不能固己諾無決曰弱志者也移易大戴倒順予之弗爲

喜非奪之弗爲怒。沉靜而寡言多稽而險貌曰質靜者也。

大戴險作儉古通屛言而弗顧自順而弗讓上而舊脫大戴作辯言而不固讓舊訛護

皆盧据大戴增改非是而彊之曰妬誣者也。妬舊訛始大戴作始妬誣誣云妬賢誣善

盧謂彼乃誤衍始字此則改始爲妬微而能發察而能深寬順而恭儉溫柔

而能斷果敢而能屈曰志治者也。大戴作徵清而能發度察而能盡曰治志者也

少三句華廢而誣巧言令色皆以無爲有者也此之謂考言。

大戴無廢字盧云詩廢爲殘賊王肅曰廢大也張湛生列子楊朱篇同此亦當作大解令色下大戴衍足恭一也四

字又言作志三曰誠在其中必見諸外以其聲處其實大戴實作氣

氣初生物（大戴作初氣主物）物生有聲聲有剛柔清濁好惡咸發于聲心氣華誕者其聲流散心氣順信者其聲順節心氣鄙戾者其聲醒醜（醒字誤大戴作斯注云嘶當聲誤爲斯）心氣寬柔者其聲溫和（大戴作溫好）信氣中易義氣時舒和氣簡備勇氣壯力（大戴和作智力作直）聽其聲處其氣考其所爲觀其所由（大戴又有察其所安一句）以其前觀其後以其隱觀其顯以其小占其大此之謂視聲（大戴觀皆作占中一句作以其見占其隱又聲作也）四曰民有五氣喜怒欲懼憂（大戴作五性）喜氣內蓄雖欲隱之陽喜必見怒氣內蓄雖欲隱之陽怒必見欲氣懼氣憂悲之氣皆隱之陽氣必見五氣誠于中發形于外民情不可隱也喜色猶然以出怒色厲

外篇攻名之攻疑致訛下攻其名攻字亦疑致訛隱是掩著意掩其不仁不賢令人見之竟似仁賢故曰隱于

然以侮。薦宜遵字與所引作爵欲色嫗然以愉。懼色薄然以下。憂悲之色瞿然以靜。大戴猶作由汪云當爲油又出作生薦作拂愉作偷惠云愉俞通又瞿作矍誠智必有難盡之色。誠仁必有可尊之色。誠勇必有難懾之色。誠忠必有可新之色。舊脫必有難懾之色誠忠八字盧據大戴增大戴新作親盧云通誠潔必有難汙之色。誠靜必有可信之色。質浩然固以安。僞蔓然亂以煩。雖欲改之中色弗聽。此之謂觀色。靜舊闕盧從大戴補大戴質下僞下皆有色字浩作皓蔓作縵改作故汪云言雖欲故隱之于中而無奈色見于外五曰民生則有陰有陽。人多隱其情。飾其僞。大戴此處有以賴於物句以攻其名。有隱於仁賢者。大戴賢作質有隱於智理者。有隱於文藝者。有隱於廉勇者。有隱於忠孝者。此句舊脫盧據大戴增有隱於交友

仁賢下各句做此

外篇唱功之唱與倡通慮誠之誠疑識訛蓋自矜才智者凡事皆欲導任之倡始之然慮其識有不及又假作聰明內蘊之狀其實則內誠不足色示有餘也

外篇窮即遁辭知其所窮之窮託深謂託爲艱深以自文飾譬如談天雕

者如此不可不察也。小施而好德。小讓而爭大。大戴作小施而好大得小讓而好大爭言願以爲質。盧云願當與愿同大戴注以爲聲誤僞愛以爲忠。僞舊闕盧据大戴補大戴此下有面寬而貌慈假節以示之二句。尊其得以收其名。大戴作故其行以攻其名汪云故爲是行如此隱於仁賢者也。前總唱功△功或作切大戴無此四字而有推前惡忠府知物焉首成功少其。所不足十。六字盧云與此文義皆難曉慮誠弗及。佯爲不言。內誠不足。色示有餘。大戴此下有故知以動人句。自順而不讓。措辭而不遂。大戴此下有莫知其情句。此隱於智理者也。動人以言。竭而弗終。大戴作涉物而不終。問則不對。佯爲不窮。□貌而有餘△大戴作色示有餘。假道而自順。因之□初△窮則託深△大戴作甲之物窮則爲深。如此者隱於文藝者也。□言以爲廉△大戴作廉言以爲氣矯厲以爲勇內恐外

龍之類

〔外篇〕發名猶大學發身發財之發以事親爲沽名之具也名私其身無善則歸親之義也忠孝忠一層竟係帶說比周句互相標榜也知賢句借名士以自重也不同而交二句好與不若己者交也心說二句徙侈聲氣雖有益友亦無益也懼不盡見句恐得

誇亟稱其說大戴作內恐外悴敬再其說王褱祖謂敬再乃苟爯之訛苟讀若亟爯古稱字盧云外悴乃外誇之訛或改悴爲悴非敬亦亟訛形相近也亟欺冀反苟己力反此亟不讀爲急則苟字非也以詐臨人如此隱於廉勇者也自事其親而好以告人大戴又有乞言勞辭而面於敬愛句飾其見物此下大戴有故得其名名揚於外二句不誠於內發名以事親自以名私其身大戴作伐名以事其親戚以故取利分白其名以私其身盧云發與伐同此作發大戴多作伐如此隱於忠孝者也此處大戴有陰行以取名句比周以相譽知賢可徵而左右不同不同而交不同二字盧本依大戴不重交必重己心說而身弗近身近而實不至懼不盡見於衆而貌克己字身近字舊闕皆盧依大戴補而實不至下大戴有而權忠不盡句此懼不二字亦作懽忠洛疑克是充訛如此隱於交友者也此之謂觀隱者舊脫盧增六曰言行不類

罪于名流而强相附和也

外篇此段自有仁至交友凡十節皆說好者自僞詐至竊名凡四節皆說不好者而首節非成質先列一不好者在前似不相類或有錯簡

終始相悖。大戴此下有陰陽克易句外內不合。雖有假節見行。曰非成質者也。大戴假作隱成作誠、言忠行夷。爭靡及私。施弗求多。舊是□弗求及今據大戴補改倩忠而寬、貌莊而安。曰有仁者也。大戴云其言甚忠其行甚平其志無私施不在多靜而寡類莊而安人曰有仁心者也事變而能治。此處大戴有物善而能說句效窮而能達。效大戴作浚措身立方而能遂。曰有知者也。大戴作廣知少言以行。恭儉以讓。有知而言弗發。有施而心弗德。心舊闕今按文義補大戴作有知而不伐有施而不置曰謙良者也。微忽之言久而可復。幽閒之行獨而弗克。言字行字舊脫盧據大戴增其行亡如存。大戴作行其亡如其存曰順信者也。富貴恭儉而能施。嚴威有禮而不驕。曰有德者也。隱約而不懾。安樂而不奢。勤勞而不變。喜怒

外篇 數頻數也至少疑主少訛言不以少爲主也其聽或作其所誤

而有度曰有守者也直方而不毀廉潔而不戾彊立而無私曰有經者也大戴作經正虛以待命待舊訛侍大戴作正靜以待命不召不至不問不言不過行行不過道曰沉靜者也忠愛以事親驩以盡力而不面敬以盡力而不名曰忠孝者也面舊訛回大戴作歡欣以敬之盡力而不面敬以安人以故名不生焉初學記引周書作歡以敬之盡力而不固敬以安之盧云回與固皆面之訛即上文所云面于敬愛也名舊闕盧云名字亦見上文隱於忠孝段內今並從之合志而同方共其憂而任其難行忠信而不疑□隱遠而不舍曰交友者也闕處大戴是迷字然亦難解志色辭氣其人甚偷進退多巧就人甚數盧云此處脫落甚多大戴曰心色辭氣其入人甚俞進退工故其與人甚巧其就人甚速其叛人甚易曰位志者也飲食以親貨賄以交接利以合故得望譽征利而依隱於物曰貪鄙者也又下段首有質

不斷一句辭不至少其聽不足謀而不已曰僞詐者也言行亟變從容克易好惡無常行身不篤曰無誠者也大戴克易作謬易不篤作不類無誠下有志字少知而不大決少能而不大成規小物而不知大倫曰華誕者也大戴少俱作小規作顧倫作論下又有亟變而多私一句規諫而不類道行而不平曰竊名者也故曰事阻者不夷時口者不同大戴作畸鬼者不仁面譽者不忠舊作果敢者也盧据大戴改飾貌者不靜假節者不平多私者不義揚言者寡信此之謂揆德靜大戴作情表記文而靜鄭云靜或作情古通用○盧云此下大戴尚有數百字周書闕文也今錄於此以備考云王曰大師女推其往言以揆其來行聽其來言以省其往行觀其陽以考其陰察其內以揆其外是故隱節者可知偽飾無情者可辨質誠居善者可得忠惠守義者可見也王曰於乎敬哉女何愼乎非心何愼乎非人人有六徵六徵既成以

洛按江文通云作史之難莫難于志以其

觀九用九用旣立一曰取平仁而有慮者二曰取慈惠而有理者三曰取直愍而忠正者四曰取順直而察聽者五曰取臨事而絜正者六曰取愼察而絜廉者七曰取好謀而知務者八曰取接給而廣中者九曰取猛毅而度斷者此之謂九用也平仁而有慮者使是治國家而長百姓慈惠而有理者使是長鄉邑而治父子直愍而忠正者使是莅百官而察善否愼直而察聽者使是長民之獄訟出納辭令臨事而絜正者使是守內藏而治出入愼察而絜廉者使是分財臨貨主賞賜好謀而知務者使是治壤地而長百工接給而廣中者使是治諸侯而待賓客猛毅而度斷者使是治軍事爲邊境因方而用之此之謂官能也九用有徵乃任七屬一曰國則任貴二曰鄉則任貞三曰官則任長四曰學則任師五曰族則任宗六曰家則任主七曰先則任賢正月王親命七屬之人曰於乎愼維深內觀民務本愼在人女平心去私愼用六證論辨九用以交一人子亦不私女廢朕命亂我法罪致不赦三戒然後及論

王親受而考之然後論成

王會解第五十九

詳核也此篇妙在上下左右東西南北敘次則井井有條敷排則歷歷如繪非僅如唐人王會圖之徒狀其詭異也

【外篇】注言所尊敬則有焉考經文繁露之有無似非以尊敬不尊敬而別注恐未確

浮山云讀此篇者徒以廣異聞絕不思其所以致此之由辜負作者苦心矣試玩全書文武之所與商謀者惟周公及除大殘東大難亦惟周公是賴豈當成王踐阼之

成周之會○墠上張赤帟陰羽○【注】王城既成、大會諸侯及四夷也、除地曰墠、帟帳也、陰鶴也、以羽飾帳也、天子南面立○絻無繁露、朝服八十物、搢珽。【注】繁露、冕之所垂也、所尊敬則有焉、八十物、大小所服、搢插也、珽笏也、王伯厚本作珽似笏。唐叔荀叔周公在左、太公望在右、皆絻亦無繁露、朝服七十物○搢笏、旁天子而立於堂上○浮山云唐叔封國在成王十年薛瓚漢書注汲郡古文晉武公滅荀以賜大夫原氏是爲荀叔是書當在春秋時洛按左桓九年荀侯伐曲沃注國名水經注汾水又西逕荀城東古荀國也是先有荀國矣經以荀叔與太公望並舉亦斷非晉所封之荀叔【注】唐、荀、國名、皆周成王弟、故曰叔、荀爲成王弟無可考恐係郇訛然郇則左傳明言文之昭也○旁謂差在後也、近天子、故其冕亦無旒也、堂下之右、唐公虞公南面

日已値周公垂暮之年公恒憂其不能致太平將有愧於父兄乃幸至是而薄海內外悉主悉臣公之職盡矣公之心慰矣故通篇雖無一言及周公而波委雲屬全是爲周公出色寫照

立焉。【注】唐虞二公、堯舜後也、堂下之左、殷公夏公立焉、皆南面、絻有繁露、朝服、五十物、皆搢笏。【注】杞宋二公、冕有繁露、搢笏則唐虞同也、此處舊有爲諸侯之有疾病者八字趙云又見下文此衍今刪阼階之南、祝淮氏、榮氏、次之、皆西面、彌宗、旁之、次之下盧依王本增珪瓚次之一句洛按此段俱說人之方位而參以珪瓚語似不倫王本蓋因注有次珪瓚南語而謬增耳今從舊【注】淮、榮、二祝之氏也、惠云大戴公符有祝雍此淮字與相似盧云雍爲名淮爲氏不必一人彌宗、官名、司珪瓚者、舊是次珪瓚南誤旁之謂差在後、旁之謂三字舊脫今依上旁夭子句注增爲諸侯有疾病者之醫藥所居。【注】使儲左右、召則至也、相者、太史魚、大行人、皆朝服有繁露。【注】魚、太史名、及大行人、皆贊相賓客禮儀也、堂下之東面、郭叔掌爲天子菉幣焉。繞有繁露。【注】郭叔、虢叔、文王弟、蔡錄諸侯之幣也、內臺西面正北方、應侯、曹叔、伯舅、中舅。【注】內臺、中臺也、應侯、成王弟、曹叔、武王弟、皆國名、爲諸侯、二舅、成王之舅、姜兄弟也、舊脫曹叔以下二十一字、盧從王本增。比服次之。要服次之。荒服次之。西方東面正北方、伯父、中子、次之。【注】此要服於比服轉遠、故殊其名、非夷狄之四荒也、伯父、姬姓之國、中子、於王子中行者也、洛按、比輔也、附近王畿之地也、王云、中子王之支子、盧云、舉伯父可以包叔父、中子則伯叔季弟之倫也。方千里之內爲比服。方二千里之內爲要服。上句內舊作外、本句二字舊脫、皆盧從王本改增。方三千里之內爲荒服。是皆朝於內者。【注】此服名、因於殷、非周制也、堂後東北、爲赤帝焉。浴盆在其中。注雖不用而設之、敬諸侯也、其西、天子車立馬乘六、靑陰羽鳧旌。注鶴鳧羽爲旌旄也、中臺之外、其右泰士臺右彌士。注外謂臺之東西也、外臺右泰士、右彌士右泰士之右或疑左、謝云右泰士則在臺前、下云臺右則側旁臺而立者、上右字不必疑是左、洛按謝說最明晰、但注右彌士句上似應增一又字言尊立泰彌爲相儀之事也、立舊訛王、今按以士之微而得立于臺右、故曰尊立、爲舊脫今增、事盧改作士、今從舊、王云泰士蓋上士、彌士蓋中士下士、惠云泰士理官、盧云彌如彌甥之彌、王說是受贄者八人東面者四人。注受賓幣士也、四人東面則西面四人也、陳幣當外臺天玄駹宗馬十二。駹俗本作嶡、盧云嶡字無攷、從王本注陳束帛被馬於外臺、天玄、黑也、駹、駵也、宗、尊也、天玄黑也、駹駵也、諸本皆作天玄黑駹、今按卜本義長從之王玄繚璧綦十二。海山云王當是

【外箋】兒即貌字、兒有倪音、母兒宜从兒从兒、他無可考、但馬有騄駬名、推其音似從兒較是、讀如猊。

正【注】此下三璧皆玉、玄纁、謂以黑組紐之、綦玉、名有十二、也、璧綦俗本作碧基、盧從王本改參方玄纁璧豹虎皮十二。【注】參方、陳幣三所也、璧皮兼陳也、四方玄纁璧琰十二。【注】琰、珪也、有鋒鋭、陳之四所、方列之也、外臺之四隅、張赤帟、爲諸侯欲息者皆息焉。命之曰交閭。【注】每角張帟、息者隨所近也、諸侯稱交也、帟舊脱、盧增。洛按、史記注、閭者聚也、則凡可居聚之處皆可名閭、交者大約是整齊排列之意、注云諸侯稱交、其意蓋謂天子所居不曰交、故特爲釋明周公旦主東方所之青馬黑蘢、謂之母兒。王云、蘢即鬣字【注】周公主東方、則太公主西方、東青馬、則西白馬矣、馬名未聞、其守營牆者衣青操弓執矛。【注】戟也、方各異、盧云、此東方也、故衣青操弓執矛、餘方則各異矣、注以戟爲矛、若依淮南子則春矛夏戟

竹書紀年舜二十五年息慎氏來朝貢弓矢息慎即稷慎

有別也舊作各異方詠王本作名異無方字亦非

西面者、正北方稷慎大麈。浮山云句中宜有納字如於越納姑妹珍句法各句皆然蓋下段用以此段用納例應同

注 稷慎、肅慎也、貢麈似鹿、正北內臺北也、

穢人前兒。浮山云此句是經下三句是注各句有類此者皆誤以注為經也

前兒若彌猴立行、聲似小兒。注 穢韓穢、東夷別種。

良夷在子。在子□身人首、脂其腹炙之霍則鳴曰在子。闕處王本作幣亦云可疑霍作藿云豆葉

注 良夷、樂浪之夷也、貢奇獸、

揚州禺。禺魚名、解隃冠。冠本多作寇盧從王本及路史改。洛按解隃冠句與上絕不連貫考左昭二十二年傳王師軍於解注云洛陽西南有大解小解然則此句或是言解地獻隃冠之獸特為注亦奇魚也語截屬本節遂欠分明耳隃冠又見下文

注 亦奇魚也、說文鰅魚名皮有文出樂浪東暆神爵四年初捕收輸考工周成王時揚州獻鰅魚容切

發人麃麃者、若鹿迅走。兩麃舊作鹿盧從史記索隱改

注

發亦東夷迅疾、盧云發北發也俞人雖馬。注俞、東北夷。雖馬、巂如馬、一角、不角者曰騏、巂爾雅作驨末句一本作大者曰麟也。青丘狐九尾。注青丘、海東地名。周頭煇羝。煇羝者羊也。羝即羝字注周頭亦海東夷、黑齒白鹿白馬。注黑齒、西遠之夷也。貢白鹿白馬、白民乘黃。乘黃者似騏、背有兩角。郭璞注山海經李善注文選皆云似狐注白民亦東南夷、東越海蛤。盧云蛤即蛤字李善注文選作東越侮食形近而訛注東越則海際、蛤文蛤、歐人蟬蛇。蟬蛇順食之美。王本歐作甌洛按順疑頎訛注歐人地比交州、蛇特多、爲上珍也、注首舊作東越歐人也今按東越乃緣上節誤衍也乃地訛耳比猶近也。於越納姑妹珍。於上舊衍姑字從盧王本無比字及特多也三字非刪浮山云姑疑蚖訛國名紀穆王伐紂蚖蠶爲梁蓋即其物經文脫誤在本句之上非姑字衍也按王本從納字斷

外篇 史記解言義渠以亡彼時係穆王如謂卽武乙三十年周師伐之獲其君事則此時何以來貢獻意亦廢

作一節有注云於越越也盧本從之謝氏謂於越納當連下文其姑妹且甌共海陽皆地名謝說義長故改從之

注 於越、越也、姑妹國、後屬越、諸本皆無於越越也一語王本竟繫於納字之下截斷文氣今改經文從舊故移於此盧云姑妹卽姑蔑

且甌文蜃 注 且甌在越、文蜃、大蛤也、

共人玄貝 注 共人、吳越之蠻、元貝、班貽貝也、洛按玩此三段注語可見於越字直貫下來蓋云納姑妹之珍納且甌之文蜃納共人之元貝也此以知王本悖謬

海陽大蟹、 注 海水之陽、一蟹盈車、謝氏原謂納字猶貫此句愚按注不以海陽係越未敢曲從蓋此亦同黑齒白民等句法

自深桂 注 自深亦南蠻也、謝云自深當卽鼻深

會稽以鼉卽鼉字、皆西鄉 注 其皮可以冠鼓、自大麈已下至此、向西面也、

正北方義渠以茲白、茲白者若白馬、鋸牙食虎豹 注 亦在臺北、與大麈相對、義渠西戎國、茲白一名駁、

央林以酋

典無常者歟

耳酉耳者身若虎豹尾長參其身食虎豹〔注〕央林戎之在西南者、央林一作英林王云書大傳散宜生之於陵氏取怪獸曰虞所說與此畧同於陵央林音相近盧云郭璞注海內北經引此作夾林誤北唐以閭閭似隃冠唐下舊有戎字盧據郭注北山經所引刪洛按山海經云縣雍之山其獸多閭麋郭璞注閭即羭也然則隃似當作羭〔注〕北唐戎之在西北者、射禮以閭象爲射器、渠叟以鼩犬鼩犬者露犬也能飛食虎豹廣韻鼩比教切能飛食虎豹之屬說文鼩胡地風犬正此是也王本從李善文選注作鼩云一作鼩之若切盧云鼩乃小鼠李注或字誤不可從〔注〕渠叟、西戎之別名也、樓煩以星旄星旄者珥旄星旄之旄舊皆訛施李善注甘泉賦流星旄以電爥引樓煩星旄星旄羽旄也茲据以改盧云北唐書鈔百二十引作樓煩黑旌皃羽旗也恐訛〔注〕樓煩北狄、珥旄所以爲旄羽者珥也、珥旄盧本作地施今從周本者也舊脫今增卜盧以紈牛紈牛者牛之小者也。紈舊脫盧從初學記增王云紈與綵同李善注作統誤【注】卜盧盧人西北戎也今盧水是區陽以鼈封鼈封者若彘前後有首。舊本鼈封不重盧從洪容齋王本增【注】區陽亦戎之名規規以麟麟者仁獸也。舊規規訛規矩又脫一麟字仁字盧從王本改增【注】規規亦戎也麟似鹿牛尾一角馬蹄也西申以鳳鳥鳳鳥者戴仁抱義掖信【注】其形似雞一作似鶴郭注山海經亦云其狀如雞蛇首魚尾戴仁向仁國抱義懷有義掖信歸有信也。舊經文掖信下有歸有德三字注作歸有德之君也盧從王本刪去今亦從之氐羌以鸞鳥。氐舊是丘俗本訛作邱盧云易與互混故改從今字【注】氐羌之地不同故謂之氐羌今謂之氐夷鸞大於鳳亦歸於仁義者也首句舊作氐地之羌盧改爲氐羌地羌然地羌非羌名盧誤也按前漢地理志隴西郡有氐道羌道二縣可見氐羌是南處故汪與爲剖晰然詩商頌自彼氐羌已並稱之矣氐夷舊訛氐戾盧改氐矣然不如夷字爲妥巴人以比翼鳥○【注】巴人在南者、比翼鳥不比不飛其名曰鶼鶼、方煬以皇鳥○【注】方煬亦戎別名、皇鳥配於鳳者也、煬或作揚蜀人以文翰○文翰者若皋雞○【注】鳥有文彩者、皋雞似鳧翼州謂之澤特也、翼本多作翼方人以孔鳥○按孔鳥卽孔雀劉逵注吳都賦云孔雀尾長六七尺綠色有華彩朱崖交阯皆有之○【注】方人亦戎別名、孔與鸞相配者、配者或作匹也卜人以丹沙○【注】卜人、西南之蠻、丹沙所出、盧云卜卽濮也沙今作砂夷用闟木○闟茲消切【注】夷東北夷也、木生水中、色黑而光、其堅若鐵、按正字通謂闟木卽今烏木引崔豹古今注毉木出交州色黑有文亦謂之烏文木作証但交州在西南此云東北未爲確據究之闟是木名若胡本淵引作蘭米則謬甚矣康民以桴苡○桴苡者其實如李。食之宜子。民王本作人苢周本作苡按唐韻芣此書謂桴苡即詩之芣苢竊謂桴苡從木芣苡從草似未可混且此云其實如李亦非芣苡之實也注康亦西戎別名也食桴苡即有身、按吳越春秋有莘氏女得薏苡而吞之遂生禹當即此物。州靡費費。其形人身反踵、自笑、笑則上脣弇其目。食人。北方謂之吐嘍。反踵一作枝踵吐嘍說文作土螻注州靡、北狄也、費費曰梟羊、好立行如人、被髮、前足指長、都郭生生。欺羽生生若黃狗人面能言。洛按欺羽二字不可解注亦缺恐是衍文浮山云當是獸名與生生一類故並頁之注都郭、北狄、生生、獸名、山海經注都郭作鄭郭生生一作狌狌。奇幹善芳。善芳者頭若雄雞、佩之令人不眯。皆東嚮。注奇幹亦北狄、善芳鳥名、不眯不忘也、此東向列次也、郭注西山經引眯作眯莫禮切眯目也。北方臺正東高夷嗛

外篇卭邛多誤用卭爲仰字邛乃地名卭音蛩邛邛或是因地得名則字从邑爲是

羊○嗛羊者羊而四角○注高夷、東北夷高句驪、獨鹿邛邛○邛善走者也○次邛邛舊作距虛盧云此處似本無距虛字殆後人以習聞爾雅者妄增入耳今例以上各項文法定爲邛邛重文者亦脫今增注獨鹿、西方之戎也、邛邛獸似距虛、負蟨而走也、盧云爾雅邛邛距虛是一獸今此下文別出孤竹距虛注於邛邛則云似距虛於距虛則云野獸可知此不與爾雅及呂氏春秋所說同也洛按邛邛距虛果是一獸則經文不應分屬於獨鹿孤竹矣注以似距虛釋邛邛本無可疑而下距虛則指寔爲驢騾之屬似二物又不是二物蓋孔氏亦知有爾雅然不敢違忤經文故爲互文見義之說愚惟據此以爲二獸安知爾雅非以同類而並舉乎待參浮山云此言邛邛距虛下言距虛分見必係兩物獨鹿貢此二獸亦如黑齒貢白鹿白馬都郭貢欺羽生生不必改距虛爲邛邛也孤竹距虛○注孤竹、東北夷、距虛、野獸、驢騾之屬、爾雅作岠虛不令支玄貘○注不令支、皆東北夷、貘、白狐、元貘則黑狐、盧云漢志遼西郡有令支

【外篇】上言義渠以茲白、此言大夏茲白牛、茲白牛與茲白注各不同、然一馬一牛、而上文却無驚馬字、似亦可疑

縣卽其地也疑不字及注中皆字並衍否則不字當爲發聲注乃誤耳愚按下不屠何不字亦當如此解○不屠何青熊○【注】不屠何、東北夷也、東胡黃羆○【注】東胡、東北夷、山戎戎菽○【注】山戎亦東北夷、戎菽巨豆也、其西般吾白虎○盧云鄭志引王會白虎黑文今本皆闕二字○【注】次西也、般吾北狄近西也、屠州黑豹○【注】屠州、狄之別也、禺氏騊駼○【注】禺氏西北戎夷、騊駼、馬屬、大夏茲白牛○茲白牛、野獸也、牛形而象齒○舊本下十一字俱在注中惠據洪本定爲正文盧云與初學記同今從之○【注】大夏、西北戎、茲白牛、野獸、似白牛形、犬戎文馬○文馬、赤鬣縞身○縞宜作縞目若黃金、名古黃之乘○文馬說文作媽古黃作吉皇海內北經作吉黃【注】犬戎、西戎之遠者、數楚每牛○每牛者、牛之小者也○西山經黃山有獸如牛而蒼黑大目其名曰犛盧云與此每牛正合犛郭

（外篇）太平御覽卷九百六十一引汲冢周書王會此條作白洲北閭注中水中可居二句即御覽注語但州可通洲比閭北閭須攷

音敏畢云音切同美（注）數楚、亦北戎也 ○匈奴狡犬○狡犬者巨身○四足果○梁云四足果蓋足短之稱洛按果宜作踝皆南嚮、○南嚮諸本皆作北嚮今据上下各段分列及本段語勢改（注）匈奴北戎也、匈奴下盧從王本增一鹹字釋云當謂斥鹵也今按本多無此字且費解何必蛇足

權扶玉目○（注）權扶、南蠻也、玉目、玉之有光明者、形小也、○白州比閭○比閭者其華若羽○伐其木以爲車○終行不敗○（注）白州、東南蠻與白民接也、水中可居曰州、州中出此珍木、

禽人菅○（注）亦東南蠻、菅草堅忍、盧云忍讀爲韌路人大竹○（注）路人、東南蠻、貢大竹、長沙鼈○（注）特大而美故貢也、其西魚復鼓鍾○鍾似牛○似字舊脫今据注增（注）次西列也、魚復、南蠻國、貢鼓及鍾而似牛形者、美遠致也、蠻揚之翟○（注）揚州之蠻貢翟鳥、倉

洛按周有周公與商有伊尹皆開國所倚賴者商事何與於周而篇終詳言之便見周之獻令亦周公所定與伊尹同也浮山謂全篇只是爲周公寫照洵非虛語然則

吾翡翠翡翠者所以取羽。按倉吾即蒼梧海内經南方蒼梧之邱是也王逸楚詞注云雄曰翡雌曰翠劉逵注吳都賦云翡翠巢于樹巔生子夷人稍徙下其巢子大未飛便取之注倉吾亦蠻也翠羽其色青而有黃也、此處舊有其餘皆可知自古之政注云餘謂衆諸侯貢物也言政化之所致也共二十四字、今按文勢橫截刪此下移。南人至衆皆北嚮。注南人南越、其餘皆可知。注餘謂衆諸侯貢物也、言政化之所致也、注舊在自古之政句下今移此

自古之政、舊本此下皆連接前文不自分段今隔斷另起此句恰好提綱伊尹朝獻商書、注言别有此書也不應入周書錄中、以事類來附、舊無應入二字今增

王會俱朝貢事、故令附合、按舊本不應入二句係正文餘皆注語盧氏謂此二語蓋孔氏以前校書者之詞孔氏誤認爲經而注之其言是矣但盧氏將上下俱刪去只存不應入二句爲注又非所以

注第言以事類來附尚未得作者微旨

訂孔注之義竊思古人作注皆單行旁寫無雙行夾寫之式亦無居中正寫之式此數語恐係後來抄書者不辨經注誤將單行旁寫者居中正寫二語又雙行夾寫二語遂致以注作經注復加注耳今玩前後文義尚覺貫串統定爲注庶乎兩得

湯問伊尹曰諸侯來獻或無馬牛之所生而獻遠方之物事實相反不利【注】非其所有而當遠求於民故不利也（王本於民作其民）今吾欲因其地勢所有獻之必易得而不貴其爲四方獻令（勢字似衍）【注】制其品服之令

伊尹受命於是爲四方令曰臣請正東符婁仇州伊慮漚深九夷十蠻越漚髯髮文身（王本無於是二字）【注】九十者東夷蠻越之別稱髯髮文身因其事以名也

請令以魚皮之鞞烏鰂之醬鮫瞂利劍爲獻（皮鞞作文盧從洪本改烏鞞闕今從王本補烏鰂見埤雅）【注】鞞刀削鰂魚名瞂

五代史狗國人身狗首長毛不衣與妻穴居食生

盾也、以鮫皮作之、鮫交魚也、正南甌鄧、桂國、損子、產里、百濮、九菌、里一作重 注 六者南蠻之別名、請令以珠璣瑇瑁象齒文犀翠羽菌鶴短狗為獻、注 璣似珠而小、菌鶴可用為旌翳、短狗、狗之善者也、盧云王本短狗作矩狗蓋因注云狗之善者故改作矩耳考唐幽州昭仁寺碑有云豈止菌鶴短狗西鱳東鰈之貢而已哉正用此文則作短狗為是 正西昆侖、狗國、鬼親、枳己、闟耳、貫胸、雕題、離丘、漆齒、後漢書注引狗國作狗骨離邱作雕邱李善注作離身染齒 注 九者西戎之別名也、闟耳貫胸雕題漆齒、亦因其事以名之也、請令以丹青白旄紕罽江歷龍角神龜為獻、後漢書西南夷傳丹駹夷共人能作毞㲪章懷注引此文毞即紕 注 江歷、珠名、龍解角故得也、正北空同、大夏、莎車、姑他、旦略、豹胡、代翟、匈奴、樓頻月氏、孅犂、其、龍、東胡、代一作戎注十三者北狄之别名也代翟在西北界戎狄之間國名也、請令以橐駝白玉野馬騊駼駃騠良弓爲獻湯曰善、盧云博物志引周書西域獻火浣布昆吾氏獻切玉刀亦當在此篇中今缺

按此篇具見主上乾惕老臣惓惓直與成王周公當日比烈而奇崛之氣奥峭之語令人讀之不厭因是知今文尚書之所以勝古文也

逸周書管箋卷八

晉五經博士孔晁注

海康　丁宗洛　箋

祭公解第六十

按竹書紀年穆王十一年王命卿士祭公謀父二十一年祭文公薨

王若曰、祖祭公。注 祭公、周公之後、昭穆於穆王在祖列、次予小子虔虔在位。注 虔、敬。昊天疾威、予多時溥愆。注 溥、大也。言昊天疾威於我、故多是過失。我聞祖不豫有加、予惟敬省。不弔、天降疾病、予畏天威、公其告予懿德。天威舊訛之威盧從趙改 注 弔、至也、言已道不至、故天降病、王思公告以美德、懿、美也、降病舊作下病思公六字舊作畏守不美 祭公拜手稽首曰、天子。注 拜手、頭至手、稽首、頭俯地。謀父疾維不瘳、朕身尚在茲、朕魂在

外篇申字玩注宜作由

于天。注謀父、祭公名、我魂在於天、言必死也、梁云朕魂在於天昭王之所九字當連作一句注似誤洛按梁說甚是但注語可解又且碍難刪併昭王之所勖宅天命。注言雖魂在天、猶明王之所勉君天下之事也、王曰、嗚呼、公朕皇祖文王烈祖武王度下國作陳周語意當是言文武所制作者陳布周密也維皇皇上帝度其心、寘之明德。注下國、謂諸侯也、天度其心所能、寘明德於其身也、付畀於四方用應受天命。敷文在下。畀舊訛俾從沈改注付與四方受命於天、而敷其文德在下土也、我亦維有若文祖周公暨列祖召公、茲申予小子追學於文武之蔑。蔑應通茂注言己追學文武之微德、此由周召分治之化也、微舊作徵盧改且曰微德蓋釋蔑字義也洛按不如作徽德尚書曰以前人之

外篇 惟茂厥功方受之勉之既受之

徽言漢石經作徽言是一字通用亦與經以蔑通茂合　用克龕紹成康之業以終天

命用夷居大商之衆　按龕疑龕訛首从令不从合龕古靇字借靇爲靈龕紹猶書言靈承也居下舊衍之字　注 將、行、夷、平也。言大商本其初也。　我亦維有若祖

祭公之執和周國保乂王家　注 執謂執其政也。　王曰公稱

丕顯之德以予小子揚文武大勳宏成康昭考之烈　注 稱

謂舉行也。昭考、昭王、穆王之父也。　王曰公無困我哉俾百

僚乃心率輔弼予一人　注 言公當使百官相率和輔弼我

不然則困我。　祭公拜手稽首曰允乃詔畢桓于黎民般　桓疑

恒訛　注 般、樂也。言信如王告、盡治民樂政也。乃、汝、汝王也。　公

曰天子謀父疾維不瘳敢告天子皇天改大殷之命維文

剋之仍茂厥功則茂功是積德累仁意注以美訓茂已誤其曰文以受命爲美武以剋殷爲美尤謬

王受之維武王大剋之咸茂厥功。注茂美也文王以受命爲美武王以剋殷爲美故曰咸也。維天貞文王之董用威亦尚寬壯厥心康受乂之式用休。注貞正也董之用威伐崇黎也既剋之而安受治之其治用美也。經注董皆訛重盧從卜改亦先王茂綏厥心敬恭承之維武王申大命戡厥敵。注言武王申文王受命之意而滅殷也。公曰天子自三公上下辟于文武文武之子孫大開方封于下土。注辟法也言我上法文武方大開國旁布於下土。天之所錫武王時疆土丕維周之基丕維后稷之受命是永宅之。基丕維三字舊闕盧從趙補注錫與言天子武王是疆所受是大維周之開基大維后稷

外篇陳星垣云不則疑丕則訛注似牽强洛按卷二大匡有不尚尚也之注此亦一類

所受命是長居此也維我後嗣旁建宗子丕維周之始并惠云并屏古字通郭注山海經曰并卽屏語有輕重耳注旁建宗子立爲諸侯言皆始并天子之故也盧云天子或作太子誤嗚呼天子三公監于夏商之旣敗丕則無遺後難至于萬億年守序終之注言當以夏商爲戒大無後難之遺守其序而終也遺舊訛道本經文改旣畢丕乃有利宗丕維文王由之注旣終之則有利于宗皆由文武之德也公曰嗚呼天子我不則寅哉寅哉注寅敬也不則言則也汝無以戾反罪疾喪時二王大功注戾反罪疾謂已所行時是二王文武汝無以嬖御固莊后固應通錮禮緇衣引作疾注嬖御寵妾也莊正也汝無以小謀敗大作注小謀

外篇家相亂王室是縱令家臣侵削王室若諸臣執國命則大夫已無權矣注以此作解則經文汝無以三字欠明此家相與皇門解家相厥室不同彼相字活此相字死其外謂其餘也

外篇避于險難是一僻不失于正是一僻惟如此故能免沒我世猶言死

謂不法先王也、大作、大事也汝無以嬖御士疾大夫卿士。緇衣疾下有莊士二字注言無親小人疾君子、盧云以上三句禮緇衣作葉公之顧命乃祭公之誤也汝無以家相亂王室而莫恤其外。注言陪臣執國命、恤憂也、外謂王室之外也、尚皆以時中乂萬國。注言當盡用是中道治天下也。嗚呼三公汝念哉汝無泯泯芬芬。厚顏忍醜時維大不弔哉。注戒三公使念我與王也、泯芬亂也、忍行亂則厚顏忍醜也、如是則大不善之也。盧云芬芬與呂刑棼棼同昔在先王我亦丕維以我辟于險難不失于正我亦以免沒我世。丕維于險舊倒今從盧定注先王、穆王父、祭公所事也、父舊脫盧增辟、君也、按辟當與避通若作君字解則經欠明晰言我事先王、遇大難正

無愧也

〔外篇〕保兼保國保家故曰皆保然惟有以保國方有以保家故下節之意謂汝等果自念曰我欲安子之攸保所以勉教誨之則汝等皆世紀無絶矣

按史記歷考敗亡之迹以爲烱戒也職方周知廣輪之數與物産之宜以識民依也爲治有要於此者乎觀此二篇知穆王非

而不失故能以善没世言善終。嗚呼三公予維不起朕疾。汝其皇敬哉茲皆保之〔注〕皇大也言當式敬我言如此則天下皆安之曰康子之攸保勖教誨之世祀無絶不我周有常刑〔注〕康安也子之所宜安以善道勉教之則子孫有福不然則犯常刑也王拜手稽首黨言〔注〕王拜受祭公之黨言也王拜則三公拜可知也盧云黨讜古字通荀子非相篇博而黨正注謂直言也又見張平子攷劉寬二碑

史記解第六十一

維正月王在成周昧爽召三公左史戎夫左舊訛在盧云竹書紀年穆王二十四年命左史戎夫作記則當作左古今人表作右史訛〔注〕王是穆王也戎夫左史

耄荒之主矣特是方策所載莫非政典作者何獨取此二篇毋亦以東遷後僅稱共主不但丕顯丕承不可復見第如穆王如此已當世之所稱賢君而重有感耶作者洵乃心王室矣

括地志絳州龍門縣西一里八十步即古皮氏城也

潛夫論華氏子姓也

【外篇】一言禁哲士之凌政一言禁邪人之專政注上段言禁信義則亂生

名也。曰今夕朕寤遂事驚予（御覽事下有其字）【注】遂成也言有成事驚夢宿欲知之也（舊言在事下有訛行今改倒）乃取遂事之要戒俾戎夫主之朔望以聞（主多作言盧從御覽）【注】集取要戒之言月朔望日於王前讀之（月朔望日舊訛月已日望盧改盧云朔望之稱蓋始於此）信不行義不立則哲士凌君政【注】言君不行信義信義由哲士故哲士凌君之政也（上哲士舊訛智正）禁而生亂皮氏以亡【注】禁義信則亂生皮氏古諸侯也（盧云紀年帝不降三十五年殷滅皮氏）諂諛日近方正日遠則邪人專國政【注】好順人意爲諂諛禁而生亂華氏以亡【注】華氏亦古諸侯也好貨財珍怪則邪人進邪人進則賢良日蔽而遠【注】賢良不行貨故蔽遠賞罰無位（位疑信訛）

已非經旨而下段覺難措詞矣或謂哲士安肯生亂然既參政便是亂階矣

〔外篇〕奉孤二句如漢霍光明張居正皆是挾德句是心懷怨望意位均句是威權震主意亡如廢立之事是也

隨財而行夏后氏以亡〔注〕桀由好財亡也嚴兵而不仁者其臣懾其臣懾則不敢忠不敢忠則民不親其吏仁舊闕据注補〔注〕不敢忠乃不仁所致下效其上故不親所致舊脫按文義增刑始於親遠者寒心殷商以亡〔注〕紂以暴虐亡也樂專於君者權專於臣權專於臣則刑專於民〔注〕君荒於樂則權臣專斷用刑濫矣君娛於樂臣爭於權民盡於刑有虞氏以亡〔注〕專則致爭而刑殺之民盡被刑也有虞商均之後奉孤以專命者謀主必畏其威而疑其前事〔注〕謀主謂孤長大也前事謂專命挾德而責數曰疏位均而爭平林以亡〔注〕挾其見奉之德而責其前專命事此與周公反矣按經似言人臣

或曰位均二句如三卿分晉然與奉孤不貼

外篇成湯時有夙沙氏疑即質沙其後如此

按道篇排疊之中每數段即有變換惟此段特變異樣飄忽異樣搖曳自是着意文字

挾其奉孤之德而責報無已遂致與上日疏猶所謂有如此頁心門生天子也如此此則宜數字斷句注此三語已難解詁經更欠明晰

位均、勢敵。均舊作於、或作與盧改 大臣有錮職諱誅者危。諱疑講訛 昔者質沙三卿朝而無禮、君怒而久拘之。諱而弗加。弗加似應作弗已浮山云弗加誅戮也 注 錮職、謂事專權也、 三卿謀變質沙以亡。三卿本多作諱卿今從卜本浮山云諱卿謀變言因久拘而作亂也洛按經注俱言三卿則卜本義長 注 有三卿、諸侯可知也、 外內相間。下撓其民。民無所附。三苗以亡。弱小在彊大之間。存亡將由之。則無天命矣。不知命者死。注 無天命、命在彊大者也、彊大舊訛彊壯盧改 知命則存。不知命則足以亡矣、 有夏之方興也。扈氏弱而不恭。身死國亡。注 有夏、啟也。戰於甘滅扈也、 嬖子兩重者亡。昔者[illegible]

〔外篇〕此林氏疑即下文與上衡爭權之林氏

氏有兩子異母皆重九域志邠州古義渠城括地志寧遠慶三州秦爲北地郡春秋戰國時爲義渠戎國之地〔注〕王不別長庶寵秩同也君疑大臣分黨而爭義渠以亡盧云紀年武乙三十年周師伐義渠乃獲其君以歸〔注〕各有所事而爭立也功立舊訛力盧改大不賞者危昔平州之臣功大而不賞諂臣日貴功臣日怨而生變平州之君以走出舊之臣功臣二臣字脫又貴上衍賞字盧依李善注文選所引增刪〔注〕有功不賞而貴諂臣有德不官而任姦倿宜其出走也召遠不親者危昔有林氏召離戎之君而朝之〔注〕林氏諸倿至而不禮留而弗親離戎逃而去之林氏誅之天下叛林氏〔注〕天下見其遇戎不以禮遂叛林氏林氏孤危也昔者曲集之君伐智而專事彊力而不信其

外篇 浮山云信原作賤謂貴用强力之臣也賤字可通

。臣忠良皆伏。信舊訛賤盧從卜改。注 伐智自足也、伏謂不爲之用、愉州氏伐之君孤而無使曲集以亡。盧云博物志作榆炯氏之君孤而無使曲沃進伐之以亡與此差互當是彼誤。注 曲集、愉州、皆古諸侯、晉者有巢氏有亂臣而貴任之以國假之以權擅國而主斷。注 委之政也、君已而奪之臣怒而生變有巢以亡。書序巢伯來朝芮伯作旅巢命正義注巢即南巢 注 秉政則專生殺而多怨讎、君奪其政懼禍見及故作亂也、而多怨讎舊訛則多怨雖今參盧改。斧小不勝柯者亡。昔有鄶君嗇儉。滅爵損祿羣臣卑讓上下不臨。注 柯所以秉喻君、斧所以用喻臣、臣無爵祿、君所亡人、不臨言不相承奉也、亡人舊只一任字蓋誤合爲一而訛。後鄶小弱。賞罰不行。鄶舊闕今援上下文補賞舊作禁今按文義改 重

〔外篇〕犯難爭權疑五字似有訛誤其下經言爭權不及犯難注言犯難不及爭權且經爭權語犯難不果爲疑語難解經再戰僞義意不與犯難爭權

氏伐之。鄶君以亡。盧云杞年帝高辛十六年帝使重帥師滅有鄶鄶亦作會〔注〕小弱不能行令、小弱舊訛兩弱久空重位者危昔有共工自賢自以無臣久空大官。〔注〕言無任已臣者故空官也、下官交亂民無所附唐氏伐之共工以亡〔注〕無大臣故小臣亂也君凶於上、臣亂於下、民無所依、堯遂流之、按共工人無專屬韋昭注魯語與注周語不同高誘注淮南與昭注魯語同或以爲炎帝之後或以爲伯于羲農之間故非堯時共工也本經言唐氏伐之共工以亡自當指流共工于幽州一語故經言伐而注直言流犯難爭權疑者死昔有林氏上衡氏爭權〔注〕爭爲犯難不果爲疑林氏再戰而勝。上衡氏僞義弗克俱身死國亡。而勝舊作弗勝盧改〔注〕林氏恃勝、上衡氏怠義、所以俱亡、知能均而不親並重事君者危昔有南氏有

疑相比附或曰犯難四字一氣疑字另讀故注曰不果爲疑然事理亦難通

二臣貴寵力鈞勢敵競進爭權下爭朋黨君弗能禁南氏以分有南之國水經注以爲在南郡競舊訛竟脫能字水經注作競下云君弗能制南氏用分虛据以改此注二臣勢鈞而不親權重各養徒黨所以分國也昔有果氏好以新易故故者疾怨新故不和注有果亦國名也內爭朋黨陰事外權有果氏以亡注外權謂外大國爵重祿輕比口不成者亡闕處疑注似是民字昔有畢程氏損祿增爵羣臣貌賢比而戾民畢程氏以亡按紀年武乙二十四年周師伐程戰于畢克之闕中記云高陵北有畢原畢陌南北數十里東西二三百里無山川陂池井深五十丈故周程戰處注有位無祿取名自成民不堪求比而罪之按取名應是取民浮山云取名是取多訛自成郁自益與經文成字不同好變故易常者亡昔陽氏之君自伐而好[illegible]

外篇阪泉之亡其病在誅戰不休并兼無親即不徙居亦亡即徙居得地亦亡且經徙居句蓋害智士既已寒心而又好與土木注竟言徙都失處似非本旨

無故業。官無定位。民運於下。陽氏以亡。按禮坊記有陽侯疑即陽氏之君注運亂移也。業形而愎者危。昔穀平之君愎類無親。破國弗剋。業形用國。盧云形通刑趙云類當作類注愎很類戾也。國不勝破、以刑爲業也、外內相援。穀平以亡。[illegible]武不止者亡。舊無武字今按文義增昔阪泉氏用兵無已。誅戰不休。并兼無親。文無所立。智士寒心。惠云阪泉氏蓋蚩尤也趙疑是炎帝之後浮山云據左僖二十五年傳黃帝戰于阪泉之兆則蚩尤亦稱阪泉氏注無親、謂并兼之也。無文德。故智士寒心也、徙居至于獨鹿。諸侯畔之。阪泉以亡。注獨鹿、西戎地名。徙都失處。故亡也、盧云當麥解蚩尤逐赤帝于涿鹿之河赤帝說黃帝執蚩尤殺之獨鹿即涿鹿也亦名濁鹿很而無親者亡。昔者縣宗之君。很而無聽。注不納忠言、

執事不從宗職者浮山云三字似執事注語疑發大事群臣解體[illegible]昔

有違心國無立功縣宗以亡昔者玄都賢[illegible]鬼道廢人事天

盧云元都氏見紀年帝舜四十二年來朝獻寶玉博物志作賢鬼神道[illegible]求禱神[illegible]謀臣不

用龜策是從神巫用國哲士在外玄都以亡[illegible]賢任巫

所以亡也按本段昔者元都之上以上下各段例之似脫領綱一句浮山云元都保篇有神巫靈寵以惑之

語與此相同[illegible]云神巫寵惑[illegible]昔者西夏性仁非兵[illegible]

性仁而無文[illegible]武備城郭不修武士無位惠而

好賞屈而[illegible]可[illegible][illegible]無功盡賞無財可用無財舊例

盧訂唐氏伐之城郭不守武士不用西夏以亡[illegible]唐氏[illegible]

美女破國昔者績陽彊力四征重邱遺之美女[illegible]重邱之

君畏其并，巳惑之以女，績陽之君悅之，熒惑不治，大臣爭權，遠近不相聽，國分爲二。莊子人閒世而目將熒之註使人眼眩也又齊物論是黃帝之所聽熒也註熒惑也（注）君昏於上，權分於下，所爲二也。宮室破國皆

者有洛氏宮室無常，池囿廣大，工功日進，以後更前，民不得休，農失其時。（注）工功進則民困矣，以工取官，賢材逃矣。饑饉無食，成商伐之，有洛以亡。（注）湯號曰成，故曰成商。成商舊說成湯嘗改洛按成商猶周之稱成周耳非必以湯號成也

職方解第六十二

職方氏掌天下之圖，辨其邦國、都鄙、四夷、八蠻、七閩、九貉、五戎、六狄之人民，（注）此在周官大司馬下篇，穆王使有司

按一部周禮穆王特採此篇原是考與圖

之意而作者既自著書又復全抄一通何也毋亦因王室日卑以爲使一旦操得爲之權則山川之夷險物產之豐嗇直可取懷而予無須求諸故府耶是亦留心世道者矣

抄出之欲時省焉國曰都邑曰鄙東方曰夷南方曰蠻西方曰戎北方曰狄閩蠻之別貉狄之別八七九五六見非一之言也（舊多訛脫盧校文義補正盧云不言四者四夷其總名也）與其財用九穀六畜之數（周官數下有要字）周知其利害乃辨九州之國使同貫利東南曰揚州其山鎮曰會稽其澤藪曰具區其川三江其浸五湖其利金錫竹箭其民二男五女其畜宜鳥獸狗（[illegible]盧云周官無雞狗彘役人妄增）竹箭篠也（盧云竹九字衍）州土氣生民男女各不同鳥獸山澤所育之爲也正南曰荊州其山鎮曰衡山其澤藪曰雲夢其川江漢其浸潁湛其利丹銀齒革其民一男二女其畜宜鳥獸其穀宜稻

南曰豫州其山鎮曰華山其澤藪曰圃田其川熒洛其浸陂溠盧云熒即滎也春秋傳戰于熒澤亦作熒陂當從周官作波讀爲播【注】華山西岳其利林漆絲枲其民二男三女其畜宜六擾其穀宜五種【注】家所畜曰擾五種謂黍稷菽麥稻也菽舊作穀盧依周官注改正東曰青州其山鎮曰沂山其澤藪曰望諸其川淮泗其浸沂沭其利蒲魚其民二男三女其畜宜雞犬其穀宜稻麥河東曰兗州其山鎮曰岱山其澤藪曰大野其川河泲其浸盧維其利蒲魚其民二男三女其畜宜六擾其穀宜四種【注】四種黍稷稻麥正西曰雍州其山鎮曰嶽山其澤藪曰弦蒲周官作玆蒲其川涇汭諸本皆作涇衲盧依周官改其浸渭洛其利玉石其

外篇注吳嶽本或作兵嶽誤周禮雍州山鎮曰吳嶽是爲確証孫炎曰雍州鎮有吳嶽山也郭璞曰吳嶽別名開山

民三男二女其畜宜牛馬其穀宜黍稷注嶽吳嶽也東北曰幽州其山鎮曰醫無閭其澤藪曰貕養其川河泲其浸菑時其利魚鹽其民一男三女其畜宜四擾其穀宜三種注四擾牛馬羊豕三種黍稷稻也河內曰冀州其山鎮曰霍山其澤藪曰揚紆周官作楊紆爾雅作楊陓其川漳其浸汾露露周官作潞梁云呂氏春秋不屈篇士民罷潞註潞羸也與左昭元年傳以露其體訓同是露潞古通用其利松柏其民五男三女舊是二女盧依周官改其畜宜牛羊其穀宜黍稷注所謂河內者盧疑者當作鄭正北曰并州其山鎮曰恒山其澤藪曰昭餘祁其川虖池嘔夷其浸淶易其利布帛其民二男三女其畜宜五擾其穀宜五種注五擾牛馬羊豕犬五種

黍稷菽麥麻、周官麻作稻乃辯九服之國、方千里曰王圻。注圻、界也、盧云與畿同其外方五百里爲侯服。注爲王者斥候也、服、言服王事也、舊脫上服字又王作正皆盧增改又其外方五百里爲甸服。注甸、田也、治田入穀也、入上舊衍又字盧刪又其外方五百里爲男服。注男、任也、任王事、又其外方五百里爲采服。此句舊脫盧依周官增註采事也爲王事民以供上又其外方五百里爲衛服。注爲王捍衛也、又其外方五百里爲蠻服。注用事差簡慢、又其外方五百里爲夷服。舊又脫此句亦盧据周官增又其外方五百里爲鎮服。注鎮、者言鎮守之。舊只六方圍今從盧補又其外方五百里爲藩服。注藩服、屏藩四境也、屏藩之藩舊脫今增凡國、公侯伯子男。周官云凡邦國千里封公

〔外篇〕周官此段似有可疑公侯太優子男太減即開方之整數亦不合

以方五百里則四公方四百里則六侯方三百里則七伯方二百里則二十五子方百里則百男較此猶詳、以周知天下凡邦國大小相維王設其牧〔注〕周徧維持也牧、謂牧御天下之政教、制其職各以其所能〔注〕連率牧監各任能也、制其貢各以其所有〔注〕土地所有乃貢之、王將巡狩則戒于四方曰各脩平乃守考乃職事無敢不敬戒國有大刑〔注〕考成也不敬則犯大刑也、職方所莅、莅舊闕今從盧補及王者之所行道率其屬而巡戒命周官作及王之所行先道帥其屬而巡戒命、王殷國亦如之〔注〕王十二歲一巡狩職方白所戒之命、其不巡狩之年六服盡朝謂之殷國也、巡戒命亦如巡狩也、舊脫之年二字及戒字又複朝字皆盧增刪

按此篇詞意極其剴露較祭公解排惻處似稍遜矣毋亦告若者與戒同官者有不同歟然求之國語中尚未及也何況後來作者

〔外篇〕經盡言紂不道亦似桀之虐耳注平言桀紂未合

逸周書管箋卷九

晉五經博士孔晁注

海康 丁宗洛 箋

芮良夫解第六十三 按紀年厲王八年初監謗芮伯良夫戒百官于朝當即此篇又按旅巢命爲芮伯作篇次在金縢上蓋武王時人然則芮氏其世臣與

芮伯若曰予小臣良夫稽道謀告。〔注〕伯爵、若順也、順其事而告之也、天子惟民父母致厥道無遠不服無道左右臣妾乃違天子舊闕盧補〔注〕無道無德政違畔也、畔舊作叛盧改民歸于德德則民戴否則民讎茲言允効于前不遠〔注〕言驗于前世、不遠言近、商紂不道夏桀之虐肆我有家〔注〕舉桀紂惡滅亡爲戒也、嗚呼惟爾天子嗣文武業惟爾執政小子同先

〔外篇〕經蓋言古人求多聞以自爲監戒若不求多聞凡事惟誘以不知是臣所未聞也注欠明

王之臣昏行罔顧道王不若罔舊闕今按文義補〔注〕同爲昏闇言教王爲不順言字似衍否則應在同上專利作威佐亂進禍民將弗堪〔注〕專利侵民佐亂進於禍也治亂信乎其行惟王暨爾執政小子攸聞〔注〕行善則治行惡則亂皆所聞知古人求多聞以監戒不聞是惟弗知〔注〕言古人患不聞故有所不知也后除民害不惟民害害民乃非后惟其讎〔注〕害民是與民爲怨讎后作類后弗類民不知后惟其怨〔注〕言民不從上命從其所行類善也不知君則怨深矣民至億兆后一而已寡不敵衆后其危哉〔注〕言上下無義共相怨懟則寡者危也懟舊訛對且在共上今改移嗚呼□□□如之洛按玩注語則經文缺漏不止三字

注禽獸人養食之則擾服雖家畜不養則畏人治民亦然也諸本注首皆無空鈌盧云應有脫文因疑是禽獸二字今從之今爾執政小子惟以貪諛爲事不勤德以備難注專利爲貪曲從爲諛下民胥怨財力單竭手足靡措弗堪戴上不其亂而力舊脫盧從趙增洛按單與殫通注言民相與怨上上加之罪民不堪命而作亂以予小臣良夫觀天下有土之君注有土謂諸侯也謂下舊衍之字從盧刪厥德不遠罔有代德注言無遠德罔有天下也時爲王之患其惟國人注是國人爲患也盧云蓋言今諸侯無有若湯武者故患不在諸侯而在國人言內潰也嗚呼惟爾執政朋友小子其惟洗爾心改爾行克憂往愆以保爾居注洗心改行憂往過則安爾之居位

外篇經言禍之所發似是泛言不專指民作亂注謂下民也仍跟爲王之患其惟國人來

外篇注欲行有成句上疑脫以行取

爾乃聵禍翫裁遂弗悛聵俗作瞶誤余未知王之所定矧乃小子小子舊闕今從盧補注聵陽不聞翫心不惕悛改矧況也尚不知王定況貪諛之臣能得其所也惟禍發於人之攸忽於人之攸輕口不存禍發之攸伏闕處疑是戒字注言人所輕忽則禍之所起謂下民也謂讒諛小子不圖善偷生苟安爵以靖戚注苟且無[illegible]不任德賢智箝口小人鼓舌逃害要利並得厥求[illegible]曰哀哉注賢者靖默以逃害小人貪諂以要利各得其求君子爲之哀者也我聞曰以言取人人飾其言以行取人人竭其行飾言無庸竭行有成[illegible]君子不以言舉人無功故也欲行有成故也惟爾小子[illegible]

入句

按此篇於體近蕪爲格似弱特是周室既衰天下莫不望有中興之主王子生而賢慧朝野方共傾心無如不永于年致使人人飲泣作者殆亦默悲王室之不復振故

王。寔蕃有徒。王貌受之。終弗獲用。面相誣蒙。及爾顛覆。〔注〕蕃多徒衆，言非一也。貌爲外相悅而無實也。君臣之相誣蒙，必相及共顛覆之也。盧疑之也之字衍 爾自謂有餘。予謂爾弗足。敬思以德。備乃禍難。〔注〕言其不足於道義也。以，用也。乃，汝也。難至而悔。悔將安及。無曰予爲。惟爾之禍。〔注〕爲，不言也。

太子晉解第六十四

謝云此篇誕而陋與諸篇絕不類孔氏亦注之甚矣其無識也

晉平公使叔譽于周。見太子晉而與之言。〔注〕叔譽者，大夫叔向也。周靈王太子名晉也。五稱而三窮。舊作五窮盧据潛夫論及御覽所引改 逡巡而退。其言不遂。言舊脫今据御覽增 〔注〕五稱，說五事。遂，終

特記此篇歟不然太子晉可紀者尚多何爲獨詳此事耶

也。歸告公曰：太子晉行年十五，而臣弗能與言。【注】告平公稱其賢才也。君請歸聲就、復與田，若不反，及有天下，將以爲誅。【注】聲就、復與，周之二邑名。周衰，晉取之也。平公將歸之，師曠不可，曰：請使瞑臣往與之言，若能懞予，反而復之。【注】師曠，晉大夫，無目，故稱瞑。懞，覆也。度謀還與否也。師曠見太子，稱曰：吾聞王子之語高於泰山，夜寢不寐，晝居不安，不遠長道而求一言。【注】語高於泰山，言無上也。語舊訛言不安，言飢渴也。言舊訛至王子應之曰：吾聞太師將來，甚喜而又懼。吾年甚少，見子而懾，盡忘吾其度。【注】懾而忘度，所以爲謙。師曠曰：吾聞王子古之君子，甚成不驕，自晉始如周，行

外篇委積施關六句皆是答行不知勞語但師曠是言自已王子則爲之古君子問答不相應讀者勿滯可也

不知勞。盧疑始爲衍落按移於自晉上抑爰注有成德不以驕易也、王子應之曰。古之君子其行至慎。委積施關道路無限。委積俗本皆作天下盧從元本章本百姓悅之相將而遠。遠人來驩。視道如咫。咫舊訛尺盧依惠改注言己不及古君子。咫喻近、師曠告善又稱曰、古之君子其行可則由舜而下。其孰有廣德。注問舜己下可法則之君子也、王子應之曰。如舜者天舜居其所以利天下奉翼遠人皆得己仁。此之謂天。注言其仁合天道、如禹者聖勞而不居。以利天下。好取不好與。必度其正。是之謂聖。之謂舊倒盧依上下文訂注盡力溝洫、勞也、天下受利、不居其功、合聖道也、天下二句舊是貪財利篤其功按好取不好與當是言禹凡事皆引爲己任不肯推諉於人孔氏以貪利解之

外篇 返失其身當是言既已有衆而猶勤勞不顧其身也注末句返失之勤言其過于勤也

何其謬也今依經文訂正浮山云貪財利上當是脫一不字耳洛按經文亦無不貪財利意如文王者○其大道仁其小道惠三分天下而有其二敬人無方服事于商既有其衆而返失其身此之謂仁○盧云返失其身似指囚於羑里注以其仁德人惠懷之行繇常唯賢所在勞謙恭儉日夜不息返失之勤○趙云返皆當作反勤盧改爲也非是如武王者義殺一人而以利天下異姓同姓各得其所是之謂儀○其所是三字舊脫盧從沈增儀舊作義盧據注改注一人紂也儀善師曠告善又稱曰宣辨名命異姓惡方○按異姓如堯舜及五臣始本一祖後乃各自爲姓是也惡音烏惡方猶言何類也王侯君公何以爲尊何以爲上注問其事義○義舊作儀今據下乃登爲帝注語改○王子應之曰○人生而重丈夫謂之胄子胄子成人能治上

外篇 率眾時作當即皐陶言率作興事之意注言作謂農功反不該括侯能成羣似是二年成邑三年成都之謂注訓成曰成物而群字屬下句誤

外篇 舜明物察倫由仁義行生安之聖也此言聞物溯初下學以起亦足

謂之士。〔胄〕士率眾時作。謂之伯。盧疑謂之士士上亦有胄字洛按古無胄士之稱故定下胄字爲衍率眾北堂書鈔作齊眾伯上舊有曰字今照上下各句刪伯能移善於眾。與百姓同。謂之公。〔注〕作、謂農功、同、謂好義、公能樹名。生物。與天道俱。謂之侯。舊脫生字物與又倒盧据御覽改正侯能成羣。謂之君。〔注〕立名生物、謂化施於民也、成謂成物、羣謂之爲長也、君有廣德。分任諸侯而敦信。曰予一人。〔注〕敦、厚也、善至于四海。曰天子。達于四荒。曰天王。〔注〕四海、四夷、四荒、四表、四荒至莫有怨訾。乃登爲帝。〔注〕訾、歎恨也、合五等之尊卑而論事義以爲之名者也、師曠罄然。又稱曰。溫恭敦敏。方德不改。聞物□初。初舊亦闕但注有初本也語當在此處下學以起。尚登帝臣。乃參天子。

見其不廢學力矣起疑是精進不已意注起其物義也語未甚明晰或曰起猶起予者商之起

【外篇】皆作猶言受其裁成入其範圍注謂致其物也當是解萬物皆作句但意欠分曉財與材通非謂財利也分均天財是因物付物意熙熙是各得其所意

【外篇】東躅舊作東蠋今據太平御覽卷三百七十二所引改若御覽卷五百七十六引此又

自古誰能○諸本皆無能字今從卜本【注】嶅然、自嚴整也、方、道、初、本也、起○其物義也、○問最賢之人也、王子應之曰○穆穆虞舜○明明赫赫○立義治律○萬物皆作○分均天財○萬物熙熙○非舜而誰○誰下舊有能字盧云衍今按上自古誰能句舊無能字蓋彼脫而誤增於此耳故刪【注】律、法也、謂致其物也、熙熙、和盛、言舜臣堯功德如此也、○師曠東躅其足曰○善哉善哉○【注】東躅、踏也、王子曰、太師何舉足驟○師曠曰、天寒足跔○是以數也○跔舊是躅盧改盧云說文曰跔天寒足跔也從足句聲陸氏莊子釋文亦引作跔李登聲韻曰偏舉一足曰跔紀于求于二反【注】驟亦數也、王子戲問、故曠戲答、○王子曰、請入坐○遂敷席○注瑟○師曠歌無射曰○國誠寧矣○遠人來觀○脩義經矣○好樂無荒○【注】亥言於堂、故更入燕室坐、

作踟躅古字通

歌此辭而音合於無射之律。乃任瑟於王子。王子歌嶠曰。何自南極至于北極。絕境越國。弗愁道遠。按下二句似應倒換以歌辭須叶韻也【注】嶠、曲名也、師曠作新曲美王子、王子述舊曲諫也、上句末舊有也字今刪。師曠蹶然起曰。瞑臣請歸。【注】蹶然、疾貌、王子賜之乘車四馬曰、太師亦善御之。【注】禮爲人子三賜不及車馬。此賜則白王然後行可知也。按禮文乃指爲人子者受君之賜言孔氏援引既誤且於此處無着師曠對曰。御吾未之學也。王子曰、汝不爲夫詩。詩云、馬之剛矣。轡之柔矣。馬亦不剛。轡亦不柔。志氣麃麃。取予不疑。志氣麃麃舊譌志之塵塵盧依左襄廿六年正義改謝云因左傳有國子賦轡之柔矣乃足數語以飾之讀者勿爲所欺以是御之。【注】馬不剛、轡不柔、言和擾也、麃麃、

外篇 太平御覽卷一百四十六節引

亦和擾也、不疑、和之心也。師曠對曰、瞑臣無見。為人辯也。唯耳之恃。而耳又寡聞而易窮。王子汝將為天下宗乎。注辯、別也。為人有所別、唯恃耳也。宗、尊也。天下所尊則有明王者也。盧疑則有字衍王子曰、太師何汝戲我乎。自太皥以下至于堯舜禹。未有一姓而再有天下者也。按周室雖衰猶稱共王子晉安得為此言恐有訛字其意當是謂子孫未有少年聰慧而中興者夫木當時而不伐。夫何可得。舊本訛大次夫訛天今按文義改蓋言木當可伐之時人未有不伐之者以喻已非惟不立且不壽矣注言自庖犧至禹。其子孫未有期運當時者、斯不立矣。言周衰雖未盡、已必不立也。者字雖字舊脫且吾聞汝知人年之長短。告吾。舊闕訛問知訛之皆盧据各本改師曠對曰、汝聲清汗。汝色赤白。火色

此篇稱爲周語汝聲三語無汗字句字較明晰則此書恐係誤衍若御覽卷七百二十九卷七百三十一引此並稱周書而一作汝聲清浮汝色赤火色不壽一作汝聲清浮汝赤色火主不壽皆與潛夫論志氏姓篇汝聲三句不同雖浮字可通然汗字已久

按此篇多粹精語家國天下之道莫不具備讀尚書者徒尊信古文之畢命冏命君牙君陳等篇何不紬繹乎此

不壽。〔注〕清角也言音汗沈木按此宜作清角音也音清沈木蓋音訛爲言又誤倒耳經有清汗淫有汗沈互求之經之汗乃沈訛淫之汗乃清訛也木生火色赤知聲者則色亦然、王子曰、然吾後三年將上賓于帝所。汝愼無言。殃將及汝。然字將字殃字舊脫盧從王符潛夫論增〔注〕言死必爲賓于天帝之所、鬼神之事秘、則王子之事、不欲令人知之也事秘舊脫今從盧增師曠歸。未及三年。告死者至。〔注〕未及三年、并歸之年爲三年、則王子年十七而卒也、盧云風俗通此下有云孔子聞之曰惜夫殺吾君也潛夫論同

王佩解第六十五王或作玉佩或作珮但經起語曰王者所佩在德自以王佩爲是玉珮皆訛誤

王者所佩在德。德在利民。民在順上。〔注〕言以利民爲德也、天子事天、所以威下使事上、合爲在因時。應事則易成。〔注〕

得時而爲則合爲應其機則易成舊是得時所爲合應爲其機九字今訂正謀成在周長有功在力多〔箋〕周忠信也力多則功多也昌大在自克不過在數懲〔箋〕以義勝欲得昌大數自懲艾則無過也自舊作有今從趙改不困在豫慎見禍在未形〔箋〕事未成而豫慎則不困也除害在能斷安民在知過用兵在知時〔箋〕能斷所思也知過輒改民得安生時謂可伐時也舊思上衍不字得訛將勝大患在合人心〔箋〕舉合民心何患之有哉殄毒在信疑孽子在聽內盧云孽子當謂災害其子趙云聽內似謂聽信婦人偏愛之言化行在知和〔箋〕內聽於孽孽而出於室中宜其生災也上孽與嬖通凡婢妾皆謂之孽下孽則禍孽之孽也出舊訛吐又室中訛中言可否相濟曰和施舍在平心不

幸在不聞其過○【注】施、謂施惠、舍、謂赦罪、望人以聞己過爲幸、貴速改也、○福在受諫、基在愛民、固在親賢○【注】受諫則無非、故福、以愛民爲基、親賢人則固、明君之義也、禍福在所密○利害在所近○存亡在所用○【注】所與密所親近、所任用、皆忠良、則福利生、反是則禍害至、次所字舊訛皆卜本作離謂福利亦訛利用盧改○合在出命○漢書主父偃傳引作安危在出令尊在慎威○安在恭己○危亡在不知時○【注】教命善則事合、否則離矣、威得其宜則尊、恭己不妄則安、時謂天時、貴得其時也、舊無貴字今本經旨增○見善而怠○時至而疑○亡正處邪○是弗能居○此得失之方也、不可不察○【注】怠、懈墮不能行也、疑、由豫不果也、由與猶通、邪姦術也、處姦

按此篇似乖體裁然而武之心卽湯之心也湯之心因迹可見武之心都於因迹而掩作者寓武之心愈久愈沒也直述商書于周書以爲湯武迹雖殊而心則一不顧體裁之混淆不計言詞之與屑而使人求己之意于語言之外自得武之心于簡牘之中於是遂成一篇大有關係文字

術是不居大道也、天下舊有之字盧云當作正大之道今按之字衍刪經文弗能居猶言無以自全也總頂上三句所包者廣注卻粘滯乃是得失之道也、按經文方字謂如是則失不如是則得轉移正在人耳注似未得其旨

殷祝解第六十六

湯將放桀于中野。注此事不然矣、或者欲解之、士民聞湯在野。皆委貨扶老攜幼奔國中虛注言桀國中空無人、又不然矣、謝云湯之放桀亦如舜之封象故桀雖已放湯猶躬至中野而安定其人民中野之民咸去桀歸湯猶國中虛者中野之地虛也故湯復爲明之而士民致於桀之詞皆願歸亳桀乃與其屬五百人屢徙而至南巢也。桀請湯曰、國所以爲國者以有家。家所以爲家者以有人也。今國無家無人矣。君有人。請致國。國君之有也。舊國字不重今

[外篇]不齊疑即不其前漢武帝紀四月幸不其注不其山名在琅邪又左傳夾谷亦名祝其音亦相近

據下第三層增[注]此國謂天下也、湯曰否。昔大帝作道明教士民。今君王滅道殘政士民惑矣。吾爲王明之。[注]大帝謂禹明禹之事於士民也、士民致於桀曰以薄之君濟民之殘何必君更復。士民下舊有復字此乃初次致桀之詞不宜言復今移于君更下自爰上君字舊訛居殘訛感今按文義改[注]此士民辭也、薄湯所居也、言不肯[更]與桀徙遷湯、不肯舊作與君誤更字似衍桀與其屬五百人南徙千里止於不齊。不齊士民往奔湯於中野。不齊士舊脫今從盧增[注]不齊、地名、桀復請湯言國君之有也。國舊脫從盧增湯曰否我爲君王明之士民復重請之。按士民重請皆歸湯不歸桀意非請桀復位也桀與其屬五百人徙於魯魯士民復奔湯。[注]魯亦地名、桀又曰、國君之有也。吾則

李杞解旅巢命曰成湯放桀於南巢巢人納之終商之世義不朝商迨商亡周與於是來朝亦足見巢之忠及商之盛德矣

按從來解放字皆以爲放黜鈐制之意此篇曲折敘來至此始曰湯放桀而復薄一放字有許多安慰愛置之意在內讀者若細心玩味又長一番學識

外人有言彼以吾道是邪我將爲之浮山云爲之是委之訛玩下文自見注言桀以此辭勸勉湯也也上舊衍者字湯曰此君王之士也君王之民也委之何往湯不能止桀注必欲去也正文往字舊脫湯曰欲從君者從君桀與其屬五百人去居南巢注南巢地名舊本正文去字下郎注云居南巢之地名盧改湯放桀而復薄三千諸侯大會注大會於薄湯退再拜從諸侯之位湯曰此天子位有道者可以處之注讓諸侯之有道者天下非一家之有也天下舊作天子盧從道改有道者之有也故天下者唯有道者理之唯有道者紀之唯有道者宜久處之注久處久居天子之位湯以此讓三千諸侯莫敢即位然後湯即天子之位注三千諸

按此篇縱橫恣肆頗近戰國風尚矣然荀卿無其排奡莊周無其暢茂又何論於爲堅白異同之說者

侯勸之也。與諸侯誓曰陰勝陽即謂之變而天弗施【注】逆天道故不施。雌勝雄即謂之亂而人弗行【注】雌勝雄女凌男之異逆人道故不行焉。故諸侯之治政在諸侯之大夫治與從。或作於從【注】言下必順上所以敎治也。

按此篇例以伊尹獻商書之附於王會則此不宜自爲一篇予初欲倣朱子序次大學之例移此於克殷後庶使作者以湯明武之旨益顯然猶未敢遽定也誌之以俟後之君子

周祝解第六十七

曰維哉其時告汝不聞道恐爲身災。不聞二字盧以爲非今按照注不誤【注】言所以告汝者以汝不聞道爲身災也。者以汝舊脫 謹哉民乎。朕則生汝朕則刑汝【注】告以善道是生之刑是敎之以法

外篇時行時從兩段一徙一從必有一訛玩上段注中有從字下段注云

也、刑舊脫是下又衍一字朕則經汝。一本云案注似脫朕則阜汝句朕則亡汝。朕則

壽汝。朕則名汝。注經紀汝、昌阜汝、殺亡汝、爲汝請命、名汝

善惡也、故曰文之美而以身剸自謂智也者故不足。注狐

貉俱以文受害、人自賢則愚惡反見也、角之美殺其牛。榮

華之言後有茅乙按榮華之言言之諓諓可聽者也茅借作荆棘之意蓋佞說雖可聽而終不可行也

注言牛以角死、虛言致穢也、凡彼濟者必不怠觀彼聖人

必趣時。盧云潛夫論引云凡彼聖人必趨時注以不怠故濟、以趣時故聖、石

有玉而傷其山萬民之患在多言。多舊闕注山以有玉故傷、

人以有言受患、時之行也勤以徙。不知道者福爲禍。注不

徙以及時、人故失其福也、時之從也勤以行。不知道者以

與時偕行亦於從義為近則時從從字疑從訛

外篇 貜俗本作貜非字書無貜字蚤爪古字通曲禮不蚤鬋注曰蚤讀為

福亡。○注 行，謂與時偕行。故曰肥豕必烹，甘泉必竭，直木必伐。○注 以其供人用，自然理。地出物而聖人是則。○則舊訛時按易河出圖洛出書聖人則之是也雞鳴而人為時，觀彼萬物且何為求。○盧云且字似衍求照注宜是來注 萬物自然，不為人來，聖人則之，如因雞鳴以識時也。故天有時，人以為正；地出利，而民是爭。○注 正，謂敬授民時也。爭，謂爭共斂之也。人出謀，聖人是經。陳五刑，民乃敬。○注 經，經度之也。敬，敬上命也。教之以禮，民不爭；被之以刑，民始聽。因其能，民乃靜。○注 有禮則讓，故不爭。聽，順。靜，服。謂不為亂也。故狐有牙而不敢以噬，貜有蚤而不敢以撅。○說文引此蚤作爪盧云應作叉爪為覆手叉為手足甲似作叉為是注 喻人以小能不敢望

爪

【外篇】誰昭誰暝誰死誰生是不可預必不可自恃意合下陷擭陷詐並看自明注非本旨

大官、亦求自盡而已也、勢居小者不能爲大○【注】雖有其材、勢不便故、其舊作英持欲正○中不貪其害○凡執道者不可以不大○持舊訛特執道舊訛勢道蓋與執德意同【注】不貪害則中正可立、舊作不貪害也中正不立按立即持意本經旨改正○不大其厥至道不行也、故木之伐也而木爲斧賊難之起自近者○舊次之訛而也下衍者字盧改刪浮山云此者字乃首字訛【注】因木以伐木、因近以成賊、二人同術○誰昭誰暝○二虎同穴○誰死誰生、【注】虎者能陷、猛者能生、故虎之猛也而陷於擭○人之智也而陷於詐○擭舊訛獲盧改【注】虎以食陷穽、人以欲陷詐、詐、罔也、橐之美也解其柯○柯之美也離其枝○枝之美也拔其本○解柯舊脫其字趙增鐖矢將至、不可以無盾○盧云儼即嚴【注】此言飾末業覆本質也盾喻爲人當有所備護故譬有獄而焚其草木大威將至不可爲巧焚其草木則無種大威將至不可以爲勇【注】亦言貨以危身禍至不可救也亦言舊倒今從盧訂

故天之生也固有度國家之患離之以故盧云離罹也【注】言患因事而起故事也注首舊衍以字

地之生也固有植國家之患離之以謀【注】植立也有生則立也

故時之還也無私貌日之出也無私照【注】還謂至也貌謂無實時至並應日出普照也按還如還還相爲宮之還無私貌謂榮枯之狀適應四時之氣耳

時之行也順無逆爲天下者用大略順下舊衍至字從盧刪【注】言當以大略順時也

火之燀也固定上爲天下者用牧盧疑定爲走訛【注】燀然也火曰炎上牧謂

不欲多上人也與走上相反注謂法也恐未當不善有桴旋是過顏在山意與走下相反注擊鼓固誤即惡政句亦難解

外篇二食字不同上是陰義故注因毀明生魄下是使前道故日月蝕于陰威失何與詩言此日而食如何不

法也、水之流也固走下。不善固有桴。注桴、所以擊鼓也、舊以脫。陳云桴當訓栰注非洛按爾雅釋地疏桴栰編木為之大曰栰小曰桴乘之渡水陳說是言惡政由於發者也者疑著訛故禍之起也惡別之。禍之起也惡別之注惡、於何也、言其微也、故平國若之何。須國覆、國事、國孤、國屠、浮山云數句是不有旨發者其何能與之義若之何。按若之何須猶言所須若何也下俱以不平言之則所以平者可想矣事與覆孤屠不類疑有訛或云事字直當作爭頭乃爭字但注語却無爭意注覆誠也、事謂注無役也。次非似行孤謂無人、人舊脫盧從卜增屠謂為人分裂也、舊謂舊倒盧句故曰之中也。仄月之望也。食威之失也。陰食陽善為國者使之有行。注仄、跌也、按仄與昃通跌宜作昳但昔自朝至于日中昃疏云昃亦名昳言日蹉跌而下謂未時也似跌亦可通食、謂毀明而生魄也、以日蝕

滅同旨

外篇 從是隨物散給之義注謂立也似有訛脫

外篇 大戴禮武王踐阼篇杖之銘曰惡乎危於忿疐注惡乎於何也本篇上

於陰喻君行失道是彼萬物必有常國君而無道以微亡【注】微亡積小以致滅亡者也微亡舊訛微以故天爲蓋地爲軫善用道者終無盡地爲軫天爲蓋善用道者終無窮【注】善用道動靜法天地善用諸本皆作言因今從卜本天地之間有滄熱善用道者終不竭【注】滄寒竭盡惠云說文滄从仌倉聲寒也列子曰日初出滄滄涼涼陳彼五行必有勝天之所覆盡可稱【注】言五行相勝以生成萬物盡可稱名之也故萬物之所生也性於從萬物之所反也性於同反舊訛及盧据注改按此二語當即物物各一太極萬物共一太極意【注】從謂立也始異終同故曰反也同舊脫盧增故惡姑幽惡姑明惡姑陰陽惡姑短長惡姑剛柔按語意蓋言於何處而且見其如此乎可知幽明數者循環無端也

[illegible]

[注]姑者且也、言幽明之相代、陰陽之變易、短長之相形、剛柔之相生、無始無終之道也、舊無二無字今按經旨增○故海之大也、而魚何爲可得、山之深也、虎豹貔貅何爲可服○[注]言皆以貪餌自中鉤檻也、人智之邃也、奚爲可測、跂動蠉息、而奚爲可牧○[注]誠於事故可測、牽於事故可牧、按牧當是馭制意蓋言跂動蠉息本屬微忽然必有所爲而然則人得而馭制之注故曰牽於事故可牧玉石之堅也、奚可刻○[注]言服飾之窮物也、按經旨蓋言剛者必折雖以玉石之堅人究能雕刻之注似未得其解○陰陽之號也、孰使之○牝牡之合也、孰交之○君子不察、福不來○[注]言陰陽之稱號、牝牡之交合、皆自然也、君子察自然之理、則福來也、按號應讀平聲元命包曰陰陽怒而爲風和而爲雨埤雅曰陰陽以回薄爲雷以申洩爲

外篇利似與故者以利爲求之利同

電蓋皆有莫知其所以然者故曰孰使之若如注作名號說則孰使難通故忌而不得是生事。故欲而不得是生詐。注生事、謂變也。生詐、謂詐爲求之。欲伐而不得、生斧柯。欲鳥而不得、生網羅。欲彼天下、是生爲。注生所以成所欲也。爲、謂云爲之事也。舊生字在所以下誤上爲字亦脫維彼幽心是生包。維彼大心是生雄。維彼忌心是生勝。注包、謂包藏陰謀。雄、謂雄桀於人也。勝、謂勝所忌、皆惡忌事也。盧疑次忌字衍。故天爲高。地爲下。察汝躬、奚爲喜怒。天爲古。地爲久。察彼萬物、名於始。注言法天地、則喜怒無錯。推古久則萬始可知也。左名左。右名右。視彼萬物、數爲紀。紀之行也、利而無方。行而無止。以觀人情。注名以左右、則物以數義聖人有所創建，因天因地自然成制，是利而無方也。亘古亘今百世不敝，愈行而無止也。王道必本人情，故曰以觀人情。

爲紀。紀則生利，利以利情也。末句似有誤

利有等。維彼大道成而弗改。用彼大道，知其極。加諸事，則萬物服。注：等，差也。大道，天道也。極，中也。事，業也。用其則必有羣。加諸物，則爲之君。注：羣，類。羣其脩，則有理。加諸物，則爲天子。注：脩，長也。謂綱例也。玩注語則羣脩有理，當是綱舉目張意。

按此篇以武爲名卻非專言武事大都持盈保泰之旨居多通體月剛風柔澄波瀧滴在全書中另是一種筆致

按此段頗類陰符十三篇等書然聖人好謀而成則未有不策其萬全而輕舉妄動

逸周書管箋卷十

晉五經博士孔晁注

海康 丁宗洛 箋

武紀解第六十八

幣帛之間有巧言令色事不成車甲之間有巧言令色事不捷克口事而有武色必失其德臨權而疑必離其災不成不捷智不可恃强於不足幷於不幾則始而施機而弗免無功舊不成不捷句不成闕今本上文補又恃强二字闕施機作施幾今按文義補攺蓋恃智之人力不足者欲强之勢不及者欲幷之則始雖有可施之機而終不免於無功也國有三守卑辭重幣以服之弱國之守也脩備以待戰敵國之守也循山川之險而固之僻國之守也伐服不祥伐戰危伐險難故善伐

箸

外篇 無若而危無字與下無爲變死無怨死亡一例

者不伐三守國有六時五動四順間其疏薄其疑推其危扶其弱乘其衰暴其約此謂六時扶之而不讓振之而不動數之而不服暴之而不革威之而不恐未可伐也此謂五動振讀如震立之害毀之利克之易并之能以時伐之此謂四順立之不害毀之不利唯克之易并之不能可伐也立之害毀之未利克之難并之不能可動也靜以待衆力不與爭權弗果據德不肆國若是而可毀也地荒而不振德衰而失與無若而危矣振如禮月令振乏絕之振求之以其道而事無不得爲之以其事而時無不成有備則無患而事舊闕今據下事時至何補備則舊作利備今本晉語改倒事時至而不迎天祿乃遷迎之不道行

事乃困○天舊誤大迎之作延之不作小口動大殃○鬬遥疑是忿字謀有不疑者三仁廢則文謀不足勇廢則武謀不足備廢則事謀不足國有本有幹有權有倫質有樞體○樞應通軀土地本也人民幹也敵國侔交權也政教順成倫質也君臣和口樞體也○應是和悅土地未削人民未散國權未傾倫質未移樞體未小雖有昏亂之君國未亡也○樞體未小舊脫今查下居之句內有阻體之小四字定係此處誤錯困改正移此國有幾失居之不可也○不可下舊衍阻體之小四字今刪不畏鄰家難復飾也○畏舊誤果封疆侵淩難復振也服國從失難復扶也大國之撫養小國之畏事○撫舊誤無按此當即孟子以大事小以小事大意不可以本權失鄰家之交不可以枉繩失鄰家之交○上鄰字舊

外篇 吳語則無爲貴知矣玩無爲二字猶何以之謂也此處三無爲應同此義畏患藏畜二句脫爲字與上無若而危一例末段定亡疑危亡訛是疑兒訛

闕 不據直以約。不虧體以陰。不可虞而奪也。不可策而服也。不可親而侵也。不可摩而測也。不可求而循也。施度於體。不慮費事利於國。不計勞失德喪服於鄰家。則不顧難矣。交體侵淩。則不顧權矣。封疆不得其所。無爲養民矣。得上 舊衍時字 合同不得其位。無畏患矣。百姓屈急。無藏畜矣。畜應通蓄 擠社稷。失宗廟。離墳墓。困鬼神。殘宗族。無爲愛死矣。卑辭而不聽。供財而不支。計戰而不足。近告而無顧。告過而不悔。請服而不得。然後絕好于閉門。循險近說外援。以天命無爲是定亡矣。 供財句舊是口財而無枝不足不字亦闕今補收援訛授盧從趙改葢所謂我生不有命在天也末句似費解按無爲字當是緣上數段只作發語聲 凡有事若民守社稷宗勵而先衰亡者皆失禮也（民上似應有治字）大事不法弗可作法而不時弗可行時而失禮弗可長得禮而無備弗可成舉物不備而欲致大功於天下者未之有也（致舊闕今照下不難句補）勢不求周流舉而不幾其成亡（周流疑固混訛固字斷句）薄其事而求厚其功亡內無文道外無武迹往不復來者亡（亡舊脫依上下文增）有悔而求合者亡不難不費而致大功古今未有（古今舊訛故令盧從趙改）據名而不辱應行而不困唯禮（應章本作隱）得之而無逆失之而無咎唯敬成事而不難序功而不費唯時勞而有成費而不亡唯當施而不拂成而有權久之而能□唯義（闕處疑是安字）不知所取之量不知所施之度不知動靜之時不知

按三不遠三不近三不畜包得官人解全篇在內

吉凶之事不知困達之謀此五者未可以動大事惠云謀宋本作諆古通用恃名不久恃功不立虛願不至妄爲不祥大上敬而服其次欲而得其次奪而得其次爭而克其下動而上資其力此句疑有錯字蓋言雖欲奪而不得雖爭而不克斯爲下矣上資或校費訛也或曰欲奪爭即下動得與克即上資其力亦通凡建國君民內事文而和外事武而義其形愼而殺其政直而公本之以禮勸之以時正之以度師之以法成之以仁此之道也

銓法解第六十九

有三不遠有三不近有三不畜敬謀祗德親同三不遠也聽讒自亂聽諛自欺近慝自惡三不近也有如忠言竭親

按器者竹木金石陶皆是服者絲布麻皆是一代制度莫備於此惜殘缺過甚耳（外篇）疲疑與苦窳同義

以爲信有如同好以謀易寇有如同惡合計掬慮慮泄事敗是謂好害三不畜也（盧云掬當與播同）

器服解第七十

明器因外有三疲二用器服數犢（疑犢訛）四棓禁豊一觴天葦獨食器甗遊膏侯脣侯樂鉍璞參冠一竿皆素獨二丸弇焚菜膾五腊（腊舊作昔）纁裏桃枝素獨蒲簟席皆素斧獨巾玄纘綾縞冠素紕玄冠組武卷組纓象□□瑱絺紳帶象玦朱極韋素（一作數）獨簟籥捍次車羔冒□純載枉綫喪勤棪纓一給器因名有三幾玄菌（浮山云玄菌疑玄閫訛）纁裏桃枝獨蒲席皆素布獨巾玄象玄純

〔外篇〕文王時若不遏紂之虐則仁德徧被矣而紂虐徧日益甚文王之心似些須仁澤救不出天下來故作者以爲商紂並立作教字亦恐有誤

〔外篇〕文王下增肇基二字則文義通亦與經旨合

周書序

昔在文王。商紂並立。困于虐政。將弘道以弼無道。作度訓。殷人作。教民不知極。將明道極以移其俗。作命訓。紂作淫亂。民散。無性背常。文王惠和化服之。作常訓。（背舊訛胥浮山改盧改作習非惠舊訛意盧据左傳紂作淫虐。文王惠和。語改。）上失其道。民散無紀。西伯修仁。明耻示教。作文酌。上失其道。民失其業。以救凶年。作糴匡。（以救舊闕）文王立。西距昆夷。北備玁狁。謀武以昭威懷。作武稱。武以禁暴。文以綏德。大聖允兼。作允文。武有七德。文王作大武大明武小明武三篇。（盧以文王爲非故文字作方圜且云闕脫不止一字今按脫字當在王下故從坊本）穆王遭大荒。謀救患分災。作大匡。（盧云穆王當作文王豈穆

外篇 諗告也宜倒作諗卿士維美公命句猶言文王之命公者甚美也

考亦可稱穆王與此下有脫簡詩正義云□□□□□
周書稱文王在程作程寤程典當在此
□□□□□□□□□□□□□□□□□□
作九開 按九開之上有程典程寤秦陰九政四篇而方圖只二十八个當是鈔書者誤去之耳 文王
唯庶邦之多難論典以匡謬作劉法文王卿士諗發教禁
戒作文開維美公命于文王修身觀天以謀商難作保開
文王訓乎武王以繁害之戒作八繁文王在酆命周公謀
商難作酆保文啟謀乎後嗣以脩身敬戒作大開小開二
篇 文下應有王字 文王有疾告武王以民之多變作文儆文王告
武王以序德之行作文傳文王既沒武王嗣位告周公禁
五戎作柔武 戎舊訛戒盧從趙改 武王忌商周公勤天下作大小開

武二篇武王誥周公維道以爲寶作寶典誥舊訛評盧校爲訊然不如誥字妥商謀啟平周周人將興師以承之作酆謀謀啟似應作啟謀猶言始謀也武王將起師伐商寤有商儆作寤儆周將伐商順天革命申喻武義以訓乎民作武順武穆二篇武王將行大事乎商郊乃明德於衆作和寤武寤二篇於衆於字盧本闕今從周本武王率六州之兵車三百五十乘以滅殷作尅殷武王既尅商建三監以救其民爲之訓範作大匡既舊訛作盧改作大匡舊只方圍今按此三語的是大匡之序故補又按此篇宜加後字說見本篇□□□□□作大聚大聚上有文政一篇闕處字數不數□□□□□□□□作世俘此三字舊是方圍今依篇次補武王既釋箕子囚俾民辟寧之以王作箕子辟法也寧之以王似

外篇秉天下三字恐有訛誤

指封諸朝鮮以示不敢臣意但此篇已亡無可稽考武王秉天下論德施惠而命位以官作考德惠命舊俱闕今補考德篇內作者德武王命商王之諸侯綏定厥邦申義告之作商誓商王疑是商土武王平商維定保天室規擬伊洛作度邑武王有疾命詔周公立後嗣作武儆命詔以下十字舊闕今據篇內文義補命周公輔小子告以正要作五權武王既沒成王元年周公忌商之孽訓敬命作成開周公既誅三監乃遂武王之志建都伊洛作作洛周公會群臣于閎門以輔主之格言作皇門周公陳武王之言以贊己言戒乎成王作大戒周公正三統之義作周月辨二十四氣之應以明天時作時訓周公制十二月賦政之法作月令浮山云政

是斂訛周公肇制文王之謚義以垂于後作謚法盧云前編肇作啟非

洛按文王應作文武周公將致政成王朝諸侯於明堂作明堂成王

旣即政因嘗麥以語羣臣而求助作嘗麥周公爲太師告

成王以五則作本典五下舊衍徵字盧刪盧以疑則爲明訛洛按篇內言智仁義德武即是五

則不必疑是明字成王訪周公以民事周公陳六徵以觀察之作

官人周室旣寧八方會同各以其職來獻欲垂法厥後作

王會王本無其字又後作世周公云歿王制將衰穆王因祭祖不豫

詢謀守位作祭公謀舊作某今從盧改穆王思保位惟難恐貽世羞

欲自警悟作史記王化雖弛天命方永四夷八蠻攸尊王

政作職方芮伯稽古作訓納王于善暨執政小臣咸省厥

外篇直疑悳訛積習二句亦非銓法之要旨恐有誤

躬作𦬆㫗夫晉侯尚力侵我王略叔向聞儲幼而果賢思復王田作太子晉（思舊闕田訛位今按文義補改）王者德以飾躬用爲所佩作王佩（作王佩舊脫盧增）夏多罪湯將放之徵前事以戒後王也作殷祝民非后罔乂后非民罔與爲邦愼政在微作周祝武以靖亂非直不尅作武紀積習生常不可不愼作銓法車服制度明不苟踰作器服（明或作民）周道於是乎大備（是舊脫盧從趙增○篇內凡有關處皆注云此有脫簡今按無關要義概節去）

按七十一篇併序爲數唐劉氏史通與漢志同但序之在前在後未曾辨晰至宋陳氏言序一篇在其末是爲明證矣吾獨怪夫李巽巖劉后村皆博洽多聞何以皆

言鈌一意者京口刋本倣孔安國尚書以序散各篇首見陳氏書録解題李劉二公衹見此本故爲此言耶然元黄氏玢尚言叙其後爲一篇與書小序同不應元時本又與宋時本異也　國朝乾隆間王氏謨重鐫漢魏叢書所録汲冢周書以序列全書之前則序自序竟與七十篇無涉吾恐後賢因此仍疑鈌其一故附識之又按叢書標號漢魏何以採録汲冢周書蓋曰周書自不得抑之於漢曰汲冢明是滯其始出又安可躋之於魏考明史藝文志有屠隆漢魏叢書六十卷刻於萬歷壬辰後括蒼何氏據屠本輯叢書百種新安程氏梓三十七種武林何氏梓七十六種王氏乃廣爲八十六種自言一仍何氏經史子籍舊目則汲冢周書之録於叢書諒自屠本已然雖王氏曾改別史爲經翼然名義均所未安至其書毫無訂正而訛錯甚於他本吾所以慨刻書爲流毒之漸也

逸周書管箋

攟訂

跋

撫訂 上卷訂逸句 中卷訂商周之際 下卷訂地訂事訂官訂人訂物

訂逸句

常訓解卷一

愼微以始而敬終乃不困 左襄二十五年傳書曰愼始而敬終終以不困注逸書。今蔡仲之命

按蔡仲之命云愼厥初惟厥終終以不困與傳語不類杜注以爲逸書不敢直指爲周書者蓋因語有參差足見杜氏之愼林注直以爲蔡仲之命不知蔡仲之命乃古文篇名殊難盡信今審其語與常訓解云云相近故從盧氏謂傳卽引此

武稱解卷二

大國不失其威小國不失其卑　左襄三十一年傳周書數文王之德曰大國畏其力小國懷其德注逸書

按尚書武成云大邦畏其力小邦懷其德語與傳同而吾必屬之此書者蓋以武成既係古文篇名且左氏引書之例本年傳引民之所欲二句方言太誓何於此不直言武成乎其曰周書非百篇中之周書明矣或疑語句不符而宣十二年引仲虺有言曰取亂侮亡兼弱也襄十八年引仲虺有言曰亡者侮之亂者取之推亡固存國之道也襄三十年又引仲虺之志其語則亡者二句互倒道作利又復小異而與今仲虺之誥均不符而可疑爲非商書乎

善政不攻善攻不侵善侵不伐善伐不摶善摶不戰　前漢書刑法志

故曰善師者不陳善陳者不戰顏師古曰戰陳之義本因陳列爲名而音變耳字則作陳更無別體而末代學者改其字旁從車非經史之本文也故予疑經文摶字爲陳訛善戰者不敗善敗者不亡

按北堂書鈔引此書雖語有異同然直稱周書自爲確據故可列於疏證門漢志此段有故曰二字應係成語但未敢必其爲此書又下二句大異故別載於此以寓存疑

三同好相固四同惡相助　文選魏公九錫文同惡相濟注周書太公曰同惡相助同好相趨

按惡有二音厥義亦殊經旨似應讀烏路切九錫文似應讀烏各切注所引已爲强合且經並不言誰之言而注稱太公曰則所謂周書

恐亦周書陰符之流兹姑以其語略相倣而採之
又按卷三大開武解云三同好維樂四同惡維哀卷四文政解云三同惡潛謀四同好和因語句皆略相似而大開武則係周公之言文政惡字可與九錫文同音兹特備列於此以待考正

五遠宅不薄　戰國秦策頃襄王二十年章詩云大武遠宅不涉

按薄迫也易說卦傳雷風相薄左僖二十四年傳薄而觀之似薄原與涉同義且策注不涉謂不涉其地此書注不薄謂皆厚之意理亦不相違悖可見詩或是書之訛然則策語詩云大武四字應是書大武云顛倒之誤大武固即本篇之名也後儒不察如鮑氏則以武爲足跡吳氏則以大武爲威武之大者愈穿鑿亦愈支離矣

小明武解

鼓行參呼以正什伍　史記蒙恬傳故周書曰必參而伍之

按蒙恬傳云三世爻遣使者之陽周令蒙恬曰君之過多矣而卿弟毅有大罪法及內史恬引周書此語其意與此書注言士卒之奮厲迥不相同然其語却尚髣髴

程典解

於安思危　左襄十一年傳書曰居安思危注逸書

按傳魏絳引書曰居安思危思則有備有備無患敢以此規云云或以上一句爲書語或以上三句爲書語於文義均無大碍今坊本注語卽在思危句下故予只以首句爲書也經義考連上三句皆爲逸

書想竹垞淹博必有所據之本卽求之經下文語亦相比附

程寤解　闕　序亦闕

按此篇闕文盧氏曾據藝文類聚太平御覽諸書補足一段予旣錄於篇中矣茲更摭數條以盡其餘惟原文雖本此書而不言引書如潛夫論夢列篇及竹書紀年註之類則不錄

太平御覽卷五百三十三程寤曰文王在翟太姒夢見商之庭產棘小子發取周庭之梓樹於闕間化爲松柏棫柞驚以告文王文曰召發于明堂拜告夢受受之大命文曰疑脫一王字告夢應是吉夢受受似應作授受否次受乃天之訛

按程寤闕文御覽卷三百九十七已引之矣而此卷明言程寤曰則尤爲確據此卷乃明堂部本段有明堂字故又引之在翟諸書均作在程御覽兩引此段

而前後不同似宋初尚有二本且此篇亦尚未亡也否則御覽祇據藝文類聚故其文如此或問此段有程寤篇名盧氏何不據此以補曰此段有錯誤與帝王世紀藝文類聚不合盧氏意在參取各書以求其當故引彼而畧此耳

博物志史補太姒夢見商之庭產棘乃小子發取周庭梓樹樹之於闕間梓化爲松柏棫柞覺驚以告文王文王曰愼勿言此應程寤解文冬日之陽夏日之陰不召而萬物自來此見大聚解陰俗本作餘天道尚左日月西移地道尚右水潦東流此見武順解左右與經互易天不享於殷自發之未生於今十年禹羊在牧天下飛鴻滿野此見度邑解十年經作六十年在牧下俗本有水潦東流句誤日之出地無移照乎此與周祝解日之出也無私照畧同

按茂先此段雖不言何書然以下半之爲此書足以証上半之爲此

書其必程寤闕文明矣但雜引不成文理未知何故或原書各自各段後人因皆係逸周書遂刪併爲一耶

文選石闕銘周史書樹闕之夢注周書曰文王至自商夢見商之廷生棘太子發取周廷之梓樹之於闕化爲松柏諸書皆云太姒夢惟此注以夢屬文王

按據此注似李善時程寤解尚未闕然參以孔氏詩疏又相牴牾意者原有二本一闕一不闕各人就其所見而言之耶試思太平御覽本於藝文類聚而藝文類聚及孔氏詩疏皆與李氏注選時不甚先後何爲二書不同若此是亦有二本之一証

秦陰解　闕　序亦闕

按班固西都賦睎秦嶺注秦嶺南山也漢書曰秦地有南山凡水之

南曰陰北曰陽山之南曰陽北曰陰然則秦陰名篇蓋以其爲秦嶺之陰耳詩築邑于豐豐在今鄠縣又豐水東注後漢郡國志注云豐水出鄠南山豐谷北入於渭考渭水自秦州清水縣流入隴州逕寶雞岐山扶風郿縣歷乾州武功等縣入西安府境而豐水由終南山流逕長安咸寧合於渭呂氏春秋太公望垂釣于磻溪磻溪在寶雞渭水之涯也文王遇太公于此云云秦嶺恰在咸寧縣則秦陰一篇必係言文王得太公事本此意以采群書當自不爽

周志文王夢天帝服元禳方氏通雅引作元襪考趙氏金石錄曰字書本無禳字蓋从衣不从示也以立於令狐之津帝曰昌賜汝望文王再拜稽首文王夢之之夜太公夢之亦然其後文王見太公而訊之曰而名爲望乎答曰唯文王曰吾如有所

見于汝太公言其年月與其日且盡道其言臣以此得見也文王曰有之有之遂與之歸以爲卿士

字典引周志文王夢天帝服元纕立于令狐之津曰賜汝望望釣于河得玉璜刻曰克鄣者姬昌曰衣靑光按鄣殷舊封國名見呂覽愼勢篇注

按周志以左文二年傳杜注例之則爲周書此二段之爲此書闕文有頗可信者且史記齊世家云西伯將出獵卜之曰所獲非龍非彲非虎非熊所獲伯王之輔于是周西伯獵果遇太公於渭之陽與語大悅曰自吾先君太公曰當有聖人適周周以興子眞是耶吾太公望子久矣故號之曰太公望載與俱歸立爲師竊思司馬氏於商周之際多據此書如克殷度邑屢見採擇則齊世家此段亦必本諸此

書故備詳之他若六韜及竹書紀年註皆係綴拾成文非引此書者概不濫舉或問何不直補篇中如盧氏之補程寤曰程寤名篇徵諸往牒而秦陰索解出自鄙私姑待後賢審擇焉

九政解　闕　序亦闕

按上篇既言文王得太公則此篇必係文王與太公論政之語說苑云文王問於呂望曰爲天下若何對曰王國富民霸國富士僅存之國富大夫亡道之國實倉庫是謂上溢而下漏文王曰善可見當日君臣恒有啟沃之雅以意逆志自得其概

太平御覽卷八十四周書曰文王昌曰吾聞之無變古無易常無陰謀無擅制無更創爲此則不祥太公曰夫天下非常一人之天下也天下

之國非常一人之國也莫常有之惟有道者取之古之王者未使民民化未賞民民勸不知怒不知喜愉愉然其如赤子此古善爲政也

按此段問答恰是初見情事補入此篇曷致乖謬非常一人之天下非常一人之國二語明是天難諶命靡常之意蓋所以儆惕文王者勿看作意欲圖商方是文王一見知之賢臣

呂氏春秋聽言篇周書曰往者不可及來者不可待賢明其世謂之天子

按齊世家云或曰太公博聞嘗事紂紂無道去之游說諸侯無所遇而卒歸周西伯據此以求語意頗爲脗合

九開解　闕　序亦闕

按卷三大開解云兆暮九開開厥後人所謂九開者其卽指此篇與否原難臆定要之此篇必係佑啟後人之道惜乎其闕也

太平御覽卷八十四又曰文王在鎬召太子發曰嗚呼我身老矣吾語汝我所保與我所守傳之子孫吾厚德而廣惠忠信而志愛吾不爲驕侈不爲泰靡不淫於美吾栝桂而茅茨吾爲民愛費也春夏育山林不升斤斧以成草木之長而愼天時水澤不內舟楫以成魚鼈之長不麛不卵以成鳥獸之長畋獵唯時不殺童牛不夭胎童牛不服童馬不馳不騖澤不行害土不失其宜萬物不失其性天下不失其時

按此段與文傳十同八九說者必執爲引文傳矣第思御覽此卷連引周書三段首段標周書曰下二段皆用又曰意其在周書中必屬

一篇不則亦前後篇相連今文傳本篇無闕卽前後篇亦不闕何以御覽所引首段三段均不見於此書由是推之在周書闕者先卷二不闕者後卷三在御覽引書不闕者與已闕者相連而及今觀其語亦半參大聚可見書必兩篇矣或疑兩篇不應雷同若此曰此本合文傳大聚二篇以成文二篇皆文王之訓御覽此卷爲皇王部引此是文王所以訓武王者卷首四十六爲太子部引此上半段是武王所以承文王者書旨本不相同至如大武之六厲五衛酆保之六衛七厲大武之四時武稱之武時及大開武十淫文政九醜其語多相近似而特疑此篇爲雷同耶

前漢書陳湯傳周書曰記人之功忘人之過宜爲君者也注師古曰尚

書之外逸書也

按此數語與文傳解相比附然就御覽推之似不獨文傳有此語故

此可附於御覽所引之後

劉法解　闕　序云文王唯庶邦之多難論典以匡謬作劉法

按劉殺也康誥曰乃其速由文王作罰刑兹無赦立政曰文王庶獄庶慎則刑殺固聖人所不諱言者特是孔邇與歌而爰書自定或者疑之蓋因紂肆淫虐民不聊生文王抱如傷之心定不孥之例所謂辟以止辟也故作者錄其制爲此篇

左昭七年傳周文王之法曰有亡荒閱（不注何書）

文選非有先生論囹圄空虛注文王曰法寬刑緩囹圄空虛

又五等論上之子愛於是乎生注周書文王曰周視民如子愛也

按康誥速由二語猶是言宜本文王慎罰之意以爲義刑義殺而風俗通直云尚書說文王作罰刑茲無赦則似果有其書矣惟有其書則成王之嘗麥穆王之吕刑悉本此爲權輿

文開解 闕 序云文王諭卿士發教禁戒作文開 諭告也

漢武帝詔附下而罔上者死附上而罔下者刑與聞國政而無益於民者退在上位而不能進賢者逐說苑云逸書太誓文 按逸書當是指墨子大明去發數篇

按此詔自說苑引作逸書太誓人遂不復疑爲此書矣不知是時尚書未全凡有引書或以爲太誓之逸或以爲武成之逸在漢儒亦有出自臆度而不顧其安者今按此篇序意以此詔補之 或問此條與上篇相類何

爲分屬曰劉法如律例之類文闕
如詔誥之類二篇序語原自各别

說文解字宂周書曰宮中之宂人食也徐氏按無定所執也

按此語似是宜汰宂官之意與周禮內官不過九御恰合今稽諸序中諗卿士之文亦猶無封靡于爾邦之旨

保開解　闕　序云維美公命于文王修身觀天以謀商難作保開

按序維美公命語意蓋言周公有所陳說文王嘉之因而命乎公者亦甚美也

吕氏春秋慎大覽周書曰若臨深淵若履薄冰以言慎事也注周書周文公所作　慎事句似釋書之詞因注原在此句下故仍之

按吕氏引周書頗多而注稱周公所作者惟此及民善之則畜二一語

絶不與他處之言逸書相類在高氏必有所據因此而求諸序意則吕氏所引與本篇殊相附麗故錄之至民善二句見後芮良夫解

八繫解（以上皆卷二）闕　序云文王訓乎武王以繫害之戒作八繫

按繫疑是繫訛八繫蓋言八卦之繫朱子曰易自伏羲始畫八卦文王重爲六十四作繫爻曰文王所繫之辭以斷一卦之吉凶所謂彖辭（原爻並言周公茲因書旨只言彖繫故不並述）是也或問卦有六十四何得止言八繫曰郝敬有云卦八而已無所爲六十四經第言八卦未嘗言六十四周禮大卜八爲經六十四爲别卽經之别也竊思經云八卦相錯又云八卦成列舉八可以該六十四又何疑於篇名八繫耶然則序中繫害之戒何說曰繫害當是繫占訛蓋言繫之辭以爲占貞則吉不貞

則凶是繫占之戒之謂也朱子嘗言卦爻之詞本爲卜筮者斷吉凶而因以訓誡（此處爻字礙難刪節故仍之）則其旨益明矣然則序言文王訓乎武王以繫占之戒何說曰文王作彖周公作爻夫人習聞之矣試思作彖既成文王豈有不訓誡其子之理父子兄弟皆聖人授受親切自異尋常周公作爻能恢宏其父之學則武王當亦面承指示而深契乎易道者世儒謂文王作彖未盡之意以俟周公而玩序語文王先欲屬之武王特因武王嗣位十七年始而施仁繼而戡亂未遑卒業迨成王時周公被難流言憂患與文王略同（語本郝敬）迺發揮六爻使廣大悉備足與連山歸藏相配以定太卜之所掌在周公亦祇成文武之德之一事而先儒言贊易及周公不及武王正可據此序語而增

一解也皇甫謐曰文王在羑里演六十四卦并七八九六之爻以爲
周易考羑里之囚始于紂二十三年釋于紂二十九年作者蓋必彙
敘七年之事以成此篇

太平御覽卷八十四又曰文王獨坐屏去左右深念遠慮召太公望曰帝王猛暴
無文强梁好武侵凌諸侯苦勞天下百姓之怨心生矣其災予奚行而
得免於無道乎太公曰因其所爲且興其化上知天道中知人事下知
地理乃可以有國焉 按帝王疑商王訛

按此段與上文王昌曰文王在鎬二段相連或因書中無此文疑御
覽所稱未必即指此書然以次段具此書中足証相連而及者之必
此書子嘗念周書中凡言文武之篇皆保國保家之旨無一毫涉於

闇干者今讀此段文王是視民如傷之心也太公是克紹舊緒之道也以之補此詞意俱相發明

文選關中詩主憂臣勞注周書曰君憂臣勞主辱臣死

按酈道元曰羑水出蕩陰西北東流逕羑城故羑里也昔殷紂納崇侯虎之言囚西伯于此散宜生南宮适見文王乃演易用明否泰始終之義焉此自是此篇情事然而文王何以獲釋也史記六韜並言文王被囚時散宜生閎夭之徒及太公望求美女文馬奇貨以獻紂求赦西伯則選注所引二句必係望散諸臣謀救文王之語此篇既彙敘此七年事則此二句屬於此篇無疑矣

太平御覽卷七百三十九周書曰太公曰知與衆同者非人師也大知

似狂不癡不狂其名不彰不狂不癡不能成事（御覽卷四百九十已引不癡不狂四句不能成事作大事不成）

按史記齊世家云周西伯之脫羑里歸與呂尚陰謀修德以傾商政其事多兵權與奇計故後世言兵皆宗太公爲本謀其語與此段相印証便足信爲此書之遺

或問漢書注已言存者四十五篇今每篇皆有所補得毋此書初皆不關耶曰逸詩逸禮往往見於他籍則安見此書之不藉徵引而存太平御覽多本於藝文類聚北堂書鈔等書唐初去漢未遠苟有採輯均係册府之珍今本御覽序不云乎諸書有隋唐志未經著錄獨賴是書以傳者而況周書之屢爲唐人所摭引乎

小開解 卷三

嗚呼汝何敬非時何擇非德德枳維大人大人枳維卿卿枳維大夫大夫枳維士登登皇皇君枳維國國枳維都都枳維邑邑枳維家家枳維欲無疆　經義考引後漢書注曰周書呂刑嗚呼汝何敬非時何擇非德德枳維大人大人枳維公公枳維卿卿枳維大夫大夫枳維士登登皇王維在國枳維都都枳維邑邑枳維家家枳維欲無疆按經義考皇王與今本後漢書注作堂堂又不同蓋必有一係傳寫之訛也

按此段明係此書小開解之文與呂刑無一語相類而章懷太子引稱呂刑朱竹垞又從而述之何耶竊謂隋唐諸人所引書名多不細檢覈乎此則凡引書其語見此書而曰太誓曰武成者可類推矣若

經義考意重徵引不以辨駁爲要故第錄其文而已又如太平御覽卷三十七引尚書康誥曰賓奉珪幣執壤奠今尚書並無此二語況康誥耶

文傳解

樹之葛木以爲絺綌以爲材用 太平御覽卷九百九十五周書曰葛小人得其葉以爲羹君子得其材以爲絺綌以爲君子朝廷夏服

按此數語與文傳似不合但御覽引書如卷四書曰月經于箕則多風離于畢則多雨明是星有好風二句注語而直指爲書則安知此處非本其意而徑稱周書耶

山林以遂其材工匠以爲其器百物以平其利商賈以通其貨工不失其務農不失其時是謂和德 史記貨殖傳周書曰農不出則乏其食

工不出則乏其事商不出則三寶絶虞不出則財匱少財匱少而山澤不辟矣

按卷二程典云工攻其材商通其財百物鳥獸魚鼈無不順時卷四大聚云山林藪澤以因其利工匠役工以攻其材商賈趣市以合其用語意皆與文傳略同史記蓋取其意而節引之而反言之故似不同然子書中實多此類

武順解 皆卷三

聖如度 左昭六年傳書曰聖作則注逸書

按諸子引書惟詩經鮮有異同蓋詩爲諷誦之文人皆習熟餘則惟舉其意取其義故語句不免參差卽左氏亦然如傳引五子之歌與

今經句多少不同三引仲虺之誥兩引康誥不特與今經不同且傳彼此亦不同是殆採其意義耳人亦何疑於此一語耶

克殷解卷四

陳于牧野帝辛從　說文解字坶周書曰武王與紂戰坶野尚書曰奮于商郊集韻坶同牧

按說文引周書釋其字也引尚書証其事也旣引周書又引尚書是其時明明有一周書矣亦足爲不關發冢之一証

膺更大命盧本据史記及文選注所補語　後漢書光武帝紀贊光武誕命注書曰誕膺天命

按誕膺天命人倶執爲武成篇語而予竟屬之此書者良以後漢書

成時尚未有今武成之篇也注第渾而指之曰書亦是審愼處

大聚解

遠旅來至關人易資　春秋外傳周語周之秩官有之敵國賓至關尹以告

按秩官語意與此書微有區別然正可互相印証

泉深而魚鼈歸之草木茂而鳥獸歸之稱賢使能官有材而士歸之

文選三國名臣贊潛魚擇淵高鳥候林注周書曰善爲士者飛鳥歸之蔽于天魚鼈歸之滿于淵

按此注亦節舉其意

世俘解

惟一月丙午旁生魄若翼日丁未王乃步自于周征伐商王紂舊作丙辰丁巳誤今改正按書武成作壬辰癸巳蓋係子月初二初三兩日此書作丙午丁未則係子月十六十七兩日 三統歷譜引太誓丙午逮師

按此太誓無注不知為何書考太誓在漢劉氏說苑有逸書太誓之稱在唐顏氏前漢書注有今文太誓之稱其僅武帝時所得一太誓焉否耶

越若來二月既死魄越五日甲子朝至接于商則咸劉商王紂 前漢書律歷志引武成粵若來二月既死霸粵五日甲子咸劉商王紂按二月坊本有作三月者蓋傳寫之誤也 注師古曰今文尚書之辭

時四月既旁生魄越六日庚戌武王朝至燎于周若翼日辛亥祀于位

用籥于天位越五日乙卯武王乃以庶祀馘于國周廟（此段係節錄）前漢書律歷志引武成惟四月既旁生霸粵六日庚戌武王燎于周廟翌日辛亥祀于天位粵五日乙卯乃以庶國祀馘于周廟注師古曰亦今文尚書也

按今武成云既戊午（子月二十八日）師逾孟津癸亥（丑月初四日）陳于商郊甲子昧爽（丑月初五日）受率其旅若林會于牧野又云厥四月（建卯之月）哉生明王來自商至于豐既生魄庶邦冢君暨百工受命于周丁未（卯月十九日）祀于周廟越三月庚戌（卯月二十二日武王克殷乃辛卯年時閏丑月故干支如此）柴望大告武成（此經亦係節錄）其語如此讀者試合而審之孰異孰同何待細辨特是引書者第曰某書不舉篇名猶屬游移若劉班兩君子指定太誓武成其

語竟不相同何也考孔氏古文泰誓原缺漢武時别有一泰誓如白魚入舟董江都曾引之意丙午逮師一語必具其中故劉氏亦引之迨梅賾所上泰誓有內外傳及孟子所引等句世咸喜爲眞古文而漢武時本遂廢此丙午逮師所以不見於今之泰誓也漢書杜林傳有漆書古文蓋眞孔氏古文其時雖不列於學官然士大夫尚有傳習之者律歷志所引武成其卽指此夫記事之篇文卽有異同而日月何能更易況哉生明哉生魄等句法原三代之常例則此書之世俘與眞古文之武成相合自屬可信而律歷志必稱武成者殆以此書乃聖删之餘不若武成之爲世重也迨建武之後而眞古文亡永嘉之後而僞古文出又安怪漢志引武成之語之異於今武成哉然

而顔注曰今文尚書何也唐初孔氏古文既行不獨伏生口授者號今文凡先古文出者皆號今文故漢武時泰誓尚存師古注郊祀志立功立事數語遂以爲今文泰誓之詞其時又有今文尚書觀夏本紀索隱謂今文尚書脫漏云云可見既有其書則律歷志注兩言今文尚書自是書中原有其語但不識其書何時亡佚而閻百詩謂顔師古誤以爲今文尚書之辭惟孔穎達指爲逸書耳是則似顔氏不識漢志之武成爲何書而揣度之强屬於今文尚書矣且閻氏謂孔穎達之稱逸書果何書也今設以爲必係此書固成臆决而閻氏因世俘丙辰丁巳偶爾訛誤遽曰逸周書本不足辨特恐人不知三統歷所引爲眞古文將以爲出於逸周書故具論之是其意專主於擯

斥此書予有辨見後訂商周之際卷中而不知世俘與眞武成相合正足見逸周書之爲可貴噫考古至此覺此書似餼羊之僅存世可不深加愛護耶

武成之日辰與此書互異今一一註明使二書相爲融貫且二書傳注及漢志之年月日均有訛誤參互考究具詳本篇

箕子解　闕　序云武王既釋箕子囚俾民辟寧之以王作箕子

按尚書洪範云惟十有三祀王訪于箕子是克殷之年即訪範之年也此書篇次恰合序語辟法也蓋言箕子所陳之九疇可爲世法也寧之以王似指朝鮮之封一事

說文圛逸周書圛圛升雲半有半無徐鍇曰洪範卜五曰雨曰霽曰蒙曰圛曰克圛者象氣絡繹不絕也半有半無即史龜筴傳所謂雨不雨霽不霽氣不聯屬之說也今文尚書作驛按此今文尚書應指唐開元以今文易古文本

按圜圛二語既不見於尚書則說文所稱逸周書必指此書更無他書可淆矣夫洪範今文也而徐楚金徑引卜五一節以解說文此二語豈不念說文固曰逸周書耶玩此則在徐楚金時似箕子一解尚未亡闕然者楚金由南唐入北宋若非此篇尚存果有所見方爲此解則繫傳之說轉不可信矣

說文繆逸周書曰味辛而不繆

按此亦頗似九疇中五行條下語

孫氏洪範經傳集義八政一曰食二曰貨三曰祀四曰司空五曰司徒六曰司寇七曰賓八曰師（此下係朝鮮本）食曰生貨曰節祀曰敬司空曰時司徒曰德司寇曰愼賓曰禮師曰律生乃蕃節乃裕敬乃口時乃悅德乃

化愼乃仁禮乃嘉律乃有功

按食曰生以下凡五十二字孫承澤曰朝鮮本有此文是箕子傳者竊思九疇之陳安得有所異同惟十九篇與七十一篇所記或有詳略耳此段既不見於尚書而此書初猶似未闕則海外本亦資援據不必以元王惲中堂事記所載高麗世子言諸書與中國無異爲疑

汲冢周書王曰咨爾商王父師惟辛不悛天用假手於朕去故就新辛錫朕以國闡洪範九疇錫侯以道朕殫厥邦土靡所私乃朝鮮于周底于遐邈其以屬父師按辛錫宜通申錫

按史記宋世家言既作洪範武王乃封箕子于朝鮮此段似其冊辭考朝鮮之封史莫詳其年月然竹書紀年武王十六年箕子來朝或

卽此時與大約與訪範非卽一年此篇連而及之蓋敘述之體然也

耆德解卷四以上皆闕序語非經旨且耆誤作考故不錄

按夷齊以紂二十一年歸于周孟子舉伯夷與太公並稱大老卽以太公例之紂三十一年太公歸周年已八十伯夷之歸尚早十年雖未必果老於太公要與太公不甚上下計至武王伐殷係紂五十二年則伯夷當已百歲內外矣言伯夷則叔齊亦可知矣此此篇之所以名耆德也

繹史卷二十武王十三年率虎賁三千人渡河伯夷叔齊叩馬而諫武王不聽去隱於首陽山或告伯夷叔齊曰元子在郱元或作允父師在夷奄孤竹而君之奄字似誤以夾煽王燼可復也子其勉之伯夷叔齊曰此非吾

事也曰然則叩馬而諫何爲曰爲萬世之君臣也曰然則今何爲曰有死耳曰有死而何以采薇爲天下周之天下則山亦周山也薇亦周薇也采薇而食無乃欲死而求生乎遂餓而死

按陳氏逢衡紀年集証補遺云此段當是逸周書脫文但其語淺率竊謂語雖淺率然與本書太子晉解殷祝解亦正相似蓋此書原係衆手共成不可因淺率而有所棄取也故直以補此篇

又按叩馬而諫一事說者因紀年伐殷後無一言及夷齊遂疑其處至王介甫臨川集伯夷論且疑其未及武王之世而死夫叩馬之諫卽以爲史記傳訛而首陽並餓載在論語可以爲虛乎信如王介甫之論則論語所載亦竟無其事矣此書繫耆德於箕子後正足傳信

度邑解 卷五

我所未定天保何寢能欲 所未舊是來所令改倒 文選西征賦憂天保之未定

按此語選注引史記武王望商邑至于周日夜不寐數句不知史記

乃本此書也但李氏必引史記而不引此書者毋亦以此書原係我

來所定天保語意有不慊歟

月令解 卷六 闕 序云周公制十二月賦政之法作月令

按班氏律歷志引三日曰朏語以爲古文月采篇顏師古云月采說

月之光采其書已亡朱子疑月令之誤是則月令原書自有本文

馬融論語註周書月令曰春取榆柳之火夏取棗杏之火季夏取桑柘

之火秋取柞楢之火冬取槐檀之火 見鑽燧改火句

按此數語馬季長明言月令之文其爲此書明矣蔡中郎曾爲月令

作章句則章句中所引必係月令原語蔡中郎集尚在可考而得也

周書時訓曰驚蟄二月節桃始華時訓云桃若不華是謂否塞又云倉庫災鶬鶊鳴時訓云若不鳴卽下不從上鷹化爲鳩時訓云若不化卽寇賊數起春分二月中元鳥至時訓云元鳥不至卽婦人不娠雷乃發聲時訓云雷不發聲卽諸侯失民又云遠人不服始電時訓云電若不見卽人無威振見太平御覽卷十九

周書時訓曰六月節溫風至溫風不至卽時無緩政蟋蟀居壁若不居壁卽恒急之暴又云門戶不通鷹乃學習若不學習卽寇戎不備見太平御覽卷二十二

又曰六月中氣後五日腐草化爲螢若不化螢卽穀實鮮落土潤溽暑

若不溽暑卽急應之罰大雨時行若不時行卽恩不及下（卷數仝上）

周書時訓曰秋分八月中雷乃收聲不收聲卽人民不安（又云諸侯驕逸薄於上）蟄蟲坏戶不坏戶卽邊方不寧（又云人靡有賴）水始涸水不涸卽人多疾病（見太平御覽卷二十五 按此節不引初氣）

周書時訓曰立冬十月節水始冰水若不冰卽陰之有負地始凍地若不凍卽災咎之徵野雞化蜃若不爲蜃卽時多婬婦（見太平御覽卷二十八 按此節不引中氣）

周書時訓曰小寒十二月節鴈北鄉鴈不北鄉卽臣不懷忠鵲始巢鵲不巢卽邊方不寧（又云一國不寧）野雞始雊野雞不雊卽國乃大水（又云不雊來年雷乃收聲 見太平御覽卷二十七）

又曰大寒十二月中雞始乳雞不乳卽婬婦亂男鷙鳥厲疾鳥不厲疾卽國不除姧水澤腹堅不腹堅卽言無所從卷數仝上

按太平御覽引此七段並言時訓稽諸今現存之時訓如驚蟄之日必作驚蟄二月節春分之日必作春分二月中御覽僅引七段然據此推之各節必相同及反言各候句首均有卽字兩不相同且御覽歲時部亦屢引今之時訓其爲兩篇無疑矣然此時訓果何書也曰惠定宇以爲古本但古莫古於周書豈周書之前先有一本乎竊謂卽月令舊名時訓故御覽必兩引之觀夏取棗杏一語漢巳以爲月令宋尚以爲時訓便是確據其兩篇同名何也曰猶夫大匡一解卷二有之卷四亦有之古人不以是爲嫌也馬季長引稱周書月令又何書也曰春取榆柳

數句與御覽引此數段均今闕月令中文也其改時訓而名月令何故曰呂覽本此爲十二紀淮南子本此爲時則時則卽時訓之謂漢儒集禮因之而稱月令蔡中郎作章句大約以時訓並稱難以辨識由是遂名月令而不復名時訓矣其以呂覽補月令何說曰呂氏欲自成一書蓋出入於兩時訓之間故語句多不同觀太尉爲秦官職爲秦祭便見呂氏隱衷周書序云周公制十二月賦政之法今考諸書所引僅取節候而政令之所布卻賴呂覽十二紀以存惟其然故漢儒於禮記中採之禮記月令仍襲太尉之官臘之祭是漢儒不檢點處卽蔡中郎亦斥夫言作自呂不韋者爲偏見之徒也於是時訓月令幷補以呂覽之連環結悉解矣

按此處引論語註太平御覽及上引後漢書注其文皆已見於疏証門或譏此門爲重複然疏証重其稱爲周書也摭訂重其本然語句

也後漢書注所引汝何敬非時一段明係此書小開之文而朱氏經義考以爲呂刑故須辨之此書之月令已亡而馬氏引其語此書之時訓尚存李氏引其書名同而語有同有不同且今又補以呂覽亦不得不辨此其所以複見也

謚法解

靜民則法曰皇注靜安史正義靜作靖古通　文選七發發皇耳目注謚法明者曰皇也

按此注與本文不相應又與今經語不同意者謚法中尚有遺漏耶惟風俗通云皇者光也又白虎通云號之爲皇者煌煌人莫違也是皇原有明義注以明釋發皇之皇而引稱謚法似亦可增謚法之所未備

明堂解

大維商紂暴虐脯鬼侯以享諸侯天下患之四海兆民欣戴文武是以周公相武王以伐紂夷定天下既克紂六年而武王崩成王嗣幼弱未能踐天子之位周公攝政君天下弭亂六年而天下大治乃會方國諸侯于宗周大朝諸侯明堂之位天子之位負斧扆南面立率公卿士侍于左右三公之位中階之前北面東上諸侯之位阼階之東西面北上諸伯之位西階之西東面北上諸子之位門內之東北面東上諸男之位門內之西北面東上九夷之國東門之外西面北上八蠻之國南門之外北面東上六戎之國西門之外東面南上五狄之國北門之外南面東上四塞九采之國世告至者應門之外北面東上宗周明堂之位也明堂明諸侯之尊卑也故周公建焉而明諸侯于明堂之位制禮作

樂須度量而天下大服萬國各致其方賄七年致政于成王　禮記明堂位昔者周公朝諸侯于明堂之位天子負斧依南鄉而立三公中階之前北面東上諸侯之位阼階之東西面北上諸伯之國西階之西東面北上諸子之國門東北面東上諸男之國門西北面東上九夷之國東門之外西面北上八蠻之國南門之外北面東上六戎之國西門之外東面南上五狄之國北門之外南面東上九采之國應門之外北面東上四塞世告至此周公明堂之位也明堂也者明諸侯之尊卑也○昔殷紂亂天下脯鬼侯以饗諸侯是以周公相武王以伐紂武王崩成王幼弱周公踐天子之位以治天下六年朝諸侯于明堂制禮作樂頒度量而天下大服七年致政于成王

按禮記此二節雖與此書詳略稍殊先後互易然讀者要不能謂非採錄此書之文其成王幼弱未能踐天子之位周公攝政君天下數語原無病弊較禮記所謂成王幼弱周公踐天子之位以治天下奚啻霄壤又曰會方國諸侯于宗周明是朝成王而禮記開口便言周公朝諸侯于明堂則安得不啟居攝而萌篡奪之禍耶尚書中候摘洛戒文有云若稽古周公旦欽惟皇天順踐阼即攝七年鸞鳳見蓂莢生能銜甲又云周公踐阼理政與天合志萬序咸得朱竹垞曰疑是王莽居攝時所獻書予則謂皆此等記禮者先作俑也

本典解以上皆卷六

序明好醜口必固其務均分以利之則民安　說文疏明視以算之從

二祘逸周書士分民之祘均分以祘之也讀如算徐氏曰示者視也故從示明視故從二示

按許氏引書多與原句不協故閻百詩云說文重在字每約書語成文如重嵞字則約予創若時娶于塗山爲予娶嵞山重𢦔字則約有大艱于西土西土人亦不靜越兹蠢爲我有𢦔于西非眞有是句也他可類推竊謂此數語亦然

祭公解 卷八

汝無以嬖御固莊后汝無以小謀敗大作汝無以嬖御士疾大夫卿士汝無以家相亂王室而莫恤其外　韓非子周記曰無尊妾而卑妻無孽適子而尊小枝無尊嬖臣而匹上卿無尊大臣以擬其主也

按周書與周記雖不同而語意却頗符合意祭公獻替之謨當曰必自成編作者錄入此書曰周書而初本名記與韓非子與作此書者其時不甚先後則字句之不同安知非作此書者稍加潤色耶

史記解 卷八

以左道事君者誅 昔者玄都賢鬼道廢人事天謀臣不用龜策是從神巫用國哲士在外玄都以亡

按前漢書王商傳周書曰以左道事君者誅注師古曰逸書也浮山嘗言此語當是昔者玄都一段之上脫文蓋領綱之語與上下段一律 洛謂左道事君與龜策神巫等句尚可比附而誅與玄都亡却不相應姑存之

芮良夫解卷九

德則民戴否則民讎　呂氏春秋適威篇周書曰民善之則畜也不善則讎也注周書周公所作

按此二語義蘊極爲浹洽但注以周書爲周公作則與芮良夫所言在厲王時殊難牽合然芮良夫此兩句下緊接云茲言允効于前不遠蓋當曰原是追述前聞以誠厲王正與呂氏之注毫無牴觸

嗚呼口口口如之注人養食之則擾服雖家畜不養則畏人知民亦然也　太平御覽卷九百九十九周書曰魚龍成則藪澤竭則蓮藕掘　嗚呼○○○○○○○○○○○臨民亦如之

按此節據注語是初未嘗闕也予嘗疑方圍只三个與注之字數不

應殆後人因其闕而誤去之耳注首盧氏增禽獸二字玩下文家畜
畜字可通今予摭取御覽所引此數語則與經上言寡不敵衆后其
危哉下言執政小子惟以貪諛爲事却頗愜洽魚龍謂君及臣也藪
澤竭蓮藕掘直是經下文財力單竭手足靡措之喻此節蓋上下轉
捩語然則解者不滯執盧氏所增之禽獸字自明
飾言事王實蕃有徒　左昭二十八年傳鄭書有之惡直醜正實蕃有
徒注鄭書古書名
按杜氏於襄三十年傳引鄭書注曰鄭國史書其不可移易固也而
此亦稱鄭書注却曰古書名則是名同實異在杜氏必有所據而非
故爲歧出之說矣予雖不敢謂所稱古書即係此書要亦可以旁証

周祝解 卷九

葉之美也解其柯柯之美也離其枝枝之美也拔其本　國策秦范雎

曰臣居山東章詩曰木實繁者披其枝披其枝者傷其心注逸詩

按此章引詩下自釋曰大其都者危其國尊其臣者卑其主次章應

侯謂昭王又曰臣聞之木實繁者枝必披枝之披者傷其心亦自釋

云都大者危其國臣強者危其主可見引詩之旨本同而其語已有

參差矣觀其語之參差安知詩非卽書而偶失記耶

訂商周之際以竹書紀年爲主故不著書名他如逸周書尚書史記漢書等書及各家論說皆標書號以别之起文王元年訖武王十七年分爲年表月表日表上下相貫彼此不移非但辨誣亦資鑒古

年表　文王受命九年武王十二年克殷自辛未至辛卯凡二十一年而漢書律歷志云文王十五而生武王受命九年而崩崩後四年而武王克殷後世概沿此說强爲揑合武王克殷之後

月表　竹書紀年周師渡孟津而還者紂之五十一年冬十一月也周師[illegible]者[illegible]之五十二年冬十二月也上云十一月言戊子次年十二月並不言戊子而如唐天文

日表　周師以子月二日壬辰三日癸巳自鎬京啟行本月乃辛卯朔或有以爲庚寅者是時師先行武王後行十六日丙午至師周書并及十七日丁未因舊訛爲丙辰

自辛卯至丙申凡六年史記以爲二年固非漢志作八年亦未合吾竊怪班孟堅言三統歷推算最密而此事殊覺疏脫故首尾文武之年特諄諄於斯焉

志武王十年夏正十月戊子周師始起等語似以前一年之戊子適合後一年之戊午竟贖一年矣又泰誓惟十有三年春武成維一月壬辰傳以爲建寅之月皆誤也故詳之

丁巳或遂群起而攻之茲已改正本月二十八日戊午渡河月小建越庚申爲丑月朔孔穎達以爲辛酉則甲子在四日矣故考其日辰見於經傳者必著之其不著者亦因以得其次第云

殷文丁十二年戊子周文王元年有鳳集於岐山

己丑

庚寅 殷帝乙元年

辛卯

壬辰 夏六月周地震

按吕氏春秋制樂篇有周文王立國八年六月文王寢疾五日而地動等語韓詩外傳鄭氏通志俱云文王即位八年而地動蓋皆沿吕氏而誤

癸巳

甲午

乙未

丙申

丁酉

戊戌 文王十一年

殷帝辛元年 己亥 文王十二年

命九侯周侯邘侯原注周侯為西伯昌

史記殷本紀以西伯昌九侯鄂侯為三公

按徐廣史記注云九一作鬼故國策魯仲連謂鬼侯鄂侯文王紂之三公也又曰鄂

一作邘未知所指何書而竹書正以爲邘若梁氏讀史志疑以鄂侯爲邘侯字誤徐氏紀年統箋以鄂侯爲翼侯音誤並云徐注非是則竹書反可疑矣又按史記此段亦似非紂元年事

庚子

辛丑

壬寅

癸卯

甲辰 西伯初禴于畢

乙巳

丙午

丁未

戊申 文王二十一年

帝辛十一年 己酉 文王二十二年

庚戌

辛亥

壬子

癸丑

甲寅

乙卯 西伯伐翟

丙辰

丁巳

帝辛二十一年

戊午 文王三十一年

己未 文王三十二年 春正月諸侯朝周

伯夷叔齊自孤竹歸于周

庚申

帝辛二十三年

辛酉 文王三十四年 囚西伯于羑里 殷本紀 九侯有好女入之紂

女不熹淫紂怒殺之而醢九侯鄂侯爭之并脯鄂侯西伯昌聞之竊嘆崇侯虎知之以告紂紂囚西伯羑里〔周本紀〕崇侯虎譖西伯曰西伯積善累德諸侯皆嚮之將不利於帝紂乃囚西伯於羑里

壬戌

癸亥

甲子

乙丑

丙寅

帝辛二十九年　丁卯年　文王四十

釋西伯（殷本紀）西伯之臣閎夭之徒求美女奇物善馬以獻紂紂乃赦西伯西伯出而獻洛西之地以請除炮烙之刑紂乃許之（周本紀）閎

天之徒患之乃求有莘氏美女驪戎之文馬有熊九駟他奇怪物因殷嬖臣費仲獻之紂大說曰此一物足以釋西伯况其多乎乃赦西伯

按呂氏春秋行論篇紂欲殺文王而滅周文王曰父雖無道子敢不事父乎君雖不惠臣敢不事君乎孰王而可畔也紂乃赦之其說較史記頗正然以紂之貪殘恐非

言語所能動且此語亦似非告君之體蓋惟文王積誠有以感之耳美女文馬之賂出於諸臣何損文王之德

諸侯逆西伯歸于程

左襄三十一年傳衛北宮文子曰紂囚文王七年諸侯皆從之囚紂懼而歸之按逆歸之諸侯當即從囚之諸侯又按武乙二十四年周師伐程戰于畢克

之文丁五年周作程邑皆王季時事意自王季以來已久居程耶抑亦岐周國外一别都耶

帝辛三十年　戊辰　文王四十一年

春三月西伯率諸侯入貢

殷本紀西伯歸乃陰修德行善諸侯多叛紂而往歸西伯西伯滋大

程典文王合六州之侯奉勤于商

按程典云文王合六州之侯奉勤于商商

王用宗讒震怒無疆諸侯不娛逆諸文王文王弗忍與紀年四西伯釋西伯西伯入貢數事相合但紀年是編年體周書是彙敘法

帝辛三十一年 己巳 文王四十二年	西伯治兵于畢得呂尚以爲師
帝辛三十二年 庚午 文王四十三年	密人侵阮西伯帥師伐密
帝辛三十三年 辛未 文王四十四年	密人降于周師遂遷于程

皇甫謐曰文王徙宅於程蘇氏曰文王既克舒須於是相其高原而徙都焉所謂程邑是歟

按書序曰維周王季宅程史正義曰維周王季宅郢郢卽程故諸家俱言文王居程已久陳氏紀年集証解此句遂謂遷客人于程非周自遷也予思大匡言周王宅程三年遭天大荒與紀年周大飢在後文帝

辛三十五年恰合若作居程已久非此時方遷却難會通

周本紀詩人道西伯蓋王錫命西伯得專征伐受命之年稱王注正義約按文王受命九年大曰帝王世紀云文王卽統未集蓋得專征伐受位四十二年歲在鶉火命自此年始文王更爲受命之元年按殷本紀賜弓矢斧鉞使得征伐爲西伯敘在釋西伯下不知已隔四年始稱王矣按稱王改元之說先哲已多駁之茲不悉登但四十二年亦未合

帝辛三十四年 壬申 文王四十五年 周師取耆及邘 殷本

紀及西伯伐飢國滅之
祖伊聞之而咎周周本
紀明年敗耆國殷祖伊
懼以告帝紂曰耆伐邪
志疑飢亦作阢阢即
耆但耆非即黎自史
公以西伯戡黎之篇
載伐耆下千古傳疑
遂伐崇崇人降周本
紀賜之弓矢斧鉞使西

伯得征伐曰譖西伯者崇侯虎也

酆保樹暑

于崇

春秋繁露已受命而王必先祭天乃行事文王之伐崇是也

冬十二月昆夷侵周

按世紀云文王受命四年春正月丙子昆夷侵周事同而年月異然蔡之言四十二年受命又異中尚同者

帝辛三十五年 癸酉 文王四十六年

周大饑西伯自程遷于豐

〔大匡〕維周王宅程三年遭天之大荒〔周〕

〔本紀〕伐崇侯虎而作豐邑自岐下而徙都豐

〔詩〕文王受命有此武功旣伐于崇作邑于豐

按周本紀明年伐犬戎明年伐密須明年敗耆國明年伐邘明年伐崇蓋已在受命年

後六年矣而紀年則
受命後二年事也

帝辛三十六年 甲戌 文王四十七年

春正月諸侯朝于周

鄭保 維二十三祀庚子

朔九州之侯咸格于周

王在鄭立于少庭

按鄭保之二十三祀必係訛誤或疑即紂二十一年諸侯朝周之事然篇內已言王在鄭矣如照竹書徑作三十六年但下小開方言三十五祀正月丙子拜望此不得先言三十六也姑俟再考

又按大匡言三州之侯程典言六州之侯鄭保言九州之侯周書謚以自少而多爲序然大匡言三年大荒則與程典係一時事不懸三州六州如此迥別大約未遷鄷以前未嘗三分有二大匡之三州蓋追言之也既遷鄷以後已經三分有二鄷保之九州蓋侈言之也

遂伐昆夷

（詩）混夷駾矣維其喙矣

按史記無伐昆夷事說者本顏師古言昆夷亦作畎夷謂卽犬戎但史記伐犬戎則受命後一年爲伐叛之始紀年伐昆夷則受命後三年爲伐叛之終

西伯使世子發營鎬

詩考卜維王宅是鎬京維龜正之武王成之

帝辛三十七年　乙亥　文王四十八年

帝辛三十八年　丙子　文王四十九年

帝辛三十九年丁丑文王五十年大夫辛甲出奔周

按史記此事尚在囚羑里之前

帝辛四十年戊寅文王五十一年

帝辛四十一年己卯文王五十二年〔文儆〕維文王告夢懼後

〔無逸〕文王受命惟中身祀之無保庚辰詔太子

厥享國五十年發〔文傳〕文王受命之九

按受命宜指嗣爲諸侯言文王時四十六歲故年時維暮春在鄗召太

曰中身若謂受命得專征伐則難解矣子發

〔周本紀〕西伯崩太子發春三月西伯昌薨〔武

立是爲武王西伯蓋即成〕惟九年大統未集

位五十年

按自戊子至己卯凡五十二年文王壽九十七歲逆推之王季薨時必四十五踰年改元則四十六也孔傳言四十七蓋改元在四十八將以合乎書之五十年不知書第言成數而史記亦遂因之耳是年武王已即位越庚辰始改元故竹書結算西周年數有武王元年己卯之文

周本紀後十年而崩正義曰十當爲九按史此語從受命說來故忽言十年按尚書大傳言受命七年史記自受命後凡六紀明年尚台而崩竟屬伐豐明年已似八年忽又言十年益游移矣正義大約是據武成然曷若據逸周書之文傳乎

帝辛四十二年庚辰年周武王元

按張宗泰云紀年原書言武王元年己卯則伐紂之年正與尚書十有三年之文合今書武王

柔武維王元祀一月既生魄王召周公旦注此文王卒之明年春也大

元年在紂四十二年故滅殷在十二年亦誤洛謂彼不思武乃易俟而王故己卯一年始不紀元後乃紀元顧將竹書一信一駁何耶

開武 維王一祀二月王在酆密命訪于周公

西伯發受丹書于呂尚

帝辛四十三年 辛巳 武王二年

小開武 維王二祀一月旣生魄王召周公旦

帝辛四十四年 壬午 武王三年

寶典 維王三祀二月丙辰朔王在鄗召周公

西伯發伐黎

酆謀 維王三祀王在酆謀言告聞周公曰時至矣乃興

師循故

按鄭譜注云文王受命至此十年蓋本大傳而誤今定爲十二年時至句注言可伐紂之時至今据紀年知是伐黎之師亦爲辨正又按前編以此爲紂三十一年事已非而西伯東觀兵下即引西伯戡黎是以伐黎即觀兵之役亦非

帝辛四十五年 癸未 武王四年

漢書律歷志三統上元至伐紂之歲十四萬二

千一百九歲歲在鶉火張十三度文王受命九年而崩再期在大祥而伐紂故書序曰惟十有一年武王伐紂大誓八百諸侯會還歸二年乃遂伐紂克殷以箕子歸十三年也故書序曰武王克殷以箕子歸作洪範洪範篇曰惟十有三

祀王訪于箕子自文王受命至此十三年歲亦在鶉火故傳曰歲在鶉火則我有周之分壄也

按克殷年月諸說以外傳伶州鳩爲崑崙此志亦積石矣然却有可疑者書序十一年謂克殷師興之年與洪範十三祀即克殷之年無異而志以十一年爲觀兵之年果可信乎其言曰文王崩後四年而武王克殷故列此於武王四年

帝辛四十六年 甲申 武王五年

帝辛四十七年 乙酉 武王六年

內史向摯出奔周

按史記無此事而抱樂器奔周者爲太師疵少師彊在觀兵之後

帝辛四十八年 丙戌 武王七年

夷羊見 商誓 夷羊在牧 周本紀 麋鹿在牧

二日並出

按此乃殷將亡周將興之象也在殷則爲垂戒在周則爲先兆

帝辛四十九年 丁亥 武王八年

帝辛五十年 戊子 武王九年

周本紀 九年武王上祭

按史記齊世家文王崩武王即位九年欲修文王業東伐以觀諸侯集否數語與周本紀武王即位太公望爲師一段兩相印合是武王即位實已九年以視漢志言文王崩再期大祥伐紂因引書序十一年作証則武王即位僅二年者不同循是以推其後年皆不同矣

于畢東觀兵至于盟津是時不期而會者八百諸侯皆曰紂可伐矣武王曰女未知天命未可也乃還師歸

按此事殷本紀不言何年而周本紀東觀兵句注徐廣引譙周云武王十一年東觀兵十三年克紂其言顯與史公異徐氏得毋以周本紀言年尚未確而引之耶

帝辛五十一年 己丑 武王十年 冬十一月 應是建乙亥 戊子 應是二十二日

訂商周之際

〔唐志日度議〕竹書十一年庚寅周始伐殷先儒以文王受命九年而崩至十年武王觀兵盟津十三年復伐殷推日月不為相距四年所說非是武王十年夏正十月戊子周師始起於歲差日在箕十度則析木津也

按此乃唐志所謂夏正十月者其下即云周師始起即引日在析木以爲據謂非以本年之月日併合明年之月日耶

〔統箋〕是年己丑周武王即位之十年也唐天文志云武王十年夏正十月戊子周師始起則竹書稱十一月戊子蓋猶是商正也

按紀年全書通例不言日辰惟此月紀其日曰戊子竟似天啟其衷特著此二字以資後人考訂者吾謂此二字乃漢志唐志之濫觴也然亦因是而多歧矣

又按戊子爲二十二日雖無切據然以明年戊子在亥月二十八日逆推之則本年必係亥月此日

周師渡盟津而還

〔泰誓上〕以爾友邦冢君觀政于商

按唐志原本漢書根据國語其文尚長多與漢書異條具於後茲就此段辨之蓋六朝以前言文武之年不以干支往往意爲嬴縮彼一見竹書自己卯而庚寅反覺詫異以相距本不止四年者而以言相距僅四年者駁之可笑矣且於漢志受命後之年數問心不甚融洽故以爲十年十三年而徑引國語於十年後尤其可笑者

十二月子建丙

按唐志言周師始起己指克殷之師非謂渡孟津而還之師矣徐氏既据竹書知此爲武王十年顧猶不審唐志之未確耶

又按唐志上引庚寅周始伐殷下云所說非是明明駁竹書之十一年而以爲十年自詡特見徐氏不察其年而爲之申解其月以駁竹書者詎竹書亦欠斟酌

按紀年周師渡盟津而還與周本紀觀兵盟津一段原係一事但史記稱定九年不得不前後分載也玩紀年觀兵與伐紂本兩年相連事不似史記中空一年故曰史記言觀兵早一年

又按一日事而分見於月表與日表何也蓋諸書有不著其日者有特詳其日者如紀年渡盟津之上有戊子二字自應繫之於日也後有一事而上下分列者倣此

帝辛五十二年庚寅武王十一年　春正月建丁丑

書序曰惟十有一年武　二月建戊寅

王伐殷一月戊午師渡　三月建己卯

孟津作泰誓三篇書曰夏四月建庚辰

惟十有三年春大會于　五月建辛巳

孟津陸氏釋文謂惟十　六月建壬午

有三年或作十有一年秋七月建癸未

後人妄看書序輙改之　八月建甲申

張南軒曰書序稱十有　九月建乙酉

一年而書稱十有三年周始伐殷秋周師次于

者字之誤也

鮮原 【和寤】王乃出圖

【統箋】是年庚寅武王即商至于鮮原 【周本紀】

位十一年矣周始伐殷居二年聞紂昏亂暴虐

蓋始果於伐殷也以唐滋甚於是武王徧告諸

志日度議推之則書序侯曰殷有重罪不可以

十有一年實相符合而不畢伐 按史記此段蓋敘興師之由

泰誓十有三年譌也

按唐志有推日月不爲相距四年語是明以漢志爲是矣彼第見漢志言殷十一月戊子遂亦言夏正十月戊子然漢志言文王崩後二年觀

按周本紀此段上言九年不言十一年而中間夾以居二年語何鮮蓋典師在十一年十二月歲已將終故併十年而曰二年實則只空一年耳齊世家言二年義亦同

兵又二年克殷而彼竟言十年興師十一年克殷大不合於漢志矣至書序十一年字樣相同而年之實數却與徐氏遽信唐志亦未深考

【志疑】周本紀十一年者武王之十一年十二月者卽十一年之十二月自晚出泰誓有十三年之文與書敘十一年異僞孔傳遂以月分繫於十三年而以年爲武繼

若漢志中二年之說則異矣

冬十月建丙戌

十有一月建丁亥

按此乃漢志所謂師初發以殷十一月戊子者也其誤不在月分亦不在日辰而諸家援据遂并此月日亦誤矣

二十八日戊子

按紀年本年本月無戊子字諸家皆誤由上年十一月戊子計算惟毛氏尚書廣聽錄据漢志謂在此月二十八日恰合

【外傳周語】昔武王伐殷歲在鶉火月在天駟日在析木之津辰在斗柄星在天黿星

文違經背義莫此爲甚
史同書敘本無訛謬故
歐陽子泰誓論邵子經
世書胡氏大紀並作十
一年以十三年爲非也
竹書紂四十二年武王
嗣爲西伯五十二年十
二月伐殷亦與史合惟
呂氏春秋首時篇言武
王十二年而成甲子之

與日辰之位皆在北
維顓頊之所建也帝
嚳受之我姬氏出自
天黿在析木者有建
星及牽牛焉則我皇
妣大姜之姪伯陵之
後逄公之所馮神也
歲之所在則我有周
之分埜也月之所在
辰馬農祥則我后稷

事蓋並其爲天子之年數之耳

按克殷之役十一年十二年十三年苟能往來核算均無謬誤觀後引陳氏紀年集証一段自明志疑未免過拘也

【總論】史漢二書皆諸家援据之祖太史公淹通羣籍豈有國語尚未見之理班掾徵三統於劉氏豈有腐史不經尋繹之理然二書却相鑿枘如周本紀齊魯世家屢言武王九年若謂是本受命七年之說而本紀言文王先有受命後十

之所經緯也

按此乃言克殷月日之星宿海也雖不明言何年然前曰武王伐殷後曰二月癸亥其爲庚寅辛卯之交無疑矣故備錄之

【漢志】師初發以殷十一月戊子日在析木箕七度故傳曰日在析木是夕也月在房五度房爲天駟故傳曰月在天駟後三日

年語漢志則以武二年併文受命九年爲十一年是未觀兵以前二書異也周本紀言九年觀兵十一年興師是中間實空一年且克殷乃十二年漢志連受命九年而言二年觀兵又二年克殷則興師夾在中間並無空年且前後年皆不合是觀兵與克殷二書又異也當馬班時竹書未出周本紀十一年十二月戊午云云與竹書商紀紂五十二年庚寅一條合二月甲子云云與竹書周紀武王十二年辛卯一條合雖言觀兵早一年要不甚戾然年無干支必共九

得周正月辛卯朔合辰在斗前一度斗柄也故傳曰辰在斗柄尚書牖聽緐武王興師伐殷國語明載其月日其興師以前則伶州鳩謂歲在鶉火日在析木月在天駟而漢律歷志由三統歷推之謂此是周十

據言中

年果戊子十一年果庚寅乎漢志商初發以殷十一月戊子一語證與竹書商紀紂五十一年冬十一月戊子一條相類然竹書乃觀政之舉漢志已爲伐紂之師仍是未合且審其干支不將謂十一年爲辛巳十三年爲癸未乎由是諸說沸騰有論年不顧月者如書序十一年下而言一月戊午則仍是十年須作十二月方眞十一年諸儒第喜十一年可據不揣其實遂從而附和之是也有論月不顧年者如唐志亦引國語以證月日而漢志事在十一年者彼不之及

二年十二月二十八日戊子以是日歲星在鶉火日在析木月在天駟與伶州鳩所言合也乃越三日而得周十三年正月辛卯朔

按漢志殷十一月戊子明係文武合之十二年也周正月辛卯朔即文武合之十三年也若必一言殷一言周者原以此辛卯

事在十二年而漢志不言者彼强作十年是也又有年月自相牴牾者如徐廣於周本紀二月甲子注云一作正蓋一本齊世家也齊世家十一年正月甲子注云宜作十三年竟忘周本紀乃言十一年是也此外載號載改前後年月皆任意推移幾有史記是則漢志非漢志是則史記非之勢苟非搉定竹書安得肯綮又按竹書之確在有干支干支得敘而以互跨之月劃清專屬之年庚寅未終辛卯已始矣雖其言十二年者前亦尚銜十一年後亦積爲十

按殷亡周興之際以日隸月不難明顯若以月隸年頗易混淆何也始周年而殷月繼周年而周月爲周年而周月首月尚未足年已加增是月先淆矣既周年而周月月則冬忽爲春年則十二忽爲十三年是年亦因之以淆矣今參考各書以求月之詳覈有以融通乎殷之十二周之一殷之正周之二等數目而各書之言十一年十三年者既因語句粘連不便割斷

朔之月乃興師以得天下之始故分著之而廣聽錄概稱爲周似武王未嘗爲商藩者宗旨已乖矣在漢志十二年仍是武三年十三年仍是武四年而廣聽錄渾之曰周十二年周十三年合父子之紀似子年實已十二十三然者義例亦舛矣蓋商周興亡之會丑子銜接之間必如漢志方始明晰若廣聽錄則似周爲侯國已改子正矣有是理乎雖追論與紀事有別然一語糊模即數年遷庭稽古者不可以不慎也

三年然若夾入諸家十
一年十三年之說反致
眉目不淸故惟標
列竹書爲定如左
辛卯　竹書周
紀大書武王
十二年辛卯
此後爲周正
按魯世家云武王九年
東伐至盟津十一年伐
紂至牧野與齊世家周
本紀並同而皆不言十
二年然據是知勝殷必
在十二年史不言當是
疏略勿泥十一年而謂
不宜復言十二年也

然亦足以見其卽
竹書之十二年月
定則年亦定故
爲釐斷於左
殷冬十二月建戌
周春一月子
泰誓上惟十有三年春
武成維一月
按蔡傳皆謂建
寅之月並誤
廣聽錄十有三年春
不在夏正寅月而在
周正子月孔傳以爲
周之孟春正義以爲

二十九日己丑
三十日庚寅此日應是小雪
朔日辛卯
按唐志云又三日得
周正月庚寅朔日月
會南斗一度故曰辰
在斗柄夫彼亦引國
語者而竟不考漢志
引國語爲何日耶又
本漢志引書壬辰旁
死魄等語而竟不問
何日爲死魄何
日爲旁死魄耶
二日壬辰三日癸巳
武成維一月壬辰旁死

陳氏紀年集證泰誓言十三年序言十一年呂氏又作十二年蓋文王崩於紂四十一年巳卯武王踰庚辰改元由庚辰數至紂五十二年庚寅爲十一年旣改正朔爲殷歷之冬十二月者卽周歷之春一月是爲十二年上冒文王垂沒

建子月皆是也 志疑史作十二月書自周季征伐商序作一月者殷之十二月卽周之一月序就周言之其實改正朔在元年從依商正作十二月爲是 按志疑言殷之十二月卽周之一月良是然必上年之十二月方可爲下年之一月斷不能將本年之十二月竟作本年之一

魄越翼日癸巳王朝步 漢志明日壬辰晨星始見癸巳武王始發丙午逮師戊午渡孟津孟津去周九百里師行日三十里故三十一日而渡明日已未冬至晨星與婺女伏歷建星及牽牛

之年則爲十三年如是
則紀年及泰誓書敘呂
氏春秋無一不合
按陳氏此說極爲疏暢
千載游移之談一朝遂
定吾亦嘗主是說惟是
武王苟終爲諸侯何容
上冒文王之年以其爲
天子也卜世三十卜年
七百皆基于嗣服初年
之已卯周紀必始已卯
所以表正垂統也持論
較陳氏頗見其大要之
年數均
無異云
[後論一]夫伐商之年至有九年十年十一年十

月書序十一年一月戊午語若信爲眞十一年是直以殷本年之十二月作周本年之一月矣志疑又言宜依商正作十二月爲是然書序設言十一年十二月戊午則改正朔便爲十二年而非十一年矣十一年紂爲十二年自合若十一年則縮爲十年則非然樞紐只在此月讀者宜細求之至於婺女天黿之首故傳曰星在天黿周書武成篇惟一月壬辰旁死霸若翼日癸巳武王朝步自周于征伐商紂十六日丙午十七日丁[武]未[世俘]維一月丙午周師有事于上帝[illegible]分禱上下[武成]底旁生魄若翼日丁未王商之罪告于皇天后土乃步自于周征伐商

二年十三年之異淆亂可謂已極信如陳氏集證之言則雖數目繁多亦覺渾融貫串無如史記之十一年非即漢志之十一年漢志之十三年非即泰誓之十三年書序本言十一年而唐志似依傍以爲十年呂氏春秋亦言十二年而廣聽錄則託漢志而言十二年叢纏簧巧將何以辨黑白而定一尊夫使國語一舉其年之次第史記一著其年之干支正數千年所賴以考核者而司馬不以此爲意故周本紀與齊世家月且互異而不自知班氏据國語較史公稍密

所過名山大川

冬十有二月庸蜀羌髳微盧彭濮從周師伐殷

按竹書商紀畢此條

周本紀 十一年十二月二十八日戊午

紂

按世俘之丙午丁未舊說作丙辰丁巳閻百詩攻之曰丙辰丁巳在一月二十六七兩日孟津去周九百里若武王二十七日始發二十八日即渡西師豈能飛至耶予謂閻氏不考全篇第因此二日訛誤遂謂周書本不足辨彼特不見周書言旁生魄乎若果係丙辰是作者竟以二十六日爲旁生魄矣百詩亦駁古之未允者

泰誓

然恐亦抄撮三統歷原文故泥文王稱王改元之謬說不將武王紀元致所言十一年十三年反多窒塞然而又有疑焉者唐宋以來類皆以十一年為是十三年為非至徐梁二公益暢厥旨似乎是者果是非者果非矣梁氏訂史記然周本紀言九年實不知何據其言十一年亦未必即書序之十一年而梁氏乃謂史與序合乎試思武十年當紂五十一年武十一年當紂五十二年武十二年應當紂不滅而五十三年子月戊午改正朔而為周十二年一月者即未改

戊午師畢渡孟津

按十一年尚是為諸侯之年其言十二月商之月也下朝至商郊言二月甲子周之月也蓋未克殷以前不可遽言周月既克殷以後不必仍言商月是史例應如此

周春二月建已丑

按周本紀云二月甲子昧爽武王朝至于商郊牧野乃誓注徐廣曰二一作正此建丑之月殷之正月周之二月也然吾謂二月上須冠以十二年方明不然蒙上十一

【泰誓中】維戊午王次于河朔

二十九日己未此日冬至

【泰誓下】時厥明王乃大巡六師明誓衆士

朔日庚申

【廣聽錄】孔疏以二月庚申朔為辛酉改遲一日則四日癸亥五日甲子俱不合矣此

正之周十一年殷十二月故周本紀有此語丑月甲子改正朔而爲周之十二年二月者若不改正朔亦猶是周之十二年殷正月故周本紀齊世家此處皆似疏忽循是以求則書序十一年一月戊午語殊欠融通信十一年者只當向後推衍而却倒前折縮果諦當乎徐氏箋紀年亦以十一年之說屢引唐志詎知唐志即据漢志而故異其言年者乎十三年見於泰誓孽以爲疑然班氏時僞古文未出而先言十三年想必有所據與僞泰誓無涉徐梁二公豈有不讀

年十二月而下竟似倒說向前矣若齊世家敘此言十一年正月甲子又不合蓋本文年爲周年月似商月已與周本紀矛盾而注徐廣曰宜作十三年亦相捍格又按此事在當時論已改正朔則戊午日便可言十二年正月若不改正朔則甲子雖係殷正月未嘗非周十二年而周本紀齊世家之文求以此例皆滋人惑故辨之

竹書周紀　王率西夷諸侯伐殷敗之于坶野王親禽

其稍不檢者要月日並無同異

二日辛酉　（世俘）越若來二月既死魄

四日癸亥　（周語）王以二月癸亥夜陳未畢而雨　（武成）癸亥陳于商郊

五日甲子　按蔡傳沿孔疏作四日誤　（牧誓）時甲子昧爽王

漢志者均此漢志之言是宜皆是非宜皆非謂十一年同書序則是之謂十三年同泰誓則非之此恐不足以折服前人矣若夫參互權衡理亂緒而勢順息衆囂而志和是在善讀書者

[後論二]竹書詳於年國語覈於月日在二書必有乎合之故史記與竹書頗符漢志明以國語爲証則二書亦必有融合之迹後人苟細心探討且當竹書既顯亦易疏通然譙周云史記武王十一年東觀兵十三年克紂明明襲漢志而自稱史記其即司馬之書與抑別有所指與徐

受于南單之臺[克殷]周車三百五十乘陳于牧野帝辛從商師大敗商辛奔內登于廩臺之上屏遮而自燔于火[殷本紀]兵敗紂走入登鹿臺衣其寶玉衣赴火而死(周本紀此事文雖小異而其旨相同故不錄)立王子祿父是爲武庚

朝至于商郊牧野乃誓[武成]甲子昧爽受率其旅若林會于牧野[世俘]越五日甲子朝至接于商則咸劉商王紂[漢志]序曰一月戊午師渡于孟津至庚申二月朔日也四日癸亥至牧壄廣陳甲子昧爽而合矣故外傳

廣引此於周本紀毋亦有疑於九年十一年之言而藉是以訂正耶此不知據竹書者漢志疑竇頗多然逐句推闡亦令人心開目明故六朝及唐諸儒非惟不考竹書而沿漢志以上溯國語且反以竹書爲非吾嘗求之國語武王伐紂歲在鶉火只就其時而言未嘗計前此何如而漢志謂自文王受命至此十三年歲亦在鶉火則明明先有一在鶉火之年歲星每十二年一周天從後推前應無差忒然既十二年一周安見文武相繼時之必非再周乎帝王世紀云文

克殷立王子武庚命管叔相殷本紀封紂子武庚祿父以續殷祀令修行盤庚之政殷民大説

按此事未知何日然以事理推之必係乙丑丙寅二日故載於此

曰王以二月癸亥夜陳武成篇曰粤若來二月既死霸粤五日甲子咸劉商王紂

按書序云十有一年一月戊午師渡孟津已係伐殷克紂之年月班氏割十一年以證觀兵至是乃以一月戊午證勝殷何耶

八日丁卯世俘太公望命禦方來丁卯至告以馘俘

王四十二年歲在鶉火
更爲受命之元年斯言
也果因漢志而附會與
否吾不敢知特其所稱
四十二年今据竹書乃
四十四年其言歲在鶉
火果四十二年巳巳乎
抑四十四年辛未乎例
諸漢志則所謂歲亦在
鶉火者果武王三四年
壬午癸未之交乎抑十
一二年庚寅辛卯之際
乎竹書自辛未至辛卯
凡二十一年謂歲星一
周則已遲謂再周則過
速然遲速皆天行所時
有想伶州鳩論鐘首此
或亦所以彰其異者而
漢志似欲促武之年以
協乎十二年一周天之

九日戊辰 世俘 王遂
禦循以祀文王是日王
立政
十三日壬申 世俘 荒
新至告以馘俘
二十二日辛巳 世俘
侯來命伐靡集于陳辛
巳至告以馘俘
二十五日甲申 世俘
百弇以虎賁誓命伐衛

說故兩言歲在鶉火而堅執爲十三年每歲亥子二月之交日無有不在析木者辰未有不在斗初數度者月亦不離房心數宿國語月在天駟數語之上未嘗冠以殷十一月戊子之交且又不言何度但戊午在子月二十八日逆推之則戊子必在亥月二十八日漢志言此尚未爲失而以其言子月二十九日己未冬至逆溯之則亥月三十日庚寅爲小雪小雪日方入寅而遷言在箕七度月會日亦必寅初而言是夕也月在房五度房五度至斗前尚三十餘度而遷

		告以馘俘
		三十日己丑此日大寒
閏丑月		朔日庚寅
漢志是歲也閏數		
餘十八正大寒中		十一日庚子世俘陳
在周二月己丑晦		本命伐磨百韋命伐宣
明日閏月庚寅朔		方新荒命伐蜀
三月二日庚申驚		十六日乙巳世俘陳
蟄四月己丑朔死		本新荒禽蜀磨至告以
霸死霸朔也生霸		馘俘百韋告以禽宣方

言合朔毋乃太速乎夫中氣過宮之道卜雪自卯入寅冬至自寅入丑國語所言辰在斗柄與自寅入丑者恰合疑即指戊午己未庚申數日但漢志之箕七度房五度則又太遲竊思歲在鶉火數事原係伐紂之年三統歷蓋亦推之而會與國語合者然其時爲武王第幾年其年係何干支不見明徵而漢志字梳句櫛便似有強國語以求合之意惟其強合也以竹書較漢志已脫甲申至己丑六年是月日雖合而年大不合矣諸家之沿漢志以上溯國語也漢志於殷

望也是月甲辰望乙巳旁之故武成篇曰惟四月既旁生霸粤六日庚戌武王燎于周廟翼日辛亥祀于天位粤五日乙卯乃以庶國祀馘于周廟

按漢時言節氣驚蟄尚在雨水前故漢志言大寒即言驚蟄非若後世以

告以馘俘

二十二日辛亥 世俘

薦俘殷王鼎

二十三日壬子 世俘

王服袞衣矢琰格廟

二十四日癸丑 世俘

薦俘殷王士百人

二十五日甲寅 世俘

謁戎殷于牧野

二十六日乙卯 世俘

十一月戊子上言師初發尚是預籌一切事而唐志則言周師進矣漢志言文王崩後四年武王克殷其觀兵在二年興師在三年唐志始言自文王九年至十一年云云似武王即位僅一年便已觀兵繼言武王十年夏正十月戊子周師始起云云又似武王即位實有十年且周師之起不在子月壬辰而即亥月戊子其下援引國語在漢志以爲辛卯朔者竟言庚寅以爲筭七度房五度者竟言筭十度房四度是年與月日均不合矣漢志分清文九武四乃約爲十一年

雨水爲正月中氣

周春三月建庚寅

按勝殷日辰世俘較詳而全篇不記寅月一日豈竟無一事耶大約武王狩一段均寅月事作者彙敘之故不析言各日

夏四月此係竹書原文應是建辛卯

王歸于豐

按竹書不表歸豐之日參考世俘武成二篇知在四月初旬則武成此事尚足據也至豐係初三日則啟行應在寅月矣此不

篇人奏崇禹生開

朔日己未

二日庚申此日驚蟄

朔日己丑

三日辛卯 武成厥四

月哉生明王來自商至于豐

七日乙未 世俘維四

十三年而廣聽錄直言周十二年周十三年莫辨其爲文爲武且按以竹書漢志似屬壬午癸未廣聽錄覓似辛卯壬辰是年與月日更無依據矣夫日統於月月統於年考此者必定其年而後亥月之戊子子月之戊午丑月之甲子方有所麗以驗其確漢志首言三統上元至伐紂之歲十四萬二千一百九歲則下言殷十一月戊子自繫之於其歲後人不問十一月爲何歲之十一月戊子爲十一月之何日由是或稱夏正十月或稱周十二月均不過殷十一月之替

必滯世俘言朝至降車在二十二日而疑月乙未日武王成辟四

武成之初三日爲自商敵行也方通殷命有國注此克

洪範惟十有三祀王訪紂還歸而作也

于箕子

書序武王克十六日甲辰十七日乙

殷以箕子歸作洪範

巳漢志甲辰望謂月氣非泥定十五日乙巳

按此事明係方克殷旁之指時本十二祀而言十十七日

世俘四月既

三祀蓋當時史臣之筆已然矣今列此處

旁生魄注以十六日釋旁字誤詳本篇

雖較竹書早一年然覗漢志於武王四年

武成既生魄庶邦家

而强引書序及洪範爲確當

君暨百工受命于周

鑾于太廟按歸豐之後舉祭頗多竹

十九日丁未

武成丁

詞其戊子則刻定戊午書曰饗乃前月相對之日以爲合總括之詞未祀于周廟
乎漢志卽合乎國語大抵訛誤之由此其一也命監殷【作洛】建管叔二十二日庚戌【武成】
若夫求定其年莫切於竹書但竹書夏商之際于東建蔡叔霍叔于殷柴望大告武成
桀終壬戌與湯之癸亥相接不以湯卽諸侯位俾監殷臣【周本紀】武按世俘此日言武王朝至燎于周王降自
之丙午爲始而商周之際紂終戊寅直與武王王爲殷初定未集乃使車俾史佚繇書于天號與篇首成辟四方
嗣爲西伯尚未改元之已卯相接夫以戊寅爲其弟管叔鮮蔡叔度相之爲還歸而作者相忤矣蓋經乃補敘法
終而紂尚有爲天子十二年其何以說或遂改祿父治殷其事與此數日郊天祭俘一例故連及之
戊寅作庚寅使與辛卯相接似矣然在竹書中遂狩于管按竹書言狩與世俘王狩而史佚繇書之命亦必初旬始至時但其
總括西周年數則曰武王元年己卯又何以說一段是兩事一在[途]中一已歸國【後】事爲用籥緣起故記於此以爲之備若武
遷就挪移雖竹書亦不可粘煞此又易致訛誤【大匡】維十有三祀王在成繫柴望於庚戌恐作僞者只記得此書

之一也或問漢志固若
是其謬耶乃至今始識
破耶曰漢志併文年於
武成爲十三其一誤者
以書序十一年証觀兵
以洪範十三年証克殷
其再誤者且上言歸二
年伐紂克殷不類隔年
下言殷十一月周正月
不識何年又其再誤者
此洵不能爲班氏諱大
抵世遠年湮難以精核
班氏似亦無定見然者
予蕪陋妄敢妄議前哲
竊謂以竹書爲經以國
語爲緯言年則迎刃而
解言月則應節而赴則
諸家之異同離合自昭
昭若發矇矣世有精
歷術者請從事於斯

管管叔自作殷之監東
陽之侯咸受賜于王〔文〕
〔大匡〕維十有三祀王在管
管蔡開宗循王
按大匡文政二篇並
言十有三祀而其事
卦與紀年言十二年
者相同知作者亦已
連己卯數之矣周之
臣子自合如此即大
一統之義亦宜如此
然則泰誓之十三年
或作僞者亦襲漢志
爻九武四之說但年
數既合解亦可通
何必吹毛求疵

此日
事耳
三十三日辛亥〔世俘〕
祀于位用籥于天位
二十七日乙卯〔世俘〕
武王乃以庶馘祀于國
周廟
按歸氏有光云汪玉
卿嘗疑武成篇甲子
失敘蓋先儒以漢志
推此年置閏在二月
故四月有丁未庚戌
本無可疑也予今稽
其日月順序挨
排更覺明暢

武王十三年 壬辰

按竹書此言十三年與秦誓之十三年洪範逸周書之十三祀均不同蓋竹書係自庚辰算起而彼三書已包己卯在內讀者宜審之

又按逸周書柔武言惟元祀大開武言惟一祀小開武言惟二祀寶典酆謀並言惟三祀大匡文政並言十有三祀其不言三祀以後數年大約無事可記非如漢志以武屬文而忽稱十三祀也且一祀與元祀別而兩舉之意者元祀指嗣位之年之己卯一祀指改元之年之庚辰一

薦殷于太廟遂大封諸侯

按此二事集証謂不宜遲至次年因疑爲錯簡予思武王以諸侯之十二年忽尊爲天子之十三年玩洪範似其年即然竹書紀年係魏之史記恐傳聞不免異詞即非錯簡亦須會通

耶如此則十三年在逸周書自明人因泰誓晚出而疑之病坐不深考此書耳

武王十四年 癸巳

王有疾周文公禱于壇墠作金縢 周本紀 武王病天下未集群公懼穆卜周公乃祓齋自為質欲代武王武王有瘳

按金縢為今文而事既不經詞氣亦不與今文各篇類不敢謂必有其事也紀年皆三代實跡特紀此條則又不得謂必無其

事矣孫之騄曰金縢之名非周公作也周公作金縢策書耳竊謂篇名未嘗非眞而其文必僞葢假王涖政之外又一作僞者覩史記魯世家本兩事而書只一篇其文亦畧相似殆作僞者竊取之

武王十五年 甲午

初狩方岳 度邑 維王克殷國君諸侯乃厥獻民徵主九牧之師見王于殷郊王乃升汾之阜以望商邑

詩時邁其邦

於皇時周

誥于沬邑 [梓材] 王若

曰明大命于沬邦 [商]

[誥] 王若曰告爾伯舅伯

父幾耿肅執乃殷之舊

官人及百官里居獻民

敬諸咸疾聽朕言

冬遷九鼎于洛 [克殷]

命南宮百達史佚遷九

鼎三巫

按事同而年之先後不同意者遷有遠近而二書係各記耶抑逸周書乃從克殷連而及之不重在年耶

武王十六年 乙未

箕子來朝 周本紀武王已克殷二年問箕子殷所以亡

按竹書言來朝其自朝鮮來耶抑自殷故都來耶史記宋世家不載朝鮮之封其事無可考逸周書有箕子解全篇亡闕敘云

武王旣釋箕子囚俾民辟寍之以王作箕子似一釋其囚而卽訪範卽封國証以書序之歸作洪範及竹書一克殷卽大封諸侯豈其不速封箕子則逸周書敘尚爲可信果爾則此次來朝其必自朝鮮明矣孔氏書疏据洪範十三祀而將朝周訪範倂爲一時是謂以歸卽朝周矣周本紀二年之說蓋亦泥執武王克殷後二年崩之見而遷就之耳均與事實不合

秋王師滅蒲姑

武王十七年 丙申

按武王克殷後在位之年諸說不一史記封禪書作二年淮南子要畧訓作三年鄭氏詩譜謂武王疾瘳後二年乃崩是爲四年管子小問篇作七年漢書律歷志作八年惟王肅云六年皇甫謐亦云六年與竹書紀年及逸周書合是將

左昭九年傳王使詹伯辭於晉曰及武王伐商蒲姑商奄吾東土也

命王世子誦于東宮

武儆惟十有七祀四月王告夢丙辰出金枝郊寶文及寶典開和細書命詔周公旦立後嗣屬小子誦

以何者爲據吾謂其故先由於克殷之年無確据耳武王由西伯伐殷或云四年或云十年或云十一年或云十二年或云十三年前後並計贏縮既有參差則久暫自然殊致卽以紀年言之自庚辰至丙申爲十七年而參之元年己卯則十八年矣以逸周書言之尤匡文政並言十三祀明堂又言六年則竟成十九年矣惟是明堂所言六卽從十三年數起仍是十八年而十三年則已從己卯算來是逸周書與紀年正合也此足以息諸說之紛紛矣

〔五權〕維王不豫于五月召周公旦

冬十有二月王陟年九十四

〔作洛〕武王既歸乃歲十二月崩于鎬〔明堂〕既克紂六年而武王崩

按史記封禪書言武王克殷二年天下未寧而崩與諸說大異蓋誤以克殷後二年武王病雖愈而不久旋崩故周本紀直曰

又按皇甫謐雖云六年而即位之初却不確觀其言曰武王定位元年歲在乙酉六年庚寅崩其指定干支與諸家泛言者不同推其所由來殆以伐黎爲觀兵之舉伐黎在三年隔一年興師又隔一年勝紂故從元年庚辰數得干支如此此又與馬班互異矣

又按多方天惟五年語喧嚷幾至耳倦今據竹書克殷後年數恰合可見今文尚書無語不確

武王有瘳後乃崩夫克殷度邑二篇史公曾採其語以入本紀而此事不考明堂何耶毋亦因作洛中既歸乃歲二語而誤耶

箋曰孟子云千歲之日至可坐而致西漢去周初方千年則漢歷當無不協且既曰三統歷與寅丑子銜接之際更須推移悉應而何文王受

命與武王克殷及在位之年其紛呶幾難僕數耶紀年未出之先漢志與史記異紀年既出之後帝王世紀與漢志異至胡氏之大紀金氏之長編則又愈離而愈遠夫克殷之年月乃前後之樞紐漢志導源國語正如定盤一針溯前推後何難脗合無如諸家言重詞複皆只於亥子丑各月之交強裝入國語以爲據既不問其年更不因此以求前後之年無惑乎亂絲糾錯矣吾考正周書欲將酆保之二十三祀庚子朔小開之三十五祀正月丙子望寶典之三祀二月丙辰朔武儆之十七祀四月丙辰皇門之正月庚午皆爲漢志以推求然而握籌茫茫[illegible]中輟雖精徵其無與乎而苟千年遺印亦通儒也特以俟後之君子

訂地以下皆如金手輯

岐周　〔作洛〕國西土爲方千里注西土岐周篇內先有建于岐周語但辨論不及建事故舍彼而引此據此則岐周爲地甚廣不得專屬之於一地雍錄謂太王都岐在今鳳翔府西五十里是爲岐周岐水之南有周原玩其語意蓋以岐地名周亦地名所以著其可以並稱之由顧吾考竹書紀年武乙元年邠遷于岐周方似岐周統爲一地而武乙三年言命周公亶父賜以岐邑又似岐實地而周爲空號因思詩言至于岐下孟子言邑之岐山之下皆無周字惟生於岐周二字並舉可見周本空號後遂以爲有天下之號而始自太王故岐時與周相連他如程豐鎬均未有並稱周者邑安邑而曰夏都亳都而曰商固不區區於以建都之地爲朝代號也或問詩有周原膴膴語明係

一地安得謂周非地名曰此詩在周公時域中莫非周有何况豐鎬以西周原蓋就疆理後言之耳雍錄所紀未必非後人因詩語而强指一地以實之也不然如此書言爲方千里顧謂岐水之南一周原足以當之乎或又問紀年邠遷于岐周當作何解曰紀年亦後人追述之篇因岐周已係熟稱故連而及之意若曰邠遷于岐始號國爲周云耳孫之騄會引逸周書岐周始作周國今此書無此語或别是一書然其語却當玩味

程　大匡維周王宅程注程地名在岐州左右按此注吾叔兄以岐州之名後魏始有改爲岐周良是徐氏紀年統箋引此作岐州陳氏紀年集証引此作岐周恐亦傳寫有一誤者但言程在其左右其在左乎其在右乎考唐之鳳翔府即元魏岐州漢爲扶風郡本雍州地杜預謂扶風雝東北有周城蓋即周原岐之舊地名詩周

南疏謂周地在岐山之陽漢屬扶風美陽縣後改爲岐山縣岐山在扶風美陽西北孫之騄謂史正義謂郢故城在雍州咸陽縣東周之郢邑也郢即程故孟子言畢郢孫之騄謂地志安陵隸扶風豳騆云古程邑是程與岐周同爲雍州同爲扶風郡故括地志言安陵故城在雍州咸陽縣東二十一里周之程邑也雍錄謂程在咸陽東北是則程在岐周之左不在其右明矣顧路史國名紀又云程王季之居在今咸陽故安陵亦在岐南與畢陌接証以詩度其鮮原居岐之陽似言在左亦未甚確然以今地輿考之岐山縣屬鳳翔府在西咸陽縣屬西安府在東雖廣狹或有不同而一東一西究不可易

鮮原　和寤　至于鮮原注近岐周之地小山曰鮮按鮮有少也善也二義吾叔兄據爾雅疏大山少故曰鮮詩傳大山曰鮮因疑注爲汞確顧陳

星垣云爾雅小山别大山鮮係主小山言之原注不誤竊謂此語却有體會詩朱傳即訓鮮爲善也讀平聲

又按皇矣之詩曰度其鮮原居岐之陽足爲鮮原近岐周之證詩傳謂鮮原即程邑亞足爲程在岐周左右之證是固然矣然有可疑者文王伐密在未遷豐之前則由岐周興師而曰度其鮮原可通也若武王伐殷由鎬京興師鎬在豐東二十五里豐去岐三百餘里（語本雍錄）不順長道以達朝歌而必逆退於豐岐相去中間之鮮原然後循故道以東行乎則頗不可解矣（予别有說詳後王出圖商條下）

酆 鄗　按酆保酆諆豐皆作酆文傳寶典鎬皆作鄗考左昭四年傳康有酆宫之朝是周時已有酆字矣後漢馮衍傳西顧酆鄗注云二水名

文王都酆武王都鄗則以鎬爲鄗當自漢始也但二地所屬之縣徐廣謂豐在京兆鄠縣鎬在上林昆明皆在長安縣南据此以訂前後諸說說文謂鎬在長安西上林苑中括地志謂豐在咸陽顏師古謂豐今長安西北界書蔡傳半同徐氏半同顏氏其沿革致異乎抑考述有未詳乎

汾　〔度邑〕王乃升汾之阜以望商邑按說文汾水出太原汾陽山西南入河或曰出汾陽北山冀州浸水經汾水出太原汾陽縣北管涔山山海經管涔之山其上無草木而下多玉汾水出焉西流注于河前漢地里志汾陰臨汾俱屬河東郡汾陽屬太原郡是去商邑甚遠何可以望之史記作豳之阜豳在岐周西北二百餘里去商邑幾一千三百里更何可以望之豳謂豳必由邠而誤邠與汾以形近而訛太史公不審道里之遠近故

徑作幽耳司馬彪續漢郡國志言襄城有汾邱與經言汾阜頗相愜

洛邑　【度邑】自洛汭延于伊汭按禹貢東過洛汭注大水會小水曰過又洛水交流之內曰汭則河之南洛之北其中間爲汭也明矣而伊似未有稱汭者禹貢導洛自熊耳東北會于澗瀍又東會于伊又東北入于河又伊洛瀍澗旣入于河注伊瀍澗之水入洛洛入于河是伊乃洛將入河之路故亦謂之汭按汭有云水北者有云水所出者有云水之隈曲者有云水曲流者有云水中洲者說文則云水相入是數義皆可通考左傳莊四年曰漢汭閔二年曰渭汭宣八年曰滑汭昭元年曰洛汭四年曰夏汭五年曰羅汭二十四年曰豫章之汭二十七年曰沙汭定四年曰淮汭哀十五年曰桐汭水名下繫以汭者甚衆又何疑於伊汭耶顧吾讀召誥太

保乃以庶殷攻位于洛汭是未嘗言伊汭也洛誥我卜河朔黎水我乃卜澗水東瀍水西惟洛食我又卜瀍水東亦惟洛食是成王時所營之洛邑非卽武王所建洛邑之舊址故總不及伊水而武王所建之洛邑當在澗瀍之西其曰延于伊汭者蓋河洛之間初未有一都邑升高而望所見自是如此非洛邑之偏近伊水亦非包洛汭伊汭而盡爲城邑也

成周王城　作洛乃作大邑成周于土中注王城也王會成周之會注王城既成大會諸侯及四夷也似王城卽成周矣公羊傳曰王城者何西周也成周者何東周也明明成周王城分屬二地則注不幾誤乎吾嘗求之作洛經文上言作大邑成周于土中下言大縣城方王城三之一小縣立城方王城九之一所言王城自是上頂成周注據此作解亦豈有誤王

會箋中之王城即此王城兩篇原是一義（按王會箋語與紀年言遂城東都王如東都諸侯來朝恰合世儒不察周初之言王城者奚在第見洛邑於東遷後亦號王城遂謂洛邑以朝諸侯在周初已然此所以致誤也）然而公羊傳以王城成周分爲西周東周則又何說曰此東遷以後之言也洛邑在西北成周在東南未東遷以前以成周爲王城王城者言王所新建之城也（玩作洛經文王城似指成王七年所城之東都另有說見後）東遷以後以洛邑爲王城王城者猶言京師也未東遷以前洛邑亦有成周之號故呂氏謂成周乃東都總名（此東都對鎬京言非成王七年所城之東都）水經注云穀水又逕河南王城北所謂成周矣此其證也東遷以後子朝未亂以前成周又有下都之稱是原保釐大臣所居以治事者也路史國名紀言又卜瀍水東作下都遷商頑焉曰成周此似成王時已稱下都尚欠典核左昭三十二年傳注子朝之亂其餘黨多在王城

敬王畏之徙都成周是時周人稱敬王曰東王子朝在洛邑竟稱西王成周在洛邑之東王爲東王故卽以成周爲東周而洛邑乃東遷以來所稱王城者洛邑本在西故卽以王城爲西周此公羊傳與此書注兩不相悖之由也

叔兄曰王城之稱莫始於逸周書之作洛解而他無見焉至左傳昭公二十二年秋劉子單子以王猛入於王城則已東遷數百年矣考竹書紀年成王五年營成周七年成七年復營洛邑至十四年始成作洛通篇言築成周事覩洛邑之成尚早七八年而已有王城之稱則知周初之稱王城者指成周非謂洛邑也左傳王城注曰郟鄏與桓二年傳武王遷九鼎於洛邑宣三年傳成王定鼎於郟鄏相合則

知洛邑之號王城乃東遷以後之號非周初本如此也

王城　作洛言王城承作成周而下不別言其與築與紀年成王七年周文公誥多士于成周遂城東都明是成周既成始作東都其事不合吾以爲紀年之東都卽此書之王城何也蓋工雖兩起而地實一地也惟工有兩起故紀年兩書之惟地只一地故此書不言其工作且玩紀年之文成周曰營東都曰城便見是因營成周之餘力而爲之方言城東都遂言王如東都亦見工力不大旋建旋成此書之統東都於作成周職是故耳意東都必係朝會之所宮室在焉名曰東都猶離宮之謂也而大臣治事於此百姓朝夕聽命其曰王城猶今民間凡一縣城皆指稱王城是也

叔兄曰紀年之東都乃指其在成周東偏者蓋一隅之地也若對鎬京而言則成周洛邑並稱東都左昭三十二年傳曰昔成王城成周以爲東都崇文德焉是成周稱東都之證也車攻詩序言周公相成王營洛邑爲東都以朝諸侯是洛邑亦稱東都之證也須分别求之

成周　柔武注此成周也作洛注九畢成周之地近王化也按柔武爲武王元祀之書其時成周未築作洛成周雖已建而九畢非近成周之地然則注得毋誤乎吾嘗讀史記衛世家有管叔蔡叔疑周公乃與武庚祿父作亂欲攻成周語若據紀年成周之營在成王五年已在武庚既平之後則管蔡搆難時安得遽有成周之可攻則知史記言成周卽係鎬京蓋武王初定天下時以周道既成故鎬京先有成周之號太史

公因自周以來熟稱之地名以筆諸史記孔氏又本自漢以來習見之史記中地名以釋此書雖著書者不細檢然亦見成周若專指一地則係隸洛陽者若統以爲稱則洛邑共之而豐鎬先之也史記魯世家葬我成周句注徐廣曰衛世家云管叔欲襲成周然則或說尚書者不以成周爲洛陽乎是徐氏亦疑成周之說矣又引諸侯年表敘曰齊晉楚秦其在成周微之甚也徐氏雖未悟豐鎬亦稱成周然成周之不可泥定洛陽亦頗見及矣

叔兄曰地志諸書皆漢以後所纂述其所援據惟左傳一書而左傳中已多東遷以後之地名以東遷以後之名覈東遷以前之跡便難詳確如王城如東都如成周在當日總屬大河之南洛水之北周圍環遶皆不出此一二百里中故恒有通融稱舉之號迨後世分設州縣而洛邑在河南縣成周在洛陽縣疆界不可混淆而昔日地名之

通融稱舉者竟多混淆矣金　按此語極得要領此書度邑言建洛邑也其文曰北望過于嶽鄙顧瞻過于河宛瞻于伊洛作洛言作成周也其文曰南繫于洛水北因于郟山以爲天下之大湊則知洛邑成周相去本不甚遠其地名之以通融稱舉而誤者如洛邑未嘗朝會諸侯也而車攻詩序言營洛邑爲東都以朝諸侯則以洛邑亦號東都而誤也瞻洛詩序之天子會諸侯於東都則不甚誤蓋成周原在洛水上括地志云故王城一名河南城本郟鄏周公新築在洛州河南縣北自平王以下十二王皆都此城至敬王乃遷成周至赧王又居王城此以洛邑爲王城未始不是而却不知周初別有稱王城者左桓二年傳遷九鼎於洛邑注時但營洛邑未有都城至周公乃卒營雒邑謂之王城是王城專

指周公所營之洛邑而非武王所建之洛邑史記正義引括地志於周本紀營周居於雒邑而後去句下似武王所建之洛邑當時已稱王城矣又如成周未嘗居殷頑也而多士書序云成周既成遷殷頑民則以洛邑亦號成周而誤也由是路史國名紀謂成周亦曰下都居商頑焉歸熙甫謂成周卽遷殷遺民之處並因之而誤矣而史記注於成王遷殷遺民句據正義之引書序成周二語而曰是爲東周古洛陽城也又引輿地志云以周地在王城東故曰東周噫不問成周之爲東周何時而起以敬王避子朝徙都於此始號東周竟似成王一營成周遂稱東周然者則尤誤之甚矣又如史記衛世家欲攻城周句索隱曰成周洛陽其時周公相成王營洛邑猶居西周鎬京

管蔡欲搆難先攻成周於是周公東居洛邑伐管蔡此則以不知成周亦爲豐鎬通號而誤也蓋周公相成王營洛邑猶在成周既成之後觀紀年言遷殷民于洛邑遂營成周此指武王所建之洛邑也下又言命召公如洛度邑至十四年洛邑告成此方是周公所營者小司馬如此牽合殊覺阢隉凡此等處須參互求之又覼縷詳之方能瞭如指掌

或問周公營東都於郟鄏是爲王城別於洛北營下都以遷殷頑民是爲成周是周初已然諸說皆同今子以爲皆東遷以後之稱亦有據乎曰成王時周公所營之洛邑非即武王建洛邑之故址雖有兩地却無兩名何以見其無異名書多士所謂今朕作大邑于茲洛是

也若以洛爲成周則仍是成周既成遷殷頑民之舊說而蔡傳已非之若杜氏於桓二年傳遷九鼎於洛邑注云時但營洛邑未有都城至周公乃卒營洛邑謂之王城安知非因昭二十二年經有王城遂思東遷既爲洛邑則王城亦必洛邑而預於此傳作此注以爲之根乎且注語似未審前後所營本非一地又何論乎其名據此推求可見洛邑之爲王城非成王時已然也夫居殷頑者洛邑與成周無涉若成周則專以朝會諸侯翠華之所臨紫極之所象論體制必極尊嚴論形勝必極壯麗雖洛邑西北成周東南而以殷頑聚處之地竟目天子駐蹕爲下都此情事之必不然者惟平王既定都於郟鄏則洛邑人民必較前日更盛而天子不巡狩諸侯不朝覲成周因以零落即大臣之所爲治事者亦竟虛

說下都之稱由是起矣左氏無下都之文杜注亦無下都之語惟是以成周宅商頑原諸家考核不精之說而杜氏於昭三十二年合諸侯城成周傳亦曰作成周遷殷民其誤與諸家等則安必其不以成周在周初已稱下都如王城耶故吾亦附辨之夫凡時有前後則號必有異同即如洛邑成周陳氏紀年集証亦謂洛邑定鼎成周朝會判然兩地然似未審其中有分別於東遷前後者今吾據此書而知王城下都前後未可妄指考地輿者當不因舊說而憒然矣不然一洛邑也又曰王城一成周也又曰下都又合洛邑王城成周下都而統名爲東都又合洛邑王城成周下都東都而顛名爲東周（公羊傳成周者何東周也何休注名爲成周者周道始成王所都也竟似成王時已號東周矣何氏尚欠明晰何況餘子）以周初政治清

簡人情質樸此兩地名顧若是其紛拏耶

土中 作洛 乃作大邑成周于土中注於天下土爲中此明屬成周之地矣史記周本紀言召公復營洛邑如武王之意周公復卜申視卒營築居九鼎焉曰此天下之中四方入貢道里均此不又以洛邑爲土中乎竊謂史記蓋節以周公所營者爲王城故將成周之事敘於洛邑之下其言洛邑爲天下之中未甚異於成周之爲土中特是後世地志洛邑在洛州河南縣北成周在洛州洛陽縣東北（括地志史記正義引之）則將以河南縣爲土中乎抑以洛陽縣爲土中乎嘗見汝寧府志云天中山在汝陽縣北三里高止丈餘上土下石在天地之中自古考日景測分數莫正於此名勝志云測景臺在登封縣周公定此地爲土中立土圭以測景嵩山志又云測景

臺在告成鎮有石方可仞餘聳立盈丈上植石表八尺刻其南曰周公測景臺則是愈言愈紛愈離愈遠矣要之汝陽登封嵩縣皆與洛陽縣相去不遠當以此書之屬成周爲是

宗周　明堂乃會方國諸侯於宗周按路史國名紀文王作豐武王作鎬豐豐宮鎬鎬宮豐在豐水之西鎬在豐水之東皆宗周地據此則豐鎬皆爲宗周然書畢命言王朝步自宗周至于豐不又似宗周只屬鎬京耶考多方言王來自奄至于宗周傳宗周鎬京也則畢命雖晚出古文而地名却未甚誤特是周以成周東都爲朝會之所成周東都在洛陽與鎬京無涉此書言朝諸侯於宗周則又多窒碍陳氏紀年集証謂此乃周公復政成王諸侯來朝與東都之會無涉說雖可通然按以本篇下文宗周明

堂之位也明堂明諸侯之尊卑也故周公建爲數語則又非偶一朝會者吾思宗周當是一時尊稱以周爲天下所宗猶後世大唐大宋之類非若岐周成周之實有地可指則屬豐鎬屬洛陽俱無不可若滯定宗周只指鎬京彼詩言赫赫宗周襃姒滅之豈滅鎬不滅豐耶又如路史國名紀言武以鎬爲西周豐爲宗周後更鎬爲宗周雖似詳晰却疑無據

管克殷大臣 蔡文政 霍世俘 按管蔡霍以封三叔作洛全言之而其地之所自來惟霍在世俘有告禽霍侯語而管蔡則未悉在殷爲何國豈未勝殷之前竟皆曠地耶考水經濟水注云其水自谿東北流逕管城西故管國也武王以封管叔矣杜預曰管在滎陽京縣東北又汝水又東南過汝南上蔡縣西世本曰九江有下蔡故此稱上注云汝南郡楚之别也漢高祖四年置王

莽改郡曰汝汾縣故蔡國周武王克殷封其弟叔度於此其地名皆以武王既勝殷爲始吾叔兄曾言左傳中卽有東遷以前之地名亦只詳及周初鮮有溯自夏殷而知爲何地者正爲此等國名耳三叔既滅之後此三國又復誰屬史記周本紀正義引括地志云鄭州管城縣外城古管國城也豫州北上蔡縣古蔡國縣東有蔡岡因名也據此則管後爲鄭自無可疑若蔡仲之蔡已非叔度之故封書傳曾詳舉之書蔡仲之命言降霍叔于庶人三年不齒傳以爲三年後方齒錄以復其國則閔元年傳晉滅霍注永安縣東北有霍大山此當是叔處之後既滅於晉故晉語曰景霍以爲城注景大也與傳注正合若哀四年傳襲梁及霍注梁南有霍陽山蠻子之邑也則非此霍矣

衛　世俘百弇以虎賁誓命伐衛拔衛爲殷墟是時元黃簞食之迎若崩厥角黃鉞白旄之誓前徒倒戈則紂之故都安有不服者而何衛尚須伐耶吾考呂覽慎大篇言湯爲天子夏民親郼如夏注郼殷國也慎勢篇言湯其無郼武其無岐注郼卽湯舊封國名竊謂郼與衛頗相類或亦傳寫之訛歟

蜀　世俘新荒命伐蜀拔蔑蜀羌髳微盧彭濮俱從周師伐殷而此尚云伐蜀何耶陳氏逢衡曰蜀有二逸周書王會解蜀人以文翰當卽蜀之蜀與紀年夷王二年蜀人呂人來獻瓊玉之蜀人同蓋久已臣服於周者若世俘解新荒伐蜀必別一蜀如係從周伐殷之蜀何爲又伐之鄙謂此語洵是但自紂都至蜀近亦千餘里經文庚子至乙巳僅六日新荒

已禽蜀至是亦可疑

越戲方　世俘吕他命伐越戲方注越戲方紂三邑也按魯語幽王滅於戲詩侵鎬及方注鎬方皆北方地名是則戲方果兩地矣而越將何指如謂卽吳越之越南北似不倫也惠定宇云越戲方一作反虎方見南宮中鼎銘則應只作一地名爲是

艾　世俘并禽霍侯艾侯按左隱六年公會齊侯盟于艾注太山牟縣東南有艾山考世俘全篇地名未有兗州所屬者孔氏雖不注爲何地然必非春秋之艾明矣

鄭　作洛俾守商祀注封以鄭祭成湯按正字通鄭本西都畿內地名周宣王封其弟友是爲鄭桓公其子武公定平王於東都因徙其封施舊

號於新邑是爲新鄭括地志鄭州管城縣外城古管國城也据此則封鄭與武王無涉且與祭成湯更無涉注似欠諦當惟陳星垣謂鄭當是邶訛蓋本篇下文注中邶曾作鄁鄁與鄭猶爲形似亟宜從之

徐奄　熊盈　（作洛）三叔及殷東徐奄及熊盈以畧注徐戎奄謂殷之諸侯按紀年成王二年奄人徐人及淮夷入于邶以叛考杜氏左傳注曾言徐奄二國皆嬴姓蓋奄卽孟子三年討其君之奄而徐在宣王時南仲征之尚爲戎則成王時之爲戎可知兩書互勘徐奄正同但一言淮夷一言熊盈何解說者因紀年言徐又言淮夷而不言熊盈此書言徐不言淮夷却又言熊盈遂疑熊盈或卽淮夷然吾考紀年成王四年言王師伐淮夷遂入奄後並不言徐證以常武之詩率彼淮浦省此徐土足見淮夷與

徐是一是二是二是一 此書之不言淮夷恰相印合而不得謂熊盈即淮夷明矣史記黃帝注徐廣曰號有熊索隱曰以其本是有熊國君之子故有此號帝王世紀言鄭父之邱或稱縣故有熊之墟黃帝所都鄭氏徙居之故曰新鄭山海經大荒南有盈民之國唐書地里志載諸蠻有盈州據此非不足爲熊盈乃地名之証然與時事殊相杳隔叔兄曰熊盈疑即逄陵左昭二十年傳有逄伯陵因之蒲姑氏因之注言逄伯陵殷諸侯蒲姑氏殷周之際代逄公者可見蒲姑氏之爲國即逄伯陵之舊址諸書言蒲姑不啻其言逄伯陵矣逄伯陵簡去伯字而熊盈正與逄陵音相近蓋當時之通稱也金 按紀年成王三年言王師滅殷殺武庚祿父遷殷民于衛遂伐奄滅蒲姑與作洛篇內事相符合五年又言王在奄遷其君于蒲姑

及尚書將蒲姑序云成王既踐奄將遷其君於蒲姑皆言蒲姑而不言熊盈作洛篇下文言凡所征熊盈族十有七國又皆言熊盈而不言蒲姑則知熊盈即蒲姑而蒲姑本爲逢陵孔氏雖不爲熊盈作解而如吾兄謂是緣音近而成通稱豈其傅會

郭凌 作洛乃因蔡叔于郭凌注郭凌地名按郭凌即書蔡仲之命之郭鄰鄰與凌音轉而通高誘戰國策註言虢即古郭氏是郭又即虢也但虢有二左隱元年傳虢叔注虢國今滎陽縣此是東虢僖五年傳虢仲虢叔雖無注然必西虢矣故廣韻言周封虢仲於西虢秦屬三川郡然則郭凌其何虢乎曰當是東虢蓋叔度初封蔡以監殷繼因監殷而被囚竟其離舊封必不遠而蔡在上蔡縣屬汝南郡東虢在滎陽縣屬河南郡以其

知郭凌乃東虢而非西虢明矣推求至此未嘗不足以補注語之所未備而閻百詩曾言郭凌孔晁止云地名未詳所在洵是彼蓋因孔傳以郭凌爲中國之外地故有憤乎其言耳豈果郭凌之不必詳哉

又按十道志曰虢州宏農郡禹貢豫州之域春秋爲虢地帝王世紀曰虢有三周與封虢仲於西虢此其地也封虢叔于東虢卽成皐是也今陜郡平陸縣是北虢據此則虢地愈歧而僖五年之虢叔與隱元年之虢叔果卽一人與否更難辨矣

邶鄘衛

〔作洛〕建管叔于東建蔡叔霍叔于殷注東謂衛殷謂邶鄘按諸書皆言殷以東爲衛殷以北爲邶殷以南爲鄘似乎殷居其中而殷之西不知何屬矣吾思武王立武庚必無新築宮室別立城池之理其

宅故都固也而朝歌稍偏於西北故三監所居之邶鄘衛各繫一方其為北為東為南皆自朝歌視之若武庚既平之後以衛封康叔而都邑則在沬土書所謂明大命于沬邦是也桑中之詩第二章言沬之北矣是邶也第三章言沬之東矣是衛也首章沬之鄉矣不言南而却可知其為鄘蓋沬之本邑即鄘更無有自沬邑而南者追邶鄘并入於衛既無疆界之可考又無故實之可徵而詩譜以為成王滅殷後邶鄘衛之名施於武王時之邶鄘衛不知名雖同而地已移易又安怪四境之不得其全也哉至如朱子詩經集傳言武王封其弟康叔於衛後並得邶鄘之地云云　夫武王何嘗有封衛之舉是其不審乎衛之國都非即商之王都更不必言[illegible]氓之詩曰送子涉淇至於頓丘頓丘在夏為觀在殷為朝歌在[illegible]

西北境便可爲康叔所都非卽武庚故都之一証

九畢（作洛俘殷獻民遷于九畢注九畢成周之地近王化也按此注語若以爲成王五年所營之成周則不可言近王化且洛陽之側未有地名畢者若以爲豐鎬亦間稱成周可以言近王化矣然又未有名九畢者本篇經文葬武王句方曰畢此句忽曰九畢其兩地耶其字有譌誤耶嘗考關中記云高陵北有畢原畢陌南北數十里東西二三百里無山川陂池井深五十丈故周程戰處王氏曰畢無山川陂湖井深五十丈秦謂之池陽原漢謂之長平坂其地南北數十里東西二三百里據此則畢地甚爲寬廣九畢之九恐係北字以形譌也吾叔兄謂九與舊音近或係音譌雖新畢舊畢之名不見傳記但此書史記解有畢程氏是畢亦一國也且

紀年言文王治兵于畢禴于畢則畢必有城邑必有人民惟遷豐又遷鎬至是時將三十年則遂以爲舊矣夫畢周圍數百里文武之墓在焉今遷殷民而使其雜遝於先君之葬所非人情也遷之將以輯之而反爲之表宅里畫井疆致自擾擾亦非政體也惟城邑人民依然如故隨地安插使彼無離居之苦方是周公心事疑九爲舊義亦非鑿

少昊　嘗麥命蚩尤宇于少昊按少昊地名惟其爲地名故可云宇也考史記魯世家云封周公旦於少昊之墟曲阜正義引帝王世紀云少昊邑於窮桑以登帝位都曲阜晉志云少昊始自窮桑而遷都曲阜曲阜傳城中小地名是則少昊之地之屬東也明甚然而曲阜爲少昊仍以少昊金天氏得名金天氏之爲少昊又以與自少昊得名可見帝摯始封之少

昊卽蚩尤所宇之少昊也然則地其何在乎沈約注竹書於少昊帝摯下有居西方語証以楚辭遠遊章句所言西皇者少昊所居西海之濱則其始本屬西無疑矣雖然經云以臨四方司上天未成之慶則又不可以東西拘也

絕轡之野　訔麥用名之曰絕轡之野按其地雖難確指然大約卽涿鹿之野與凶黎之谷異名而同爲冀地也史記五帝紀與蚩尤戰於涿鹿之野遂禽殺蚩尤索隱曰皇甫謐云黃帝使應龍殺蚩尤於凶黎之谷或曰黃帝斬蚩尤於中冀因名其地曰絕轡之野觀此可知其畧矣

中冀　晉書地理志冀州其地有險有易帝王所都舜以南北闊大分衛以西爲并州燕以北爲幽州爾雅釋地兩河之間曰冀州據此冀

所以有中冀之稱也

聲就復與　太子晉君請歸聲就復與田注聲就復與周二邑名周襄晉取之也按此邑名漢後地志諸書皆無可考豈地勢變遷名已泯沒耶抑志地輿者有所遺漏耶以音求以形推皆不得其彷彿義當闕疑

叔兄曰玩注語先當於周晉近界求之又當於東遷後求之蓋不離冀州豫州境內者近是　如金又按聲就復與頗與殽澠陽樊形相近猶憶吾叔兄曾言左莊十六年傳晉武公伐夷執夷詭諸注詭諸周大夫夷采地名似夷與與音尤近似然卒莫敢定

訂事

以罰助均　大匡　按經云以罰助均無使之窮注云使民有過者罰其穀幣其穀幣通以助均未識均當作何解玩上節云權內外以立均似是因

年饑而新定一法制也若謂罰即金作贖刑之義則雖豐年亦然何待凶年若謂罰專以救荒恐是時之民救死不贍安有餘錢以應罰又或謂罪不止於罰者特取其罰鍰而釋之但多赦之朝其刑不平豈文王而爲此此事在文王必有仁術以運仁心讀者須善領會

叔兄曰均疑與唐人均田之制均字同義蓋使富户不得居奇網利貧民不得藉端逞刁即均之謂也不遵此者罰之義亦可通

恭敬齊潔咸格而祀于上帝 鄭保 按董子繁露云已受命而王必先祭天乃行王事文王之伐崇是也此乃舉文王伐崇以爲受命祭天作証非謂祭天而伐國始於文王且董子亦未嘗指定何詩而何楷强以棫樸之詩實之謂濟濟辟王左右奉璋奉璋峩峩髦士攸宜此文王之郊也淠彼

涇舟烝徒楫之周王于邁六師及之此文王之伐崇也上言奉璋下言伐崇以是見文王之先郊而後伐也竊謂祭典郊以祭天然未必凡祭天皆名之曰郊棫樸之詩即爲九夏中章夏（此即何氏語）然未見足爲先郊後伐之確據此書下文言樹勳于崇（勳原作昬或是音訛）與董子之書恰合而本句言祀上帝較董子言祭天尤爲醇正（張立庵云禮貴玉賤砥之砥亦作碈此書昬字或是碈誤脫石旁耳作昬義長）

商饋始于王仝上　按此語與上恭敬句相連吾叔兄謂是倒裝句法猶言王饋始于商也考周禮膳夫凡祭祀之致福者受而膳之注致福謂諸臣祭祀進其餘肉歸胙于王左昭十六年傳子產曰祭有受脤歸脤注歸脤即致福之謂此書言饋始正與歸胙歸脤同義夫郊非天子不得行而謂文王以非分之祭公然獻胙於朝有是理乎以是見上句言祀上帝原

非言郊而文王之未嘗郊以伐崇亦益明
宅程大匡　在鄷鄷保　大開　大開武　鄷謀　在鄗文傳　寶典　按詩書均未嘗言周先
以程爲國惟紀年載文丁五年周作程邑帝辛三十三年遂遷于程三十
五年西伯自程遷于鄷爲最詳此書大匡維周王宅程注云程地名在岐
周左右後以爲國文王因焉而遭饑饉乃徙豐焉與紀年相合可見宅程
不久無事可紀故詩書偶略之若史記周本紀言伐崇侯虎而作豐邑自
岐下而徙都豐不及宅程一層雖似有所本然紀事之體頗覺疏矣史記
齊世家言文王伐崇密須犬夷大作豐邑與周本紀同而皆不言其作鎬
紀年言西伯使世子發營鎬而不言其遷鎬即至克殷後尚言王歸于豐
饗于太廟書武成亦同是非但文王無遷鎬之事即武王亦無居鎬之文

文王有聲之詩曰文王受命有此武功旣伐于崇作邑于豐又曰考卜維王宅是鎬京維龜正之武王成之後人於此不免刻舟而求劍此書又傳爲文王時已云在鄗大開武鄷謀爲武王時仍云在酆則知文王非在酆而不至鄗武王非在鄗而不歸酆再考成王之世於書多方曰王來自奄至于宗周傳云宗周鎬京也周官曰歸于宗周董正治官畢命曰王朝步自宗周至于豐於紀年曰成王七年春二月王如豐十一年春正月王如豐十九年召康公從歸于宗周三十三年召康公從歸于宗周虜伯祈歸于宗周於史記曰成王在豐使召公復營洛邑成王自奄歸在宗周作多方襲淮夷歸在豐作周官或豐或鎬時往時來益足以証此書之有據

脯鬼侯以享諸侯 明堂　按史記殷本紀云以西伯昌九侯鄂侯爲三公

竹書此事係紂元年注引徐廣曰九侯一作鬼侯蓋九與鬼音近而通也又曰九侯有好女入之紂九侯女不憙淫紂怒殺之而醢九侯鄂侯爭之彊辨之疾并脯鄂侯夫鄂侯因其友而被醢較之鬼侯因其女而被脯其冤更甚使紂當日果有其事則作者應並言之以著其虐焰而第曰脯鬼侯則史言并脯鄂侯恐屬烏有矣曰以享諸侯則似別有故而非因其女也九侯納女事竹書不載作者生於周季自較漢人爲確然則淮南子俶眞訓言葅梅伯之骸更未必有其事矣竊思殷道輕賞而重罰如宋襄公尚有用人於次睢之社一事何況乎紂然自文武視之殺一無辜已爲暴虐矣故此書下文曰天下患之又曰四海兆民欣戴文武

王乃出圖商至于鮮原和寤　按經言出者由鎬京而出也至者循途以

至也但由鎬京徑之朝歌則順由鎬京折回鮮原然後東行則逆經言出言至皆未愜矣顧吾考紀年言秋周師次于鮮原其距子月癸巳方由鎬京啟行爲期尚遠不應曠日持久如此惟逸周書序云武王將行大事乎商郊乃明德於衆作和寤武寤二篇據此想見岐周必有先君之廟武王蓋以伐紂之事告文王即於鮮原行大蒐禮既畢乃簡車徒儲糗糧至子月遂大舉以東行如此則時事正合而紀年逸周書均較尚書特詳

自文王受命至此十年 鄭諶注語 按此注吾叔兄已從盧本作十二年竊思文傳言受命九年孔氏豈或忘之後大匡文政言十三祀則以鄭諶之三祀夾在中間十二年次序何嘗不順而注必舍本書而據尚書大傳七年之說以爲十年若彼謚以克殷在十二年此若遽言十二年則年次

反多窒碍不如只作十年是爲觀兵之舉故注時至句直曰可伐紂之時至盧本將此作十二年又改克殷注十二年作十三年其意未必不因乎此不知此非觀兵之舉也玩吾叔兄所考正十年固不合即十二年亦未盡合讀者惟勿以此十二年爲即克殷之十二年方明晰

十二年正月 克殷注語 按十二年者武王方勝殷之年也正月者殷正建丑之月也周年殷月動致糊模史記且不免何况後來各書然此注原本係十二年正月以周年殷月求之雖糊模而事實尚不誤武王十二年當紂五十三年但竹書已不紀紂五十三年無年則言月便失竟若如盧氏改作十三年正月殷正不合周正亦不合月誤則年更甚將孳實亦無從考核矣若論殷正武十三年紂應五十四年殷亡已兩年顧以陳牧野爲正月乎若謂周正則將癸亥夜陳之時反謂戊癸巳興師之時而年且相去數年矣推盧氏之意蓋從泰誓惟

十有三年春之文不知彼言會于孟津此言陳于牧野前後正無容强爲牽合夫以泰誓晚出之書加以蔡氏建寅之註其誤亦何待言然甲子日之爲何月雖互誤人可考而知之若丑月之爲何年明明有誤竟莫辨其爲誤竊思十一年十三年紛紛聚訟自唐爲始而其端則緣晉及六朝如譙周皇甫謐徐廣諸儒言人人殊不足以資考核是故有謂九年觀兵十一年克殷者由於以受命爲七年也此說與史記合但史記屢言卽位九年與連受命七年併算者異須分別觀之有謂十一年觀兵十三年克殷者由於以受命爲九年也此卽漢書律歷志之言譙周從此是皆不舉干支故致游移然亦有言干支而反覺混淆者如皇甫謐云武王定位元年歲在乙酉孔氏詩疏謂文王受命十三年辛未之歲殷正月六日殺紂而金氏長編又言紂元年丁未成王元年丙戌則爲武王

之年於其中乙酉辛未二說皆不可通若非竹書紀年其何以取証乎或問此篇與後大匡文政同是一時事彼既云十三年何以此注不可言十三年曰十三年乃後來臣子追思景命之所自始而方勝殷時只可言十二年耳或又問此作十二年與前酆謀篇注語改十年為十二年不相犯乎曰酆謀經明言三祀溯自文傳受命九年恰是十二年若此處十二年則專指武王侯服之年不連受命故自無碍或又問此書前言三祀後便言十三祀安知非即以武四年併算文九年之謂曰果爾則大開武便應言十祀小開武便應言十一祀寶典酆謀皆應言十二祀矣書之不紀四祀至十一祀者蓋亦無事可紀故略之譬如竹書西伯伐黎後亦只一兩條便紀師渡盟津不得謂中間可不以此數年為次今若謂此書武只四

年故以十三祀直連三祀亦斷斷無此書法矣或又問柔武言元祀大開武言一祀意者已以元祀當己卯耶曰若是則竟成十四年矣惟中間曠隔數年無須順序挨排故作者於克殷後大書之曰十三祀耳觀柔武注云此文王卒之明年也前後正自明晢

循以祀文王時曰王立政（世俘）按史記周本紀有詩人道西伯蓋受命之年稱王語於是有謂文王自稱王者（譙周帝王世紀史記正義引之）伯夷列傳云載木主號爲文王東伐紂說者又謂武王未克紂之前已尊文王爲王（顧亭林日知錄四書集證引之）今讀此書方知其說皆誤自甲子至戊辰凡五日始布王政則前此之不肯自王可知紂既死尚不自王而謂紂在便王其父乎若文王之改元稱王已有辨之者矣或問周本紀中謚爲文王改法度制正朔矣追

尊古公爲太王公季爲王季及爲文王木王等語其何以說曰此乃追敘之體故以後來之號號其當時且史筆所謂乘勢趕出隨手點明蓋以完王瑞自太王與一句語意不然此皆敘於武王嗣位之前豈方爲諸侯早已王及三代乎讀史者毋以詞害意焉可

王在祀使太師貿商王紂懸首白旂妻二首赤旂世俘 按此語今訂爲殯紂之事蓋言自所懸旂中頁出遺骸將以成殮也或疑其說未允然則紂及二女之屍果終餧烏犬乎秦本紀云是時蜚廉爲紂石北方還無所報爲壇霍太山而報得棺銘曰帝令處父不與殷亂賜爾石棺以華氏死遂葬于霍太山注徐廣引皇甫謐云作石槨于北方正義曰紂既已崩無所歸報故爲壇就霍太山而祭紂報云作得石槨索隱曰言處父蜚廉別號不

忘臣節故天賜石槨以光其族事蓋非真譙周所不信吾謂譙周所不信者蓋不信天賜石槨於蜚廉耳夫使蜚廉爲紂作石棺以殮之壇於霍太山以祭之是眞不忘臣節者也人苟不忘臣節又安問其人爲何如人乎然則謂殮紂祭紂出於蜚廉之爲誕曷若吾言出於武王之爲正乎故下節即據外史桃林篇而言祀紂

紂取天智玉琰縫身厚以自焚世俘　按此事疑是武王將紂所心愛之珠玉以爲殯殮而紀事者得諸傳聞遂以爲紂自泰侈如此至史記殷本紀言衣其寶玉衣周本紀言蒙衣其珠玉則益訛矣吾思克殷經文云屏遮而自燔于火未嘗明言何物何以指爲珠玉而珠玉又非可以禦火之物何以言屏遮玩此則天智縫身一事便見是傳聞之誤或問下文明言

天智玉五在火中不銷安得謂非紂纏身以自焚者曰紂既燔于火則宮中有火可知武王使人救熄其火得此五玉故曰在火中不銷且天智玉爲數必多有以之殉紂者有不殉紂而經火尚存者故下文言武王則寳與同若如注言紂身不盡玉亦不銷豈有新死骸上所得之遺物而王者尚寳之乎辟穢之義玩好之戒均屬不宜

叔兄曰唐太宗彌留時謂高宗曰吾問汝索一物可捨得否蓋蠶繭紙蘭亭敘也以是見人情所鍾愛者必以自殉紂素貪縱其以珠玉自殉固無足怪即謂武王以珠玉殮紂亦即含襚之義初非殽解

王烈祖自太王太伯王季虞公文王邑考以列升注皆升王于帝 仝上

按此即中庸所言追王上祀之事但儒者疑其事不應遲至周公成王之

時因據武成太王肇基王迹王季其勤王家語謂丁未告廟已皆稱王足爲追王不待周公之証顧武成本晚出之篇據武成曷若據此書之爲得乎然則中庸之以爲周公成德事者大約周公制禮後其制益隆且備耳而豈始於周公也哉

武　萬　明明　崇禹　生開　按世俘王佩赤白旂籥人奏武王入進萬獻明明三終注明明詩篇名武以干羽爲萬舞也　乙卯籥人奏崇禹生開三終注崇禹生開皆篇名竊思周公定禮樂一事各有一詩其詩有因舊詩而潤色之者有取舊詩而改竄之者故其篇名或同或異然方克殷之始所奏必皆舊樂所歌必皆舊詩是故武王嗣爲諸侯其樂已名武紀年武王十二年作大武是克殷後定爲天子之制故曰大武至頌於

皇武王一章序以爲奏大武朱子謂已稱武王必非武王時詩則是周公相成王始以詩配樂此章爲酌桓賚般之首故曰武乃一代樂歌之總名韻會云湯武以萬人得天下故舞皆稱萬舞呂東萊曰萬者文武二舞之總名干舞武舞之别名籥舞文舞之别名試觀左隱五年傳言將萬焉亦可見萬爲一代樂舞之定稱然是時武未有六成萬未有八佾是名稱雖同而實尚不同明明惠氏謂卽大明晉叔冤已辯其非竊謂當是維清詩曰維清緝熙注清清明也緝熙續其光明也是非明明而何且序云奏象舞與此言進萬卽獻明明三終恰合大約此時所歌之明明後來藻飾其詞遂爲緝熙肇禋云云而别有明明一篇述文武之德與此偶同耳名篇前後相同古人似不以爲嫌觀此書有兩大臣可見崇禹疑卽思文生開疑卽生民蓋冬至必祭始

祖稷周之始祖也久已祭之必久已有詩生開之義甚愜諸侯立社復立稷祭穀神以后稷配夏商已然何况於周稷之功本與禹相需而成者意其祭稷時頌美乎稷兼頌美乎禹故其詩曰崇禹道既爲天子定樂歌冬至之郊稷以始祖配天乃易生開曰生民祈穀之郊稷以農功配天乃易崇禹曰思文此則情事之有可信者

叔兄曰諸儒以生民爲祈穀之郊思文爲冬至之郊詞義似未甚協生民從姜源履武説起恰是祭始祖之義中間詳述農事正見后稷之功與天罔極此其所以配天者非徒雲礽頌美之虚文思文曰粒我烝民又曰貽我來牟亦顯然祈穀之意至如楊氏以生民有上帝字謂與祈穀於上帝合遂執生民爲祈穀之郊然思文不亦曰帝命

牟育乎據貽我來牟語謂思文爲冬至之郊蓋以來牟必經冬令與
言祈穀在正月不合然獨不思周之正月爲何時乎且祈穀將不祈
來牟乎孰已見以定詩歌終非篤論

通殷命有國 世俘 按此語須分作兩事通殷者蓋素已歸周之國及臨
時迎順者使仍守其故都也命有國者蓋執迷不悟負固不服勢不得不
滅之滅之則不能不因而建新封也本篇下文云凡服國六百五十有二
是通殷者也凡憝國九十有九是所以爲命有國者也

叔兄曰世俘篇中地名不盡見以之封國蓋留爲天子之閒田也世
俘篇中人名不盡見其有封國蓋入爲王朝之卿士也

居陽翟因其有夏之居 度邑 按居陽翟因四字舊作居陽無固周本紀

直作岩易毋固陽古作昜後訛爲易索隱遂以爲平易矣固本因訛索隱又以爲險固矣無與翟尚略相倣史記直作毋則去之愈遠矣吾思徐廣曰夏居河南初在陽城後居陽翟則陽翟爲有夏之居經文本自明晰又史記項羽紀韓王成因故都都陽翟注陽翟河南陽翟縣則與武王欲都洛時地里亦屬符合但索隱以爲地平易無險固而至今相沿不改者毋亦因淮南子有云武王克殷欲築宮於五行之山周公曰不可夫五行之山固塞險阻之地使我德能覆之則天下納其職貢者固矣使我有暴亂之行則天下之伐我難也高氏注明周公恃德不恃險及吕氏春秋引南宮适語說苑引南宮邊子語（邊疑即适字訛）雖在成王時而意却相類遂謂周本紀非訛誤耶而經下文南望北望云云與陽翟恰相印証讀者可無疑矣

叔兒曰史記言營周居于雒邑而後去計自丑月逮閏至卯月僅四閱月工程未必如此其速史於召公復營洛邑而曰如武王之意左傳杜注又言但營洛邑未有都城至周公乃卒營之故後儒咸言武王營洛不過意欲如此尚未有所建築然與時事又不合竊謂當是克殷歸後復往營建耳觀經文篇首已言王至于周篇末乃言度邑事正可得其事實史此句用連敘之法故曰而後去但全段皆引此經文既有武王至于周語則與此言而後去敘述遂似不明

建管叔于東建蔡叔霍叔于殷俾監殷臣注東謂衛殷邶鄘霍叔相祿父也 作洛 按克殷篇言命管叔為武庚相其時尚未封管也既封於管旋命之監矣既封管叔又封蔡叔霍叔命管叔以監殷旋命蔡霍以同監矣

觀後大臣先言管叔文政方言管蔡作洛方言管蔡霍自明

東衛　後大匡云管叔自作殷之監東隅之侯咸受賜于王與作洛言建管叔于東恰合是管叔本在東也子貢詩傳言管叔封于邶漢地里志言鄘管叔尹之竟似忽在北忽在南矣

北邶　紀年言徐人奄人及淮夷入于邶以叛以武庚在邶也漢地里志言邶以封武庚帝王世紀言邶霍叔監之二書相合漢志不言霍叔者蓋以霍叔與武庚同居故作洛注直曰霍叔相祿父也而如子貢詩傳所言則又似管叔與武庚同居矣

南鄘　殷都以南爲鄘諸說皆同惟史記正義引帝王世紀謂殷都以西爲鄘豈字之偶誤耶然漸成歧出矣然世紀亦以鄘爲蔡叔[illegible]若[illegible]

地志則言蔡叔在衞而鄘乃管叔矣

三監略上叔兄稿

克殷解云立王子武庚命管叔相注爲三監監殷人此篇因後日情事言之其時非卽監也觀周本紀言武王爲殷初定未集乃使其弟管叔鮮蔡叔度相祿父治殷可見矣大匡解云王在管管叔自作殷之監此與紀年四月命監殷遂狩于管相合而監之名始見然猶管叔一人也文政解云王在管管蔡開宗循王注言管管叔之邑不言蔡此則兼言管蔡矣作洛解云建管叔于東建蔡叔霍叔于殷注東謂衞殷謂邶鄘於是乎三叔爲三監全矣然則三監居何地也子貢詩傳言管叔封於邶與蔡叔霍叔康叔監殷此於衞鄘未有所屬鄭氏詩譜言武王以紂之京師封紂子武庚三分其地置三監自紂

城而北謂之邶南謂之鄘東謂之衛使管叔蔡叔霍叔尹而教之此則地之界限濇矣而三叔分屬終似糊糢漢地里志云周既滅殷分其畿內爲三國卽詩之邶鄘衛邶以封紂子武庚鄘管叔尹之衛蔡叔尹之以監殷民此則分屬頗晰而三叔中竟遺一霍叔也惟帝王世紀云自殷都以東爲衛管叔監之殷都以南爲鄘坊本史記正義有引作以西者誤蔡叔監之殷都以北爲邶霍叔並之證以後大臣言管叔自作殷之監東隅之侯咸受賜于王王乃旅之以上東隅注東隅自殷以東作洛建蔡叔霍叔于殷句注霍叔相祿父明明管叔在衛霍叔在邶則蔡叔必在鄘故帝王世紀遂成鐵據然則武庚居何地也據漢地里志邶以封武庚之語是武庚卽在邶竊謂武王旣曰封武[illegible]

使武庚處三監之地儕於三監之列何以爲封據詩譜世紀之言武庚實居邶鄘衛之中稍爲近是然亦有可疑者諸家皆不言西豈其西竟不用監竊意紂之故都自變伐之後削平者己成閑曠昔爲王畿今爲侯國此曠土安可無人以守之此所以必立三監也三監旣立而紂之故都己偏於西而迤北矣惟其偏於西也故諸說咸不及西惟其迤北也故諸家徑言武庚在北嘗讀管蔡世家分殷遺民爲二一以封微子於宋一以封康叔爲衛君數語以爲可爲紂都偏於西而迤北之証不然豈其將中心封宋而環於外者爲衛乎以是知詩譜之言紂城云云世紀之言殷都云云蓋猶揣度之詞耳然則三叔旣封管蔡霍而又居邶鄘衛其加封耶其移封耶如曰加封太公

周公開國元勳尚儉於百里何況衆人謂是移封不應分所監之地而仍帶舊國之名竊思監即天子使三監監於其國之謂是時朝歌仍係武庚國都三叔以舊封而助鎮守於此如齊之國高是也然則康叔同監係何時耶考周本紀於管蔡封後而曰餘各以次受封史文且不言霍何論乎康然封霍既在此時則封康亦必此時括地志故康城在許州陽翟縣西北三十五里陽翟今禹州正商畿內地（俗本作周畿內誤）據此則康與朝歌相去不遠不言監而監之意自具非若管蔡霍皆相去數百里必監而後在此此所以言監只稱三叔而不及康叔也

發之末生至于今六十年（度邑） 按末猶老也此蓋武王自言伐紂之時

年己漸老非謂文王老而生己也觀下文言夷羊在牧飛鴻遍野而紀年
夷羊見在紂四十八年前於克殷者四年其義自見武王之年在紀年中
或作九十四或作五十四多少極其懸殊何氏詩經世本古義據此經語
爲克殷之年謂後享國四年應是六十四歲陳氏紀年集証亦据此謂克
殷後享國六年實係六十六歲二人同據一書而又大相逕庭吾以爲旣
雖確証自當求其會通蓋五十八九與六十二三皆可以六十約舉之未
必斤斤恰如其數若泥定六十年則吾且增一解曰夷羊見在紂四十八
年歲在丙戌武王果六十歲越辛卯殷亡周興越丙申武王崩武王不又
七十歲乎是不可自詡爲確據乎史記周本紀引此書曰自發未生於今
六十年麋鹿在牧蜚鴻滿野似天不饗殷在六十年前已然而麋鹿蜚鴻

二事亦皆似在六十年前殊失經旨矣

叔兄曰自史公以來皆不尋思未爲末之訛紛紛辨論在上二句尚可通若合下二句連讀之詞意頗費解矣噫文義且難通而引証顧足爲據乎

乃歲十二月崩于鎬肂于岐周注乃謂乃後之歲也肂攢塗　元年夏六月葬武王于畢注畢地名作洛　按天子七月而葬武王十七年丙申十二月崩成王元年丁酉六月葬其時正合紀年與此書同但此書言肂于岐周注肂攢塗則有可疑者廣韻云欑安厝攢塗謂之坫惠定宇云自天子至於士庶凡殯皆曰肂試思武王既崩于鎬必無殯于岐周之理惠氏說欠核矣然旣七月而葬亦無須欑安厝而後大葬者則注以攢塗釋肂

亦恐未確吾以地求之殡當是停柩也蓋文王曾葬於畢武王亦必須同葬於畢而新君既即位未及葬期則舊君之柩不能不移移於何所惟岐周宮室依然正可稍爲停待吾嘗審其方位稽其道里史記注引徐廣曰豐在京兆鄠縣鎬在上林昆明去豐二十五里皆在長安縣南紀年西伯昌薨注云畢西於豐三十里程大昌雍錄云岐在豐西三百餘里是其大略如此參諸衆說括地志云畢豐皆在咸陽則與徐氏言豐在鄠縣者異矣薛瓚注劉向傳引紀年畢西於豐語顏師古非之曰豐今長安西北界畢陌在長安西北四十里則與徐氏言在長安南及括地志異矣闞駰云畢亦在京兆咸陽方與括地志合而括地志又云畢原在雍州萬年縣西南二十八里則竟自相矛盾矣路史國名紀云程在今咸陽故安陵城

亦在岐南與畢陌接所謂畢程據此則岐周與畢應是正北正南之地然以西於豐三十里之畢遥覶西於豐三百餘里之岐周而曰正南正北却難强通今若謂武王之柩先移於遠將四百里之岐周然後折回以葬於近只五十餘里之畢皆從鎬去豐二十五里算來亦斷無此情理然而關中記言畢原畢陌南北數十里東西二三百里想必有兼跨數縣之跡皇甫謐曰王季葬鄠縣之南山紀年紂六年西伯初禴于畢說者謂王季之墓在畢蓋墓祭也括地志言文王墓在萬年縣西南二十八里畢原上武王墓在萬年縣西南三十八里畢原上周公墓在雍州咸陽縣北畢原上皇覽曰文王武王周公冢皆在京兆長安鎬聚東社中也明明縣名不同而皆統於畢可見畢兼跨數縣矣吾因書特不言豐細爲推求大約由鎬而豐而畢里數雖近而道崎嶇不如由鎬而岐周而畢里數雖遠而路却康莊故耳且以兼跨數縣之畢與豐東西接壤雖只三十里然安知其又西而至葬所尚有幾遠乎且

詳審之
周公立相天子注立謂爲宰攝政也仝上　按此與紀年言命冢宰周文公總百官同誰命之成王命之誰立之亦成王立之總百官者百官總已以聽於冢宰諒闇之制也相天子則因公攝政之功想見公篤棐之忱矣夫攝猶堯老而舜攝之攝原無語病而禮明堂位文王世子及荀子儒效韓子難二淮南子齊俗氾論韓詩外傳卷三卷七卷八諸書皆有踐阼履籍等語又如史記魯世家言周公乃踐阼代成王行政當國燕世家亦言周公攝政當國踐阼又言周公之代成王治南面倍依以朝諸侯及七年還政成王北面就臣位周本紀亦言周公反政北面就群臣之位謬戾相沿甚至諸儒且有據之以釋經者將使周公心跡無以自明可勝嘆哉今讀此書與紀年皆極醇正

三叔及殷東徐奄及熊盈以略注殷祿父徐戎奄謂殷之諸侯仝上　按此與紀年成王元年武庚以殷叛二年奄人徐人及淮夷入于邶以叛是一事彼乃分見此則彙舉也略猶左傳吾將略地焉之略但在此書則尤有肆出蹂躪之意是時成周未築洛邑未營而武王舊建之洛邑城小而惡自大河以南並無一都邑足爲王室捍蔽任其陸梁而莫制者幾及年餘故紀年言叛據其情也此書言略暴其迹也然紀年不言管蔡而此書特言三叔何也大約紀年因尚書無一語及管蔡尚書初係王朝之史紀年亦國史輕重意取其略同此書本野史則豪無忌諱敢爲紀實之文紀其實則徐奄熊盈之爲三叔所勾結以傾周者罪益著矣或問金縢言管叔及其群弟流言蔡仲之命言致辟管叔于商囚蔡叔於郭鄰降霍叔爲

庶人安得謂尚書無一語及管蔡曰蔡仲之命乃晚出古文不必辨矣金縢自程叔子以來已疑矣今讀其書與魯世家大異亦覺未可深信

二年又作師旅臨衛政殷仝上　按居東征東紛紛聚訟而且東之爲地有以爲東都者有以爲鎬京東郊乃周公之采地者有以爲卽魯者今玩本篇首言建管叔于東注東謂衛則知此處言臨衛卽居東也而疑東之所在者可以悟矣臨衛之上曰作師旅下曰政殷政與征通是居東卽征東也而居東二年征東三年之說殊不足信矣或問居東二年征東三年紀載甚詳何可渾爲一事曰居東二年之語見於金縢征東三年之語則本於詩之自我不見於今三年然而金縢致誤之由則又以馬鄭解辟爲避之故詩言三年則又後人未考其時事耳吾謂此二語乃二年居東三年

征東倒轉之訛二年三年者成王即位之二年三年也二年居東與紀年周文公出居于東合三年征東與紀年遂伐殷合或曰今紀年居東在成王元年伐殷在二年其何以說曰二年秋後始伐殷而未伐殷之前非仍然居東乎與師在二年而殺武庚紀年有此語不已三年乎或又曰如此則東征未嘗三年何以詩言於今三年曰二年與師四年亂定方歸非三年而何或曰安知非三年之冬即歸耶曰東山之詩三章言有敦瓜苦烝在栗薪下方言自我不見于今三年四章言倉庚于飛熠燿其羽下方言之子于歸皇駁其馬以是知非三年之秋冬也故有謂所勞之歸士或即隨從周公居東之人自元年至三年故曰三年此雖足備一說然與東山詩意不合玆亦不敢從然則因居東二年征東三年之說而疑其五年太久及

前後扣算而辨爲首尾三年有餘者皆非通論

王子祿父北奔 仝上 按北即邶紀年言入于邶以叛蓋皆助武庚者是時群奸肆兇欲撼鎬京大河而南勢甚猖獗想武庚必已占據境外非僅一邶屬之矣及敗乃奔回故都欲爲負嵎之計此所以言北奔也特是紀年言殺武庚即周本紀魯世家亦並言誅之惟此書曰北奔又不及奔後何如要知自微子封宋之後武庚勢窘而歿亦可謂之殺亦可謂之誅而周公究未嘗以刃加其頸也陳氏紀年集証謂此事不足爲據吾謂此益足見周家之忠厚明太祖待元順帝之子豈其獨隆千古耶

管叔經而卒 仝上 按禮記文王世子云公族有死罪則磬於甸人注磬謂縊死周禮甸師云凡王之公族有罪則死刑焉其義與文王世子同似

管叔之經即成王以國法處之矣然吾謂管叔亦奸雄桀驁之尤者生無以見成王周公無以對天下臣庶豈復僥倖不死竟致隱忍而受繯首之慘例諸烏江自刎且曰吾頭可值千金封萬戶侯奸雄末路大都如此亦何足惜左傳言大義滅親此語正須活看即因降亦謂之滅非必使其身首異處而始謂之滅

叔兄曰竹書紀年自明胡元瑞以為有功史學　國朝諸儒益尊信之而逸周書雖惠氏謝氏趙氏盧氏屢經訂正卒未有表彰之者吾則謂此書大有功於尚書周公之輔成王也在尚書並無委裘負扆之文而異說沸騰或謂踐天子之位（說苑等書）或云假為天子七年（尸子等書）甚至劉恕外紀直以周公紀元考古者因無所折衷往往不能屈如

籑之巧惟紀年言命冢宰周公總百官此書亦言周公立相天子則尚書洛誥之所謂誕保文武受命惟七年者此其大綱也以成王倚賴周公豈流言所能搖動周公以一身繫天下之安危豈因一流言而悻悻然引去只顧潔身竟置王室於不問周公果避居東都則必成王先有疑心不疑而避是要君也使其疑之而太公召公皆同心輔政豈有不爲周公辨白而聽其遠避二年之理紀年方言武庚以殷叛即言周公出居于東則公急國家之難毫無顧忌毫無推諉可於言外得之矣而必居於東者蓋一則鎮守殷之遺墟一則籌所以平武庚之策其爲奉成王命與否雖未可知要之非避謗遠嫌而出居也明甚周公既出之後意朝中或有謂武庚小醜雖不征而亦旋

平者或有謂國家新造未可以遽興大兵者成王幼沖難保不惑於衆說於是公乃貽以鴟鴞之詩首言旣取我子謂誘三叔以同叛也毋毀我室謂毋得傾覆我邦家也明明以鴟鴞指武庚鄭氏謂成王多殺公官屬公乃貽以此詩則鴟鴞竟指成王矣有是理乎次章未雨綢繆言思患預防之道三章曰予未有室家四章風雨所漂搖極言締造艱難之狀均以見武庚之不可不伐王由此悟而迎周公矣周公之歸自從東衛王之親迎自在近郊是日適值雷電以風而乘輿仍出不爲阻止正成王之所以隆寵周公者周公一日未歸則伐殷之計一日未決周公一歸此議遂定故紀年於秋大雷電以風王逆周公于郊下繫接以遂伐殷此事在紀年分見甚晰而逸周書則統括之曰二年又作師旅臨衛政殷

其不載流言同也其言居東臨衛皆東征之緣起而非避謗以出亦同也魯世家雖述流言然記周公之語曰我之所以弗避而攝行政者恐天下畔周無以告我先王同一讀辟爲避而義與馬鄭大異是史遷亦無避位居東之說其周公奔楚一事明明七年歸政之後不解世儒何所見而紛紛爲流言居東作辯殊堪捧腹紀年以大雷電以風冠於王逆周公之上所以見公之格王者甚微故王之待公者甚優安有感變風雷之意魯世家暴風雷雨一段敘在周公卒後其果兩事耶抑一事而誤傳耶以此思金縢自大熟未穫以下事乖詞誕不免貽誤後人吾因今天動威以彰周公之德語謂是時成王未必遽稱公曰周公不如史記敘在周公卒後則周公之稱尚可解說故疑金縢爲僞託然史記並抄小子其迎語亦有誤譙周云秦旣燔書金縢事失其

本末是亦疑之也吾謂不若逸周書絕不道及風雷一層省却多少轇轕微子之命序云殺武庚蔡仲之命經云致辟管叔于商辟誅戮也夫武庚管叔原有當死之罪殺之戮之亦不爲苛而逸周書云王子祿父北奔管叔經而卒以視微子之命蔡仲之命皆後出古文則此較爲傳信即紀年亦言殺武庚而不及管叔意當日必有網漏吞舟之典惜書闕有間耳讀尚書者深考此書及紀年當有憬然大悟處

俾康叔宇于殷俾中旄父宇于東汪康叔代霍叔中旄父代管叔 仝上

按周本紀云收殷遺民封武王少弟封爲衛康叔是則無論爲殷爲東皆屬衛境不問管叔霍叔皆統於康叔矣而此書以中旄父並言且若衛之

不全以封康叔然者則何也竊思武庚方平之會宋衛未封之先以千里之遺墟奚容無一專司其責者一人有所不逮且命二人此時尚未是封國故與後來事實不同嘗考紀年武庚滅在成王三年尚書大傳云成王四年封衛叔是中間尚曠年餘此書此二語蓋即此年餘事也諸書皆缺載可以此書補之若中旄父或改封他國或入爲卿士亦未可知要之非終宇于東者

三監略下 叔兄 僞 邶鄘衛之建史記自周本紀以及魯世家衛世家宋世家管蔡世家皆言傳相武庚未有言監者但使管叔監殷見於孟子豈得謂監竟無其事意者武王初封所重在開國承家及成王時周公始有弭患未萌之意蓋武王示天下以公周公示天下以容皆

事理之當然初非以私意爲之也論无成代終之義武庚一叛而三叔不能防維於前又不能控馭於後折足覆餗凶何待言即不同叛而或殺或囚已屬咎所應得況其藉是以傾周耶就三叔而較論之霍叔與武庚同居則罪應浮於管蔡然管叔乃搆亂者蔡叔又相助爲暴勢同負慝若霍叔大約闒冗無能不克制其叛亦未嘗助之叛故其情轉輕於管蔡蔡仲之命云致辟管叔于商囚蔡叔于郭鄰降霍叔爲庶人說者謂罪有大小故罰有輕重是固然矣但作洛言管叔經而卒囚蔡叔于郭淩卻不道霍叔即管蔡世家亦言殺管叔放蔡叔而不及霍叔似乎降爲庶人三年不齒之說未足爲據夫霍叔既不與管蔡同罪而作洛俾康叔宇于殷句注云代霍叔何也曰削

其邶之監地存其霍之故封且所謂三年不齒而三年後固仍齒者漢地里志所謂河東彘縣霍大山在東北是叔處之所封是也蔡叔既囚矣而作洛俾中旄父宇于東句注言代管叔而絕不言代蔡叔何人何也曰殷爲邶鄘宇于殷者既代霍叔則并代蔡叔可知特是以衛封康叔則代管叔亦宜康叔而胡爲以中旄父代之曰後世開疆拓土凡新得一郡縣必即命官以攝領之何況殷東本周家已有之地此時康叔之於殷中旄父之於東殆亦權攝之類非以之封者迨綪茷旃旌之既分聃季授土陶叔授民而中旄父不復可考而康叔遂兼邶鄘而全平衛矣嘗考叔封以封康而曰康叔以封衛而曰衛康叔習聞之語夫復何嘗然亦有可疑者封康在武王時其誥應

列大誥之前以太史公博洽群書豈有不讀康誥之理先康後衛何以遜周書先稱衛叔後稱康叔封康有誥封衛無誥何以左定公四年傳言命以康誥而封於殷墟諸說紛煩鮮能剖晰吾思賦柏舟而憂王室（本子貢詩傳）既堅矢以精忠倚陽翟而近朝歌又稔知乎舊俗是時衛非封莫與治者國家報德酬庸之典何可拘以常格何容視若等夷且凡封國皆有誥然不必一一見諸冊書故如命以伯禽命以唐誥季世猶知其事而載籍莫述其文非闕也謂周初此等文字不勝錄也惟叔封由康而徙封於衛既衛而仍益封以康取舊誥而重申之先皇之寵命不敢忘也酒誥梓材加之以訓辭咸與維新惟孟侯其恪勤乃職於是孺子王之異數較乃寡兄勗而倍殷慶以地之

隆規較時庸展親而益懋此尚書所以彙康誥於酒誥梓材而尚在

微子之命後也此祝鮀所以言封於殷墟而曰命以康誥也從封於

衛則新封較舊封爲重衛世家所以舉康誥篇名而不敘封康事也

益封以康則後封較前封更榮逸周書所以於克殷預稱衛叔而於

作洛乃始稱康叔也原委分明彼此貫串斯不亦考古之一助乎

凡所征熊盈族十有七國 仝上　按孟子言滅國者五十與此書一多一少極其參差今考其地已難徧詳意孟子從相武王誅下所言五十國則如此書世俘篇中諸國名俱包在內乎此處言十七國而冠之以熊盈族意惟薄姑一帶如左氏內傳之所謂殷民六族殷民七族及外傳之所謂齊許申呂皆姜姓等類乎

俘惟九邑注俘四爲奴十七國之九邑罪重故囚之　俘殷獻民遷于九畢注獻民士大夫也九畢成周之地近王化也仝上　按紀年成王三年王師滅殷遷殷民于衞五年春王在奄遷其君于蒲姑夏王至自奄遷殷民于洛邑八年春命魯侯禽父齊侯伋遷庶殷于魯冬王師滅唐遷其民于杜前後蓋五年所遷者五國與此書言九邑不合而亦無九畢之地竊嘗考之此書言九邑承十七國而下當指淮夷徐奄一帶卽紀年遷其君于蒲姑一事此書蓋析言之耳左定公四年傳言因商奄之民命以伯禽卽紀年遷庶殷于魯事殷民七族命以康誥卽紀年遷殷民于衞事懷姓九宗命以唐誥卽紀年滅唐遷其民于杜事尚書之洛誥多士二篇足見紀年所載遷殷民于洛邑事是皆彼此相印證者惟此書言遷于九畢僅

無所見意者本篇言作成周而俘遷專指附近成周者故餘概不詳亦如尚書洛誥多士兩篇第及洛邑之遷他皆從略是則各書有各書體裁而此書尤當與尚書參考也

及將致致乃作大邑成周于土中注王城也於天下土爲中 仝上 按紀年營成周在成王五年周公復政在七年與此書先後互倒嘗考周本紀云周公行政七年（坊本作十年誤）成王長周公反政於王北面就群臣之位成王在豐使召公復營洛邑如武王之意魯世家云成王七年二月乙未王朝步自周至豐使太保召公先之洛相土其三月周公往營成周洛邑卜居焉曰吉遂國之成王長能聽政於是周公乃還政於成王此其先後次第與紀年頗合然細求之則仍兩相牴牾紀年營成周在周公反政之前五

年始七年成凡兩年營洛邑在周公反政之後七年始十四年成凡七年而魯世家於還政前連言成周洛邑不已成周同而洛邑異乎彼之意蓋以成周該洛邑然則周本紀全不言成周其所謂卒營洛邑者安知非即以洛邑包成周乎果爾則言成周亦異矣夫成周洛邑俱在洛水之上則先後工程何嘗不可渾而言之魯世家曰之洛相土此書文言作成周而篇名標作洛且周本紀築洛下曰此天下之中四方入貢道里均此書亦言土中注云於天下土爲中明是成周洛邑可以通融並舉之証雖然西漢初紀年未出司馬氏究係考之不詳而此書言將致政固猶未致政也其言作成周暗與紀年合矣而不言作洛邑者蓋統之於度邑是一書分詳略之法也尚書有洛誥而此特闕之又兩書分詳略之法也

叔兄曰成王時新洛邑固非武王所建之舊基亦非成周之近地論
地勢舊洛邑在北成周在南而新洛邑則在二者之中而偏於西去
北稍近去南較遠論工程舊洛邑最速成周稍遲新洛邑則最久論
情事周本紀言營周居於洛邑而後去其文郎引此書度邑語王伯
厚据史記謂宅洛者武王之意成王始成之吾謂武王時先已有城
邑非僅意欲如此不必以左宣三年傳杜注爲疑郝楚望謂洛邑之
建立都之事已萌事未就而武王崩吾思郝氏之言不爲無據但須
中武王巡狩之樂歌時邁曰及河喬嶽般曰嶞山喬嶽允猶翕河皆
似在洛邑而絕無因有夏之居之意是遷都之說究未允協蓋武王
原以此爲定鼎朝會之所而亦毫無爲宅殷遺計者迨武庚既平頑

者當遷遷之將於何所惟洛邑爲武王所建庶其懷先德而知化紀年成王五年遷殷民于洛邑卽此洛邑也以囂然不靖之徒聚族於斯豈可以涸車駕於是築成周以居保釐之大臣築東都以爲天子所駐蹕然而成周狹小至敬王避難居此猶合諸侯而城之見左昭三十二年傳則初建時之狹小可知惟舊洛邑之西南地勢平衍尚可築以一邑此紀年周公誥多士于成周之年先有如洛度邑之舉也此洛邑至成王十四年方成尚書多士篇周公初于新邑洛今朕作大邑于茲洛皆謂此洛邑也夫成王周公豈好興土木哉使武庚不叛殷遺無事於遷則一洛邑而已足惟事勢變遷須以兩地而完一地之事此所以既有洛邑又作成周既建成周復營洛邑之故也此周本紀

所以謂如武王之意也

或問何以知兩洛邑爲兩地也曰紀年言如洛度邑度之云者相其陰陽審其廣狹界井疆築宮室有許多經營在內使爲一地何須七年之久再考尚書洛誥篇便知非一地明矣或問尚書言周公初于新邑洛用告商王士似洛邑已成矣紀年如洛度邑與誥多士于成周均係成王七年事不兩岐乎曰誥多士當在初營新洛之時觀紀年先言度邑後言誥多士便可想見或其時已遷舊洛者有不願更遷之意亦如盤庚遷殷胥動浮言故不能不誥之多士篇于新邑洛蓋言新築邑於洛時也作大邑于茲洛蓋謂茲洛較舊洛尤大可以預謀幹年也兩書究無違礙或又問旣有兩洛邑則平王東遷其何

洛邑乎曰必新洛邑兩洛邑俱在郟鄏自成王十八年如洛定鼎之後則新洛邑較舊洛邑為重地人民亦較舊洛邑為稠密平王有不居於此者乎

資邑　資野　資釆　資箴嘗麥　按資者有所資以便遵從猶條例之所以備引用也嘗麥經文曰是月士師乃命太宗序于天時祠大暑乃命少宗祠風雨百享士師用受其戠以為之資邑蓋全篇言刑書士師之職也太宗少宗即是曰作筴之官也爾雅釋天夏曰復胙疏胙祭肉也以祭之次曰復陳其祭肉以賓尸則因嘗麥而定祀典正其時也儀禮士虞禮戠四豆設于左注戠切肉也前漢書周勃傳獨置大胾注胾大臠也[illegible]處皆指祭肉而言邑有二稱詩商邑翼翼謂王畿築邑於豐為侯國之[illegible]

者邑之祭典皆資乎此也但士師太宗少宗此皆指王朝之官蓋舉王朝以例侯國而侯國亦有此官也又曰乃命百姓遂享于家無思民疾供百享歸祭閭率里君以爲之資野葢遂享于家者猶唐開元敕令庶人得墓祭以展其孝思也思民無疾者猶言祭祀以時則夭札不生也歸讀去聲謂餽遺也閭率謂一閭之表率里君謂一里之長君祭此者必以其胙相餽贈也周禮秋官縣士掌野注地距王城二百里以外至三百里曰野資野者野之祀事咸資乎此也但上下段均言受裁而此特不言者財出自上胙宜歸公而此則民自醵金故不同也又曰宰乃命家邑縣都祠于太祠及風雨也宰用受其職𧵍以爲之資采葢公卿大夫皆有家臣宰即家臣之長所謂趙魏老是也爾雅釋詁家大也家邑縣都周禮載師以公邑

之田任甸地以家邑之田任稍地注公邑謂六遂之餘地家邑謂大夫之采地遂人掌邦之野注郊外曰野此野爲甸稍縣都是皆有司之者是家也太祠即上大暑之類大暑及風雨采邑亦祭者猶後世凡州縣皆有風雷等神廟也首段言敬而此言職敬者邑縣都各有其職故也前漢書食貨志注采官也因官食地故曰采地資采者采之祠祭咸資乎此也資野資采二層亦須兼王畿侯國而言意義方備又曰君乃命天御豐禬享祠爲施大夫以爲資箴蓋君指天子天御即太御別有說見後訂官門豐禬享祠謂享祠之有豐有嗇也施示也太御以此示大夫也箴猶官箴資箴者謂守官箴之必資乎此也上三段自朝而野自官而民俱各隨時舉祭然未有隆殺之制此段言嗇祭者亦有差等獲祭者亦有區別著爲令典

列邦於焉遵行故此段雖似與上三段平列實則包上三段在內

叔兄曰此四事頗難詳覈或是周公未制禮之先其制如此迨周禮旣成設官漸多隸事各別初制俱經修改故遂無可考耳然猶賴此書流傳想見周初之官省而令簡也

訂官

三忠 程典　按經云乃作程典以命三忠惠氏謂三忠卽三公竊疑文王尚爲侯伯未必遽有三公之官盧氏據國策臣字作恶謂三忠乃三恶竊疑作程典將以宣示臣民顧獨命三臣乎恐三忠或亦三事大夫之謂也

叔兄曰語意應是以作程典之事命此三人則三忠或亦四友之類

餘子 糴匡 大明武　按餘子有三說一則餘夫莊子注不應丁夫爲餘

子是也羅匡曰餘子務藝曰餘子務穡蓋餘夫之類也一則羡卒周禮大司徒可任之餘爲餘子小司徒致餘子注餘子謂羡也戰國策馬服君曰今得强趙之兵以杜燕將曠日持久數歲令士大夫餘子之力盡於溝壘均是也羅匡又曰餘子倅遝當即羨卒之謂一則支庶子爲餘子即以名其官左宣二年傳成公即位乃宦卿之適子而爲之田以爲公族又宦其餘子亦爲餘子其庶子爲公行晉於是有公族餘子公行注餘子適子之母弟也亦治餘子之政主教卿大夫適妻之次子是也大明武十藝三曰餘子玩上下文義似與左傳相合至呂氏春秋報更篇言張儀魏氏餘子也注大夫庶子爲餘則不必概是適子之母弟戰國策應侯曰今亡汝南乃即與爲梁餘子同也則又不必盡是官名

太師　武寤　世俘　按尚書周官三公有太師三孤有少師註云師者道之教訓也周禮宗伯之屬有大師小師註云凡樂工皆以瞽矇爲之擇其賢智者使爲之師也據此則武寤云太師三公自係經邦論道之太師若世俘太師注曰樂師也與宗伯之屬正合則太應作大論語魯大師當讀如字朱註音泰恐與三公之太師混淆矣若少師陽亦當作小師爲是

少祕　嘗麥　按史記孝文帝紀祕祝之官注祕祝移過於下國家諱之故曰祕據此則祕卽祝之所以爲祝者少祕猶少祝正與下文太祝一類或曰祕疑是祝之訛形尤近似

太御　仝上　按太御舊作天御叔兄改竊思周本紀云乃命伯臩申誡太僕國之政作臩命正義引應劭曰太僕周穆王所置蓋太御衆僕之長中

大夫也是太御原爲官名經文曰君乃命太御豐嗇享祠或反疑太御與祭祀無涉嘗考周禮太馭中大夫掌玉輅以祀戎僕亦中大夫掌馭戎車齊僕下大夫掌馭金輅以賓道僕上士掌馭象輅以朝夕燕出入田僕上士掌馭田輅以田以鄙此官皆馭王車而太馭爲最尊蓋馭與御音近其言掌玉輅以祀足爲一証又有太僕下大夫掌正王之服位出入王之大命掌諸侯之復逆王出入則自左馭而前驅其佐有小臣掌王之小命詔相王之小法儀祭僕掌受命於王以眡祭祀御僕掌群吏之逆及庶民之復隸僕掌五寢掃除糞灑之事此等官以僕名而非專司馭車者蓋僕與御同義其屬掌受命於王以眡祭祀亦足爲一証顧太僕至穆王始設不應周禮先有此名應劭言太御衆僕之長似太僕即太御矣書冏命命汝

作大正傳大僕正也太僕之長太御又似太僕尚以太御爲長審是則太
御其即太馭矣乎

彌宗王會　按經云彌宗旁之注彌宗官名司珪瓚者旁之謂差在後彌
宗之爲官他無所見考左哀二十三年傳以肥之得備彌甥也注彌遠也
據此則彌宗當亦少宗之謂（少宗見嘗麥）跟上阼階之南而曰旁之則頗遠於
淮滎二氏故爲此稱下文有彌士義應相同

叔兒曰以彌宗爲少宗說亦可通但全篇未嘗一言太宗意者下文
受贊八人中包括許多官職而無須摘舉耶

訂人

帝辛兇殷　按三代諸王從未有稱帝者惟紂外傳周語却有商王帝辛

訂人

之文馮山公景以爲文王自稱王而尊紂爲帝故祭公謀父有此稱其他商王無稱帝者是其一證吾謂此說斷不可從但家語亦有商王帝辛語不解此書克殷篇下文或曰商辛或曰王及世俘通篇皆曰商王紂何以克殷劈頭一句特稱帝辛想當日必有別故後人妄揣度之終謬

邵公奭和寤　按穀梁傳曰燕周之分子皇甫謐云召公文王庶子總不如燕世家言與周同姓爲確日下舊聞引陸德明經典釋文云黃帝姓姬君奭其後也樂記封黃帝之後於薊漢地里志薊故燕國即此見史公與周同姓之語極有斟酌但諸書皆作召即此書克殷亦作召惟和寤特作邵何也蓋二字通用觀史記白起傳雖周邵呂望之功不益於此是漢時亦有作邵者焦氏筆乘曰史篇召公名醜則奭其字耶吾思惟其字奭故

尚書恒曰君奭

畢公高仝上　按左僖二十四年傳富辰言文之昭畢居第十三則魏世家言畢公高與周同姓及詩魏國疏謂魏世家絕不知所封爲誰故曰周以封同姓子皆似模稜矣自馬融以來皆謂文王庶子且曰初封畢伯成王進爲魏侯此豈不足爲據顧吾叔兄曾言泰伯虞仲於文爲諸父行號仲號叔於武爲諸父行均不離伯仲叔之稱高果文之庶子則於武爲庶兄弟何以便稱爲公可見畢公高乃亂臣十人之一非即後之封於畢者吾固思武王時兄弟中即周公亦稱叔旦何況其他惟高與奭並稱公故史記均只言同姓而均不敢指定爲文王之子此自是史筆之審慎不然太史公豈不知文之昭有一畢也者

叔兄又曰畢地周圍數百里爲文之昭者自是封於此然此時之畢公必先食采於此觀後來尚有保釐東郊之畢公殆亦猶程伯休父因周初有程邑而遂以此得姓歟

尹氏八士和寤 武寤 按晉語詢於八虞注賈氏唐氏皆云八虞即周八士皆爲虞官且按論語詳列其名後儒見尚書君奭有南宮适此書克殷有南宮忽南宮百達與論語八士名同其三遂執定八士爲南宮氏且與此書之八士合而爲一故翟灝四書考異於周有八士既引賈唐注又引此書之和寤武寤克殷所稱尹氏八士尹逸南宮忽南宮百達等名而實之曰八士即南宮氏兄弟而隨武王者夫一爲南宮氏一爲尹氏已覺差池即云古人或以官爲氏或以地爲氏尹似其官南宮似其地可信爾

八士即一八士然既係虞官周禮太宰之屬有虞衡疏云掌山澤者謂之虞武寤曰尹氏八士太師三公咸作有續以一虞官而叙列太師三公之上則尊卑殊爲失倫矣竊謂八虞與八士猶如上世之八元八凱孔子所以嘆周才爲獨盛若賈唐舊注恐未足爲據按論語八士邢昺疏云鄭元以爲成王時劉向馬融皆以爲宣王時朱子集註引之而未定此書和寤注曰武王賢臣也足爲定論

尹逸克殷　按史記周本紀作尹佚猶憶從弟至臣宗周言即史佚尹其姓史其官逸其名佚與逸音近爲通稱吾思此論頗確本篇下文遷九鼎三巫又有史佚或疑一篇之中不應歧出然左氏傳中似此等稱謂甚多亦無可疑是則尹逸即八士之一世俘篇繇書用篇亦有史佚

叔兄曰尚書大誥肆予告我友邦君越尹氏庶士御事庶衆也衆士

即所謂八士也自傳云尹士庶官之正遂汨其稱矣又曰義爾邦君越爾多士尹氏御事不過顛倒其文耳是可爲尹氏八士之證迨宣王時有尹吉甫幽王時有太師尹氏或皆其裔也

南宮忽　南宮百達克殷　按此二人周本紀均作南宮括孔氏注此書謂忽即括意欲通二書之異且若不敢以括爲适然者吾謂适與括不過書寫偶異當即一人若楊升庵謂南宮适即論語八士之伯适則此書忽即括之注先已謬誤然吾考漢書人表列南宮适於上中又列八士於第四等則正未可以伯适爲南宮适矣賈唐注雖云八虞即周八士然未嘗以爲南宮氏嘗讀晉語上言詢於八虞而咨於二虢下言度於閎夭而謀於南宮八虞果南宮氏而文王之一詢一謀顧若是重疊乎則又未可以

任虞官之八士爲南宫氏矣讀賈唐二氏因八之譌偶合傳會於前世儒又因适忽達之名偶同傳會於後讀者喜新好異每群然從之吾細心考索始知有大不然者忽漢表作曶顔師古曰曶與忽同百達卽伯達聲古字通用然則謂論語之八士本南宫氏謂尹氏之八士卽南宫氏之八士証以此書亦屬可通然必不泥八虞之注而後可通若泥外傳注以聯合此書且將一适牽合於亂臣十人殊多窒礙

伯夫克殷使尚父致師句百夫克殷荷素質之旗句按周本紀此二事皆百夫一名其梟兩人而史公誤併爲一耶抑本一人而古字通用耶考後漢曹節傳註云五百本爲伍佰而佰亦作伯可見伯與百本通用之字若伯百不通則本篇南宫百達亦斷不可謂卽論語之伯達矣由是伯百皆沿爲姓說者謂伯姓始於益然伯禹作司

空伯夷作秩宗不皆爲伯平周初有伯夫至穆王時有伯冏蓋其後也百
之姓前此無所見惟後有百豐爲列子弟子
百弇　百韋世俘　按此二人疑即百夫百達之族吾叔兄曾言百夫
恐係百達以形似誤[illegible][illegible]則弇與驕音轉而近韋與隨字異音同皆可
因南宮百達一名[illegible][illegible]得之矣
毛伯鄭克殷　按周本紀作毛叔鄭盧氏据以改此且宋本亦係毛叔白
當不誤然無論爲伯爲叔其要爲文王之子蓋太王之昭王季之[illegible][illegible][illegible]
其人則爲武王兄弟明矣或謂富辰言文之昭明明有一毛國亦[illegible][illegible][illegible]
曰文之昭之毛恐非此毛春秋傳有毛伯或係伯鄭之後豈爲王朝之[illegible]
大夫者

中旄父作洛　按中即仲漢書人物表仲突仲忽作中突中曶是中仲只一字也考史記管蔡世家武王兄弟有伯有叔有季而特無仲則知中旄父殆亦文王之庶子惟爲文王之子故與諸兄弟以伯叔并排惟爲文王之庶子故不可與同母兄弟並列古毛旄通用則中旄父疑即文之昭之毛也或曰克殷言毛叔鄭奉明水衛叔傳禮作洛言康叔宇于殷中旄父宇于東觀二人每同事並舉則中旄父疑即毛叔鄭而叔鄭當即封於毛者曰一伯一仲便難定爲一人蓋伯仲次序應以武王爲準武王有兄曰伯邑考矣而伯鄭之爲叔鄭始於史記安必史記之果確乎此吾所以不敢謂鄭之即封於毛也然則鄭或食采於毛故可以毛氏之作者恐封毛易於混合故將封毛之毛作旄理或然與

衛叔克殷　按汪以康叔替衛叔自是沿周本紀衛康叔布玆語而言之然却有可疑者此書原追述之文舉其人卽舉其人之封號未爲不可而叔振何以特不言曹想振鐸之封曹應與叔封之封康同時於振鐸不舉始封之曹而於封反舉其最後封之衛一篇中竟參差若此得毋傳禮之衛叔别是一人非卽叔封耶或問若别一人當是何人曰武王未克殷之前原有一衛國世俘百弇誓命伐衛是也旣伐衛矣而康叔未封衛之前亦必先有一衛君作洛言建管叔于東汪東謂衛其時管叔不過因監殷而居於衛耳非以衛封之也然則封於衛者當是百弇一伐其君歸順武王因以封之故傳禮卽以命之試觀克殷之社南卽位卽世俘之服衮衣秉黄鉞正邦君云云而百弇伐衛在丑月二十五日衮衣黄鉞以正邦君

在閏丑月二十三日則先後亦極順協或又問何爲以衛封康叔曰或是武庚既叛昔之歸周而邀封於衛者今反叛周而據衛以助武庚斯不得不滅之而另建新國矣此蓋事之所可信者第其人名終無可考

呂伋世俘 按史記齊世家云先祖嘗爲四嶽佐禹平水土有功虞夏之際封於呂或封於申姓姜氏夏商之時申呂或封枝庶子孫或爲庶人尚其後苗裔也本姓姜氏從其封姓故曰呂尚又迂齋云申呂齊許皆四嶽後然則夏商以來呂蓋著姓矣呂伋漢書人表雖不見然在商周之際要亦呂尚之流亞也尚後封於齊其子孫有丁公乙公癸公詳諸史傳而呂伋無所表見意穆王時有呂侯爲司寇王命訓刑以誥四方見尚書呂刑篇其即伋之苗裔與按呂侯周本紀作甫侯當是史公因呂甫音近而訛呂刑爲今文篇目自可信也

叔兄曰惠定宇謂吕他南宫氏定宇博洽當必有據竊意其所據者不過南宫中鼎銘有反虎方字與越戲方頗相類故遂謂伐越戲方之吕他爲南宫氏耳顧世儒於論語之八士以爲南宫氏矣於和寤之尹氏八士亦以爲南宫氏矣至一吕他又以爲南宫氏夫唐帝九男而慢遊者廷臣相儆以無若寧王八弟而啟商者後世卒譏其不類何南宫氏之多賢若此耶

侯來注侯來亦將也 仝上 按姓譜侯姓系出史皇氏倉帝史皇姓侯名岡字頡後爲侯氏鄭有侯宣多魏有侯嬴漢有侯霸

陳本 仝上 按左襄二十五年傳爰以元女太姬配胡公而封之陳史記陳杞世家復求舜後得嬀滿封之於陳此陳姓之所自始也然陳姓雖自

滿始而陳地豈自周始乎經上文曾云侯來命侯伐靡集于陳侯靡陳封二邑是則商時已有封於陳者雖姓氏不可考然陳本要必陳之支靡也

太伯　虞公 仝上　按吳越春秋云古公三子長曰太伯次曰仲雍少曰季歷史記吳世家云太伯弟仲雍皆周太王之子而王季歷之兄也是則長幼秩然武王不祭太伯虞公則已祭之而抑虞公於下躋王季於上可乎經曰太伯王季虞公不循長幼之序何也蓋以天子有父之義王季爲嫡祖不但虞公宜退處其下卽太伯亦宜退處於下然是時尚未卽王位猶用侯制觀經下文亦祭伯邑考明是合祭之典而王季虞公若叅其次者嘗讀皇矣之詩曰帝作邦作對自太伯王季通篇絕不詠及仲雍意者周家發祥由於太伯之讓而仲雍同逃實本太伯之意且仲雍之德不及

太伯卽使不逃亦未能恢宏舊緒大約自文王以來論此事皆以太伯爲重故詠歌不及仲雍而祭祀亦附虞公於王季耶觀吳世家云周武王克殷求太伯仲雍後得周章周章已君吳因而封之又云自太伯作吳五世而武王克殷封其後爲二其一虞在中國其一吳在夷蠻夫旣因而封之則亦已矣而必又封一虞者蓋以吳乃仲雍後而太伯何可無後故封周章之弟以後太伯耳於此亦見周初尊崇太伯之意

虞公洭虞仲、　按吳世家云乃封周章弟虞仲於周之北故夏墟是爲虞仲據此則虞仲已爲仲雍曾孫而洭以虞仲釋虞公何也蓋本於左傳五年傳虞仲太王之昭語耳索隱曰左傳太伯虞仲太王之昭則虞仲是太王之子又論語稱虞仲夷逸隱居放言是仲雍稱虞仲今周章之弟亦稱虞仲蓋周章之弟字仲始封於虞故曰虞仲則仲雍本字仲而爲吳之始祖後代亦稱虞仲祖與孫同號也據此謂祖孫同號亦自可通然雍爲吳之始祖而亦稱虞仲究欠明悉顧氏曰知錄云古吳虞二字多通用疑虞仲是吳仲之誤考吳越春秋太伯曰其當有封者吳仲也則仲雍之稱吳仲已有徵矣竊玩吳世家屢稱吳仲雍與吳仲恰合而雍總無號虞仲之文是史公之慎也若汪氏四書集証引史記索隱於吳之始祖直作虞之始祖按諸原文虞在中國二語殊難曉暢叔兄曰論語有虞仲尚未定爲太王之子何以知卽仲雍自左氏言太伯虞仲太王之昭於是虞仲爲太伯之次弟卽爲太王之中子確乎其爲雍矣然注以虞仲釋虞公大有可疑者仲雍爲季歷之兄雖

曰仲之德不如伯仲之讓附於伯然是時維告殷罪之祭何致竟淆兄弟之序經文列虞公於王季下其可疑一也索隱祖孫同號之說在虞仲亦無大疵而經文明是虞公虞仲自係仲即吳世家言虞仲列爲諸侯而此時亦未宜遽稱公其可疑二也仲以孫封於虞爲虞始祖故曰虞仲似也然封虞時即封吳韋昭曰後武王追封爲吳伯故曰吳太伯作者同一追稱而仲必曰虞公於伯何不稱吳太伯其可疑三也即曰吳非太伯之裔故經文太伯不冠以吳虞實雍之後故祭仲雍可因其後封而指之曰虞第其爵爲公自當列王季下然而太伯未嘗王也公又何爲列於文王上也其可疑四也或問虞公果係何人其即虞芮質成之虞否曰如此又增一疑團矣

邑考注文王子也仝上　按大戴禮言文王十三生伯邑考十五生武王此蓋從文王九十七而終武王九十四而終之說逆推之而云然也何以見之漢書武王卽位四年伐殷又八年崩中間相衍一年是爲十一年卽如史記屢言武王九年勝殷然言二年崩亦十一年可見西漢之初原有此說由九十四去其十一則八十三爲文王卒時武王之歲八十三少於九十七者十四年故謂文王十五生武王邑考乃武王之兄不可言異母不可言並乳故謂文王十三生伯邑考此大戴之意也竊疑十三十五應指文王卽位之年竹書文王在位五十二年從九十七逆算之初卽位乃四十六歲則生邑考爲五十八歲生武王爲六十歲文王卒時武王已三十八歲加以由侯而王十七年爲五十五歲此志疑之說也至如汪氏四

書集証自謂援據各書知文王以祖甲二十八年庚寅生今參以竹書由庚寅歷馮辛四年庚丁八年武乙三十五年文丁十三年帝乙九年至紂四十一年己卯薨文王應百有一十歲矣且竹書祖甲二十八年乃甲申又加六年與九十七之說益相逕庭文王之年不定則武王之年亦難定文武之年均莫定則邑考之年何以定管蔡世家云武王同母兄弟十人惟發旦賢左右輔文王文王舍伯邑考而以發爲世子及文王崩發立是爲武王而伯邑考既已前卒矣據此則邑考乃以不賢不得立其言前卒亦未卜歲數若何然吾執此求之竊謂邑考必非殤者必非無子而遽卒者古今來無論爲侯爲王斷未有長子方成童預料其不賢而舍之之理建儲何等事豈如文王顧輕於廢立若此今讀世俘言邑考以列升夫豈

中之祭維告殷罪不賢者安得與之且即追王上祀之典不賢而殤者又
安得與之以是見伯邑考必係以序當立以賢當立第恨不永於年未建
爲世子而已先卒故文王可舍孫而立次子然其子漸長成想文王必有
爲之立後之意故武王一克紂仰體親心欲封其子故升之於祀耳或問
何以知邑考有子曰穀梁傳云燕周之分子也分子者猶子也武王之猶
子頤有親於邑考之子者乎或問何以知其子有封國曰傳言同姓受封
五十國除富長言文之昭武之穆周公之允共二十六國外尚有二十餘
國莫詳其所自出安知邑考之子不在其中乎或問當屬何國曰據穀梁
傳則燕近是或曰燕世家言召公與周同姓而篇次在管蔡世家之前得
毋爲是耶曰非也周本紀封堯之後於薊注地里志燕國有薊縣燕世家

封召公於北燕注宋忠曰有南燕故云北燕據此則燕地頗廣亦如畢爲文之昭而伐紂時先有畢公高是不嫌於一地而兩封矣

叔兄曰此事例之於前湯崩太丁未立外丙二年仲壬四年蓋湯之子惟三人於是時不得不立太甲也例之於後明太祖苟不立皇太孫而直立燕王棣則後日必無靖難之師矣明太祖已立孝康爲太子故仍立太孫伯邑考必未立而已卒故可舍孫而立次子此層須有分別不然豈文王憂武王之啟亂而預防之耶然則管蔡世家之言舍伯邑考蓋沿襲太王欲立季歷以傳昌之事而附會其說耳如白惟發旦賢左右輔文王而伯邑考既已前卒矣故文王舍伯邑考之子而以發爲世子云云則事理文理均極融洽末云伯邑考其後不知所封言外見得必有所封特不知耳此却是行文審慎處

幾耿肅執商誓　按經云幾耿肅執乃殷之舊官人吾叔兄曾疑此爲四氏今考左閔元年傳晉作二軍以滅耿注平陽皮氏縣東南有耿鄉則耿之爲氏明矣定四年傳殷民六族有蕭氏殷民七族有饑氏蓋肅與蕭通幾與饑通也執亦姓且又通摯詩曰摯仲氏任自彼殷商

少昊淸嘗麥　按竹書有帝摯少昊氏蘇轍古史有少昊金天氏羅泌路史有少昊靑陽氏其世次皆連黃帝而史記五帝紀獨遺少昊何也考國語晉胥臣曰黃帝之子二十五宗其得姓者十四人爲十二姓姬酉祁己滕葴任荀僖佶環依是也唯靑陽與夷鼓同爲己姓靑陽與蒼林同爲姬姓云云兩言靑陽似難定少昊之所自出且五帝紀中黃帝紀言其一元囂是爲靑陽帝嚳紀言元囂不得在帝位則安敢以靑陽爲少昊此史公

不紀少昊之意也索隱謂與蒼林同姬姓之青陽當爲元囂是帝嚳祖上文與夷鼓同己姓之青陽卽少昊金天氏蓋國語文誤吾謂非文誤也號有相同耳無論爲元囂青陽爲少昊青陽要皆黃帝之子史公旣以帝王皆出於黃帝而五帝紀中顓頊爲黃帝孫帝嚳爲黃帝曾孫胡爲特鈌其子故後儒多以遷爲非然吾謂作史闕疑之道此未爲謬惟自史遷闕疑而疑竇乃益多矣試觀五帝紀曰嫘祖爲黃帝正妃生二子其一曰元囂是爲青陽此姬姓之青陽也皇甫謐曰黃帝次妃方雷氏女曰女節生青陽此己姓之青陽也考諸國語兩青陽本不混淆而宋衷云元囂青陽卽少昊也則竟將兩青陽併而爲一矣卽以少昊青陽而言本係一人韋昭注國語所謂青陽金天帝少昊是也而王冰黃帝經序曰黃帝九子一曰

帝鴻封蕢二曰金天封荆三曰挈封青四曰青陽封徐五曰顓頊封豫六曰高陽封雍七曰帝嚳封梁八曰高辛封兗九曰姬都封揚予若非謂其生也謂其世也按左傳黄帝亦號帝鴻氏故原文此下不言其一二金天當是帝魁三挈當是少昊四青陽則少昊之後六高陽則顓頊之子八高辛則挈按此挈謂堯之兄弟摯與上三曰挈不同九姬都則堯也此以青陽爲少昊之後一說也魏曹植少昊贊曰祖自軒轅青陽之裔徐氏紀年統箋據之而謂少昊乃青陽之子此又一說也只一少昊青陽而先後顛倒若此則世次將何以定乎兩青陽既誤少昊青陽又誤由是而少昊清之與質亦無不誤矣嘗麥經文曰乃命少昊清司馬鳥師以正五帝之官故名曰質明明清與質爲一人而漢律歷志引考德曰少昊曰清清者黄帝之子青陽也是其子孫名摯立此蓋因帝

嚳爲元囂之孫嚳有子曰摯曾嗣帝位而遂以元囂青陽之後皆爲少昊青陽之後不知嚳子帝摯之摯非帝摯少昊之摯且爲摯爲挈皆卽質也路史曰少昊青陽氏紀姓名質是爲挈其父曰清黃帝第五子女傫之所生也（傫同雷音）胙土於清是爲青陽此言紀姓蓋卽國語之己姓是矣而以清爲父質爲子似因漢志之所引而誤而且與漢志兩歧也夫帝王之紀苟非居帝位者何容泛載此書曰司馬烏師以正五帝之官亦灼然帝者之儀而沈約注竹書帝摯少昊氏旣曰登帝位有鳳凰之瑞矣又云或曰名清不居帝位帥鳥師居西方以鳥紀官以彼言其名其事皆與此書印合而不居帝位一語得毋因史記不紀少昊氏特爲之圓其說耶吾謂少昊氏有不登帝位者而清則必居帝位者故本此書參諸蘇子由古史補少

昊紀曰帝少昊金天氏曰摯亦曰青陽都於曲阜敷語遂斷之曰清其名也質即摯其帝號也青陽其始生之稱也少昊則其所居而登帝位者以之著代不登帝位者亦以之爲氏也金天氏則又因其以金德王而稱之也

叔兄曰諸說紛紜總因兩青陽糾纏不清今讀此書上言乃命蚩尤宇于少昊少昊明是地名下言乃命少昊清云云少昊明是以地爲氏蓋蚩尤旣滅即以其地封清於是清爲少昊氏迨登帝位即都曲阜仍以少昊稱之或曰少昊未詳所在玩沈注居西方語意其初本在西方故又曰金天氏此則原委分明群囂可息矣

五子 仝上 按此即竹書之武觀楚語之五觀已引據於本篇竊怪漢書

人表云太康兄弟五人號五觀竟將以西河叛者混合於述戒作歌者矣
五子之歌本僞古文說者疑之然夏本紀云太康失國昆弟五人須于洛
汭作五子之歌則安可謂必無此篇惟賢愚各别彼五子非即此五子也

彭壽 仝上　按竹書作彭伯壽史記舜帝紀作彭祖其即一人與否原未
敢定史記曰天下歸舜而禹皋陶契后稷伯夷夔龍倕益彭祖自堯時皆
舉用未有分職云云夫以彭祖與禹皋並舉則彭祖之賢可知史記雖無
歲月然參諸竹書禹在位四十五年啟十五年彭伯壽征西河則彭祖彭
壽果屬一人要不過一百內外歲原中古常有之事未足異也吾考外傳
鄭語大彭豕韋爲商伯矣注大彭陸終第三子曰籛爲彭姓封於大彭謂
之彭祖大戴禮虞戴德稱昔商老彭及仲傀政之教大夫官之教士技之

教庶人揚則抑抑則揚綴以德行不任以言庶人以言猶以夏后氏之附懷袍裼也行不越境此二書均無壽至七八百歲之語而何以莊子言彭祖上及有虞下及五伯李軌注言彭祖名鏗堯臣歷虞夏至商年七百歲然則莊子得毋附會於論語老彭一老字李軌遂根據於神仙傳至殷之末年七百有餘歲而不衰故曰老彭云云乎竊思籛鏗爲顓頊之曾孫陸終之第三子封於韓大彭之墟卽彭城故子孫以彭爲氏此易籛而彭之始也子孫既以彭爲氏則稱始封者爲祖亦固其所然雖曰祖猶然鏗名玩史記索隱云彭祖卽陸終第三子籛鏗之後後爲大彭亦稱彭祖據此明係後人以其祖之稱稱其子孫歷夏及商將不知幾十世矣考顓頊至舜六世至籛鏗四世至夏啟亦四世則謂啟時之彭伯壽卽舜時之彭祖

已不敢信其必然而後世狃於神仙之說竟謂史記之彭祖竹書之彭伯壽（此書曰彭壽與竹書同）國語之大彭論語之老彭皆籛鏗一人甚至謂在堯時爲顓頊之元孫歷虞夏至商末往流沙年八百而壽未終旣而復出於周世爲柱下史見周之衰復出關往流沙史稱百有六十歲或二百餘歲云云（詳見邢昺論語疏）不亦傎乎

叔兄曰國語以大彭與豕韋並言則不可謂賢彭祖實非其名則史記不宜直稱彭祖自堯舜至孔子時近一千七百年而神仙傳先言至商末七百餘歲邢昺疏又言及周衰二百餘歲皆欲以通乎卽籛鏗之說其果確乎至邢氏又牽合於問禮老聃謂論語竊比老彭孔子實目擊而親承之是又沿王肅老老聃彭彭祖之註而致誤也

唐叔荀叔注唐荀國名皆成王弟故曰叔王會　按唐卽左傳富辰所言邗晉應韓之晉史記晉世家云唐叔虞者周武王子而成王弟初武王與叔虞母會時夢天謂己曰余命女生子名虞余與之唐及生子文在其手曰虞遂命之曰虞武王崩成王立唐有亂周公誅滅之成王與叔虞戲削桐葉爲珪曰以此封若史佚因請擇日立叔虞成王曰吾與之戲耳史佚曰天子無戲言言則史書之禮成之樂歌之於是遂封叔虞於唐唐在河汾之東百里故曰唐其子燮是爲晉侯據此唐改稱晉似尚是一地而正義引國都城記云唐叔虞之子燮父徙居晉水傍并理故唐城按此唐城恐非堯所築者正義引城記疑未合故地里通釋亦云叔虞封唐子燮爲晉侯徙居晉水旁在并州晉陽縣北二里是則晉乃因地異名而唐爲初封此晉之稱唐叔宜也

然荀則不可考春秋地名考畧云先儒皆謂荀卽郇考詩云郇伯勞之竹書昭王六年賜郇伯命則郇爲伯爵也逸周書王會唐叔荀叔周公在左孔晁注唐荀皆成王弟是郇爲文昭見僖二十四年左傳荀爲武穆也其爲兩國無疑矣此說甚允但荀究何所自姓譜以爲文王子郇伯之後去邑加草爲荀若是則注云成王弟非矣且唐叔不從後稱之晉而必舉始封之唐荀叔則去其始封之郇而第從後稱之荀則經文亦可議矣竊疑荀當卽韓始封曰荀而後改稱爲韓亦猶唐之改稱爲晉耳詩云溥彼韓城燕師所完水經注云汾水又西逕荀城東古荀國也以荀與韓地本相鄰且皆姬姓後皆爲晉所滅通志氏族畧云荀氏有二本侯國也晉荀林父以邑爲氏吾謂荀林父特其一耳其一必係改稱曰韓之荀不然富辰言武穆有

韓無荀而諸家言荀又不辨所自來其謂之何

叔兄曰據竹書成周之會在成王七年王師滅唐遷其民于杜在八年命叔虞爲侯在十年是則王會相禮時叔虞尚未封唐彼荀之未封亦可知矣惟此書追述其事以後來之封號號當時任事之人亦猶和寤稱邵公克殷稱曹叔衛叔之類作者於唐不敢稱晉而必曰唐例之於韓不敢稱韓而必曰荀理固一致也

應侯淫成王弟 仝上 按地里志曰故父城縣之應鄉也周武王封其弟爲侯國應劭曰韓詩外傳稱周武王與弟戲以桐葉爲圭曰以封汝 按此兩言武王其傳寫之誤耶抑考之未詳耶 周公曰天子無戲言王乃應時而封故曰應侯鄉亦曰應鄉考呂覽成王以桐葉爲圭封叔虞非應侯也汲郡古文殷時已有應

國非始成王矣竊思此辨固確但應侯果爲成王弟與否尚有可疑汪於唐荀言皆成王弟故曰叔而應未嘗稱叔何以亦云成王弟安知王會相禮時非尚屬殷之諸侯耶迨其後應侯有過滅之以封其弟與滅唐以封叔虞一例不過時有先後耳後人第知後封之爲成王弟不審其時尚非成王弟將毋爲作書者所笑

叔兄曰魯世家云成王少在強葆之中果爾則七年王會王僅八九齡唐荀應皆其弟當不過六七歲而已顧能相禮乎讀此書亦足見史記强葆之說未確家語及古尚書說均言武王崩成王年十有三近是

郭叔汪卽虢叔文王弟仝上　按左僖五年傳宫之奇曰虢仲虢叔王季

之謬也汪本此爲解自是諦當但吾思此虢叔果爲文王之弟則其時當已百有餘齡試玩左傳制巖邑也虢叔死焉之語是虢叔數傳之後尚可以虢叔稱之此虢叔安知非虢叔之子而仍稱虢叔也者又按賈逵曰虢仲封東虢制是也虢叔封西虢虢公是也其說似無確據徐氏竹書統箋云據漢志東虢在滎陽左傳虢叔死焉之虢叔是虢仲之後別有一虢君字叔者竊謂此語蓋因賈逵之說而强爲通之耳不如孔仲達言據傳鄭滅一虢晉滅一虢不知誰是仲後誰是叔後足爲持平之論

叔兄曰吾嘗以地求之成周在洛陽東虢本與相鄰王會篇中有虢叔無虢仲蓋以叔近也東遷之鄭即管舊地與洛邑相去不遠平王卿士之用王貳於虢鄭伯怨王亦以其地近也入春秋之虢叔可曰

別有一字叔者而周初王會時之虢叔當屬何人是則東虢爲叔之封其明徵也而且以叔爲東虢則虢叔無須牽合而牽合者惟西虢之虢公一人不猶愈於以西虢爲叔則虢公旣須遷就以東虢爲仲而虢叔又須遷就耶

唐公虞公注唐虞二公堯舜後也 仝上 按周本紀云封帝堯之後於薊帝舜之後於陳是自武王時已然何爲成王時不稱新封而尚從舊封毋亦如後世於官名地名每好舉其始號耶考世紀云帝堯始封於唐中山唐縣是也詩譜云唐帝堯舊都之地今曰太原晉陽史記晉世家正義引括地志云故唐城在并州晉陽縣北城記云堯築也據此則唐叔所封之唐卽堯都舊址矣又譙周云禹以虞封舜之子史記陳世家商均爲封國

索隱謂商均所封虞即今之梁國虞城吳世家乃封周章弟虞仲於周之北故夏墟是爲虞仲索隱謂夏都安邑虞仲都大陽之虞城在安邑南故曰夏墟據此則虞仲所封之虞亦大半爲舜後所封者矣然則武王成王豈滅唐虞之故封以封懿親哉陳世家云夏后之時或失或續舜後如此則堯後可知蓋殷末而唐虞之滅已久矣武王求其後別封以地盛德事也作書者必曰唐公虞公溯其始也

殷公夏公　仝上　按列國興廢說杞姒姓伯爵宋子姓公爵則殷之稱公宜也何以夏亦稱公意此當如左傳凡五等之國其君皆稱公觀注此曰杞宋二公與上言唐虞二公同可見矣宋王伯厚及顧亭林日知錄均據此書四代稱公以郊特牲言尊賢不過二代爲未確吾謂此非

公爵也史稱三恪原不及堯此舉四代同一稱公蓋各有取爾耳

祝淮氏榮氏注淮榮二祝之氏也仝上　按淮氏他無所見惟殷本紀贊云其後分封以國爲姓有稚氏因疑淮稚以形近而譌蓋商周之際一著姓也榮當卽亂臣十人中榮公之族蓋周本紀言成王旣伐東夷息慎來賀王賜榮伯作賄息慎之命注引馬融曰榮伯周同姓畿內諸侯爲卿大夫也如謂此榮伯卽榮公而外傳晉語言重之以周召畢榮已在文王時自文王至成王九年竹書王使榮伯錫肅慎命在九年則榮公亦百有餘歲矣且以伯爵爲卿大夫不應復使其司祝此以知祝榮氏乃其族不可以爲卽其人也國語厲王說榮夷公注榮國名蓋夷公爲榮公後而榮乃以國爲氏者

芮良夫芮良夫卷九　按詩虞芮質厥成此芮之見於文王時也書叙巢命序

云巢伯來朝芮伯作旅巢命此芮伯之見於武王時也顧命乃同召太保奭芮伯孔傳曰司徒第二芮伯爲之此芮伯之見於成王時也然則芮蓋伯爵畏夫乃其後故竹書直稱芮伯畏夫詩桑柔序云芮伯刺厲王也左文元年傳秦穆公引大風有隧章稱爲芮畏夫之詩足見詩序之芮伯即此書之芮畏夫（或亦作畏父）特未知作書又作詩耶抑詩乃約此書之旨而成之耶竹書曰芮伯畏夫戒百官于朝此書曰告爾執政小子皆所包者廣自是一事而詩之貪人說者以爲指榮夷長父之輩則專指一二人或與此書態所有事也

叔兄曰詩傳謂芮伯姬姓畿內諸侯爲王朝卿士據此則武王成王時之芮伯恐非即文王時質成之芮矣

訂物

常車注威儀車也克殷　按周禮春官司常掌九旂之物名日月爲常釋名云謂畫日月於其端天子所建言常明也此言常謂旂也釋名又云車戟曰常長丈六尺車上所持也八尺曰尋倍尋曰常故曰常此似言建常於車上而車遂謂之常也特是初克殷時安得遽有定制此其襲殷制耶抑一時偶爲此式而後世遂沿爲王制耶玩注意蓋以武王將卽位於社左而所乘之車必非兵車亦非武車故以威儀釋之非謂有一車制名威儀也孔子云乘殷之輅則殷之車制本屬甚善竊疑周禮中金輅玉輅象輅田輅等式未必非因乎殷者則以此常車爲卽殷制亦可

昆吾注古之利冶大聚　按謝金圖云昆吾乃掌冶世官注誤竊考左昭

十二年傳楚靈王曰昔我皇祖伯父昆吾舊許是宅竹書帝廑四年昆吾
氏遷于許注已姓樊之國封于衛夏衰爲伯遷于許路史國名紀濮陽昆
吾氏之墟也城中有昆吾臺此數說并無以昆吾爲世掌冶者惟博物志
引周書曰昆吾氏獻切玉刀刀切玉如蠟則注云古之利冶亦未可厚非
吾思銘之金版必須其工必須其器注言利冶謂器也謝氏言掌冶謂工
也而經文召昆吾冶四字則即工即器乃古人措語簡括處試玩下文言
藏府而朔之朔之便包有講解省覽意而却不肯說明讀古書須先解此
金版仝上　按孔仲達云簡之所容一行字耳牘乃方版可並容數行
凡爲書一行可盡者書之於簡數行乃盡者書之於方方所不容乃書
於策是則策大於簡又大於版而簡與策皆竹爲之方版則不明言何

物也又按黃泃饒曰木曰版竹曰簡版大簡小大事書之木版小事書
於竹簡是則凡名版者皆木未有以金者此書曰金版蓋武王深喜周
公之言較尋常書之木版爲尤重又因前此未有其制今特創爲之故
曰召昆吾治而銘之金版若周禮秋官職金旅于上帝則共其金版饗
諸侯亦如之則別是一式與此無涉

繁露注冕之所垂也所尊敬則有焉　王會　按繁露果係冕旒則自以旒
之多寡及玉之多少爲別不應以有無爲別且考經文尊如天子無之而
唐公虞公殷公夏公何爲皆有親如唐叔荀叔周公皆無之而郭叔何爲
特有貴如太公無之而太史魚大行人何爲得有則注言所尊敬則有似
未允當吾因此疑繁露未必爲冕旒矣又經文無繁露而朝服八十物搢

斑者天子也無繁露而朝服七十物搢笏者唐叔荀叔周公太公也唐虞夏殷四公有繁露矣亦皆搢笏而朝服僅五十也太史魚大行人雖有繁露而不搢笏且朝服亦不言幾十矣郭叔雖有繁露而朝服搢笏皆無矣玩此則繁露或即朝服中之一物亦未可定考其上下左右天子南面立唐叔荀叔周公太公皆旁天子而立於堂上注曰近天子故其冕亦無旒可見唐虞二公之有旒者以其在堂下之右夏殷二公之有旒者以其在堂下之左太史魚大行人之有旒者以其在阼階之南郭叔之有旒者以在堂下之東是皆遠於天子也是則繁露有無之故可得矣然据此注語頗與上注言所稱敬則有者相矛盾矣

棓 器服 按公羊成二年傳踊于棓而闚客注高下有絶加躡板曰棓此

似令所謂複閣者經與禁豐並列則與公羊傳異義矣竊謂或是棜之訛誤否亦棓本通棜蓋承樽器也

禁　按禮禮器大夫士棜禁玉藻大夫側尊用棜士側尊用禁注禁承酒尊之器疏承尊者皆用禁名之禁者爲酒戒也

叔兄曰儀禮特牲饋食疏云棜之與禁因物立名大夫尊以厭飫爲名士卑以禁戒爲稱又禮器註云棜欲其不流禁欲其不犯此棜與禁之義也疑棓禁卽棜禁正自有據

豐　按儀禮鄉射禮司射適堂西命弟子設豐注將飲不勝者設豐所以承其爵也疏燕禮君尊有豐此言承爵豐則兩用之禮器天子諸侯之尊廢禁說文鄉飲酒有豐侯亦謂之廢禁

罇　按罇應是酒器盞栿船之類也然似取豪飲之義應讀如貪饕之饕

韋獨　按韋應如左傳乘韋十二之韋獨犬名埤雅顏從曰獨一叫而猨散鼉一鳴而龜伏或曰鼉鳴夜獨叫曉獨猨類也似猨而大食猨今俗謂之獨猨蓋猨性羣獨性特猨鳴三獨叫一是以謂之獨也然則韋獨蓋以牛皮畫獨之形猶宗彝繡之於裳鵁鶄畫之於侯耳顧宗彝虎蜼也義取其孝鵁鶄取其正未識韋之以獨其取其叫曉耶抑取其伏羣猨耶

素獨二　韋素獨　按素獨者或其器本名獨而以帛爲之故名耶然素樸素也不畫而素亦一義也韋素獨者或韋素兼體而名之耶然謂經文卽以韋獨素獨並稱而省文亦可

甒　按禮器君尊瓦甒注壺大一石瓦甒五斗儀禮士冠禮側尊一甒醴疏甒爲酒器中寬下直上銳平底

鉍　按玉篇鉍矛柄也音祕又音必集韻矛欑謂之珌是珌與鉍通也然經文上言食器或亦兩器而同名及一器而兩用耶

竿　按衣架曰竿音旰爾雅釋器竿謂之箷

丸弁　按正韻凡物員轉者皆曰丸又禮月令孟冬其器閎以奄呂覽作宏以弇注閎者中寬弇者上窄是皆言其器之形也經言丸弁焚菜意焚菜亦如菹桃醢魚之類而卽丸弁之爲用者與

纁　按說文淺絳也爾雅釋器三染謂之纁考工記鍾氏三入爲纁儀禮士冠禮服纁裳純衣然則纁似亦間色故經言纁裳

桃枝　按書顧命敷重篾席注篾席謂桃竹枝席也左思吳都賦桃笙象簟韜于筒中桃笙蓋卽桃竹枝席之類揚子方言簟謂之笙

蒲簟席　按唐韻蒲水草可以爲席說文簟竹席也釋文布之簟簟然平正也詩下莞上簟箋莞小蒲之席竹葦曰簟東方朔傳亦云莞蒲爲席是皆蒲簟並言之證也

蒲席　按玉藻云出杅履蒯席連用湯履蒲席注杅浴盤也蒯席謂蒯草之席履其上以湯洗足垢然後立於蒲席書顧命敷重底席注底席蒲席是皆專言蒲不並言簟者然則蒲席其有異於蒲簟席與

素斧獨巾　按周語淨其巾羃注巾羃所以覆尊彝禮內則盥卒授巾注巾以帨手玉篇佩巾本以拭物後人著之於頭是一物有數用也斧

與黼同義釋名云斧甫也甫始也凡將制器始用斧伐木已乃制之也書黼黻注黼形如斧義取其斷然則黼可繡之於裳而斧不可畫之於巾乎素斧獨巾蓋謂巾上有斧文者也

素布獨巾　按急就篇注云巾者一幅之巾所以裹頭也是巾不必皆有文者禮內則左佩紛帨注紛帨拭物之佩巾周禮春官司几筵紛純注紛如綬有文而狹是有文惟紛帨餘皆無文素布獨巾蓋巾之無文者與素斧獨巾分兩類矣若獨特也與上章獨之獨異義則兩獨巾並然

玄繢綏縞冠素紕玄冠組武卷組纓　按繢通作繪周禮春官司几筵諸侯祭祀席蒲筵繢純注繢繪畫文也綏說文系冠纓也詩冠綏雙止

注冠緌服之尊者縞生絹也紕緣邊也組說文綬屬其小者以爲冕纓武冠卷也儀禮既夕冠六升外縪纓條屬厭注縪謂縫著武也卷組纓說文紘冠卷也左桓二年傳衡紞紘綖注紘纓從下而上者疏紘纓皆以組爲之所以結冠於人首也紘用一組從下屈而上屬之於兩旁結之於頷下垂其餘也禮玉藻曰玄冠朱組纓天子之冠也緇布冠繢緌諸侯之冠也玄冠丹組纓諸侯之齊冠也玄冠綦組纓士之齊冠也縞冠玄武子姓之冠也縞冠素紕既祥之冠也垂緌五寸惰游之士也玄冠縞武不齒之服也居冠屬武自天子下達玄冠紫緌自魯桓公始也此段恰相印証

瑱　按說文以玉充耳也左傳衡紞紘綖注紞冠之垂者疏紞者懸瑱之繩垂於冠之兩旁若今之條繩

絺　按說文細葛也書黼黻絺繡注絺紩也說文又曰紩縫也急就篇註納刺謂之紩

紳帶　按紳大帶也禮內則注紳所以自紳約也又論語子張書諸紳疏以帶束要垂其餘以爲飾謂之紳禮玉藻子游曰參分帶下紳居二焉是紳長之制也又曰天子素帶朱裏終辟諸侯素帶終辟大夫素帶辟垂士練帶率下辟居士錦帶弟子縞帶并紐約用組三寸長齊于帶注辟讀如紕緣邊也紐謂帶之交結之處自天子至弟子皆以組爲之組之長與紳齊此帶制也

玦　按玦音決環之不周者白虎通君子能決斷則佩玦

捍　按內則右佩玦捍注玦射者著於右手大指所以鉤弦而開弓

也捍拾也韝左臂而收拾衣袖以利弦也據此則玦捍乃同類之物而經反離開各言毋亦顛倒錯亂之所致與

籥　按說文籥書童竹笘也淮南子人間訓家無筦籥之信則又與鑰同義

喪　按喪應與纕通類篇緗纕淺黃也

紿　按說文絲勞卽紿音殆或作給非

幾　按禮郊特牲丹漆雕幾之美注雕刻鏤之也幾漆飾之幾限也此幾字疑與雕幾之幾同義

纁裏桃枝獨蒲席皆素布獨巾　按此與上段纁裏桃枝素獨蒲簟席皆素谷獨巾少一素字簟字與一谷字意其爲器與服必有同名而異

用者有異名而同用者故其文如此特以殘闕過甚考索頗難古人一物
不知引以爲恥不能不撫卷而太息也
玄純以上皆器服　按儀禮士冠禮服纁裳純衣純義同緣說文長箋黑而有
赤色者爲纁有黃色者爲玄然則玄純其緣飾之色與書顧命玄紛純注
以元黑之色雜爲之緣是其一証

右逸周書十卷隋經籍唐藝文之舊目也增疏証提要集說三卷於前附
撫訂一卷於後統名之曰管箋則今年立秋日之所告成也余讀之不禁
蹶然起曰昔嘉慶丙辰之春余與叔兄同硯席夢見兄持彩筆一束擇其
佳者一管授余兄弟各賦詩誌喜仲兄亦交和其韻越己未　先君子歸
自都中召余兄弟誥之曰士不通經不足致用而二帝三王之治本於道
二帝三王之道著於書百篇之外尚有七十篇雖中間殘缺頗多而微詞
奧義可以知周之德與周之所以王者實在於此爾等人置一簡訛誤者
如何正殘缺者如何補各攄心得毋事勦襲經術之講明蓋有厚望焉自
是經義相質寒暑弗輟不得於經必求諸注不得於注必求諸序序又不
可得則旁求於衆說奇共賞而疑共析洵天倫間一樂事也辛酉冬不幸

先君子棄養余兄弟恪守成訓弗敢忘無如伯兄累於家計未能成帙叔兄奔走燕臺分符濟水仲兄計偕北上司訓羅陽余亦飢驅筆耕舌耨者無寧歲　今上紀元余卜居徐聞之龍山始得此書插架緦緦然喜可以告　先人矣癸未冬省叔兄於濟署兄闢棣華書屋居之偶出此書以相示余亦舉所自校者以相質兄喟然嘆曰我兄弟所見尚有挂漏何況天下之大遂析散舊本再加校訂屬兄以訂地訂事訂官訂人訂物責其考証蓋兄因公冗不克徧閱群書而余又無慧性鮮所折衷兄嘗言考據之道極疑難處必有一線可通極叢雜處必有一緒相引病在我輩讀書粗心滑口耳余於是遇不可解處輙將所考書呈諸兄以待裁定夏之夜冬之夜往往瀹茗述古興酣筆灑其辨駁聲與譙樓更鼓鐵塔寺鐘及簷

前雨點相間屈指數之歷五稔矣又洵冷署中一天倫樂事也數十年授筆之夢其應於是乎書既成仲兄所訂正者亦已備錄卷中因思賞奇析疑與當日同侍 先君子厀下無異他時質諸伯兄仲兄當以爲何如道光七年丁亥立秋後一日季弟如金敬跋於濟署之棣華書屋

右逸周書管箋十卷又疏証提要集說撫訂四卷以其皆箋書之所及統以管箋名之約有二十三萬九千餘言先生自敘謂乙酉冬告成浮山先生又言丁亥秋告成蓋隨時審酌隨手更正至是五易其稿矣瑗以今年執經門下適先生舉此書令其校字瑗覃思畢精久之迺憬然曰合兄弟友朋以共商歷十餘年而猶未敢遽定何其慎也風塵奔走之間冠蓋雜遝之地口喃喃若有所言者此書意愍愍若有所恨者亦此書何其勤也

苟爲吾說所取資無書不可採無人不可從不則雖賢豪亦難奪其見雖史漢亦必指其疵何其虛心而定識也先生嘗言嘉慶庚午旅寓安平方繕此書時夢有客自都中來持贈二本夢中喜爲宋槧既醒冊式欵識宛然在目道光丙戌因克殷之屏遯自燔與世俘之璭身自焚頗覺齟齬忽於夢中得自殉之說醒而求諸經文遂悟史記寶玉衣誤淫言紂身不盡玉亦不銷誤自史記正義以來將庶玉與天知玉混爲一事誤盧本於璭身上增五字亦誤噫思念之專通於冥漠精神之感形諸寤寐固如是乎

瑗鈍拙他未有所進益惟素好讀此書苦無善本卽見盧氏本亦昏昏欲睡今讀先生所箋者咀𡡾旨嚼𡡾甘夫乃歎昔人斥爲六國時僞譔者竟粹然可與五經並行不洵藝林一快事哉丁亥季冬朔日受業何志瑗謹識